中原正声

河南戏曲老艺术家口述实录

月阳 ◎ 编著

范曾题

河南文艺出版社
· 郑州 ·

月阳，本名张建礼，在职研究生学历。现任河南广播电视台生活事业部监委会成员、月阳工作室主理人，河南省戏剧家协会理事，河南艺术职业学院、洛阳职业技术学院客座教授。荣获河南广播电视台连续三届十佳主持人、2015年度河南十大文化先锋人物、2019年度河南广播电视台优秀人才。

自2001年至今，月阳将自己人生最好年华的22年，毫无保留地奉献给了优秀传统戏曲文化的宣传、弘扬与推广事业。多年来，他参与执导、编排、策划并担任主持的各类戏曲活动达千场之多。如"中国豫剧（唐派）创造吉尼斯世界纪录""72小时好戏唱不停挑战世界纪录""大石桥有戏"等活动，均引起社会强烈反响。

目录 —— CONTENTS

第五章 | 郑州三玲　遐迩闻名

第六章 | 黑红忠勇　声震三江

第一章

以戏润志　行道守真

杨兰春

请扫码收听杨兰春原声音频

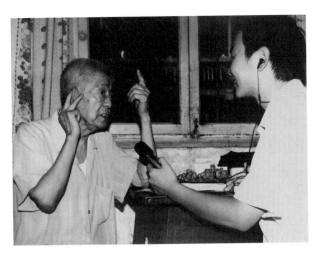

杨兰春(左)接受月阳采访,于 2002 年夏

拓荒现代戏
倾倒一片心

一次会面,永恒追忆

高山仰止,景行行止。有些高大的身影,即使一面之缘,也会在我们心中留下永远的仰望与回忆。

2002 年仲夏,在豫剧"小生之帝"王素君先生和豫剧名家孙西方老师的引见下,我怀着忐忑的心情,走进位于郑州市经七路的河南省文联家属院。穿行在一幢幢斑驳的红色老式楼房之间,看到被时光打磨得有些斑驳的墙体和路面,我不禁心潮起伏。

杨兰春,这个在河南戏曲界如雷贯耳的名字,是始终与河南豫剧院三团和豫剧《朝阳沟》紧密联系在一起的。早在上世纪五六十年代,豫剧《朝阳沟》无论在河南还是全国戏曲界已经无人不知、无人不晓,戏中的经典唱段如《祖国的大建设一日千里》《亲家母你坐下》等更是家喻户晓。这部曾被誉为"中国现代戏创作里程碑"式的戏曲作品深深地影响了几代人。"祖国的大建设一日千里""亲家母你

古稀之年的杨兰春在伏案创作

坐下，咱们说说知心话""走一道岭来翻一架山"的经典旋律，早已经融入饮着黄河水、足踏黄土地成长起来的中原儿女的血脉深处。高洁、魏云、柳兰芳、马琳、杨华瑞等一连串闪光的名字也随着他们所扮演的拴保、拴保娘、银环、二大娘、银环妈的角色流入千家万户，成为几代人心目中的偶像。

而我，也和其他观众一样，先是被《朝阳沟》和《朝阳沟》里著名而鲜活的角色人物深深打动后，才去了解幕后英雄杨兰春先生的。浩如烟海的中国豫剧典籍以及豫剧现代戏发展史宛如一幅波澜壮阔的戏曲画卷，在画卷深处，就是豫剧现代戏之父、豫剧《朝阳沟》之父杨兰春先生清冷而倔强的影子。彼时的我，刚刚接手主持戏曲栏目，记忆最深的是，几乎每天的直播节目中都有人要点播或演唱《朝阳沟》里的经典唱段。一出戏究竟具有怎样大的魔力，才能够引起大家如此的兴趣呢？更何况整部剧目中几乎每段唱都是老少咸宜、妇孺皆知，就连剧中的每一句道白都是如此朗朗上口、接地气。带着强烈的好奇心，我决定去拜访它的创作者、河南戏曲界公认的"编剧神人"杨兰春先生。但隔行如隔山，那时的我好比在伸手不见五指的黑夜行走，两眼一抹黑。多亏豫剧"小生之帝"王素君先生在这一时期为我引路，耐心为我答疑解惑、指点迷津，并为我"牵线搭桥"，介绍了多位戏曲界的知名艺术家让我接触、采访，助力我的戏曲事业。而这次也一样，尽管我是那么忐忑，在王素君先生的鼓励和帮助下，我终于鼓起勇气，登门拜访心中的"男神"杨兰春。

当我怀抱鲜花走进杨兰春先生的家门时，眼前的景象令我震惊，这真的就是人称"《朝阳沟》之父"的杨兰春先生的家吗？简陋的陈设，狭小的空间，破旧的桌椅，放眼望去，房间内除了一台旧式冰箱和电视机以及悬挂在客厅墙壁上的几幅字画之外，再也没有一样像样而值钱的家当了！震惊之余，我近距离端详杨兰春先生，老先生已经八十二岁高龄，行动之间显出老态，和我们的交流也需要助听器了。但一谈起河南戏曲现代戏和《朝阳沟》，他的双目顿时有了凝聚的亮光，人也抖擞了起来，话匣子一下子打开了……

在将近两小时的采访中，有一句话被老人提了又提，他说，"《朝阳沟》是集体劳动的成果，它不是我一个人的功劳"，言之恳切、发乎真情。不由令我想起他曾在《豫剧〈朝阳沟〉诞生记》中写的一段话："当初，如果不是省文化事业管理局副局长冯纪汉提出叫我写《朝阳沟》，就不会有这出戏的出现……"眼前这位谦逊的大家、河南戏曲现代戏的缔造者侃侃而谈，带领我穿越到了很远很远的时空……

一次任务，一部经典

那是 1958 年 3 月初的一天，春日甫归，万木欣荣，绿城郑州的天空湛蓝邈远，仿佛在等待春天的第一声鸟鸣。时任河南省文化事业管理局副局长冯纪汉先生给杨兰春布置了一个"紧急任务"：一个星期之内立刻排出一部新戏。杨兰春接到任务，连续两天两夜没有睡觉。一周时间创作一部全新的作品着实太过紧张，但冯纪汉先生与他相交多年，是他艺术上的"伯乐"，又是老领导，他不能辜负所托。思前想后、辗转反侧，他突然想到，可以写一部关于知识青年上山下乡的作品。

50 年代末，正值成千上万的城市知识青年上山下乡，结合自己多年的生活积累，杨兰春决定以 1957 年在登封县曹村(今朝阳沟村)抗旱浇麦时朝夕相处的男女社员为素材写戏。

那时候，河南豫剧院三团还暂时驻在郑州百货大楼北隔壁院内，河南豫剧院院部就在路西河

2004 年 8 月 29 日，杨兰春(右)重返朝阳沟

南人民剧院院内。杨兰春既是三团团长，又是院部艺术室主任、编剧、导演，带领大家边写边排、加班加点，没有一秒钟可以浪费，他所有的精力都集中在创作之上，每写出一场，就让大家排练一场，看看效果，再修改、再排练、再修改……开始时，杨兰春还用录音机把编的唱词录下来，后来录音也来不及了，就随手写在纸烟盒或头疼粉袋上，想出两句就写出来发给演员学。到最后一场时，他干脆站在排练场旁边现场口述，让演员当场记、当场排。就这样，连续七天七夜的奋战，戏排出来了。

一部《朝阳沟》，百年戏剧情。纵观杨兰春先生的人生我们就会明白，《朝阳沟》的成功绝不是偶然的侥幸，而是来自杨兰春先生深厚的戏曲积淀和多年基层生活的丰富积累。

《朝阳沟》首演成功后，在全国一下子"火"了，同年进京汇报演出，在北京天桥大剧院为文化部领导和专家演出，受到了专家的广泛好评；1963 年，豫剧电影《朝阳沟》搬上银幕，享誉大江南北；1964 年，毛泽东、刘少奇、朱德等党和国家领导人观看了演出，亲切接见了全体演员……

一部《朝阳沟》，成就了杨兰春，也成就了河南豫剧院三团，更为豫剧现代戏的发展与未来树立了一个标杆。杨兰春和《朝阳沟》，均成为豫剧史上熠熠生辉的名字，深深刻在时代和人民心中。

一声大师，深情追忆

2009 年 6 月 2 日晚 9 点 26 分，八十九岁的杨兰春病逝于郑州，永远离开了他热爱的戏剧和戏迷。一位戏剧巨匠走了，人们陷入了深深的哀思。

冥冥之中，似是巧合又似注定，在杨兰春先生去世的当天，河南豫剧院三团圆满结束了为期六天的"河南豫剧海南行"展演活动，所展演的经典之作《朝阳沟》再次收获了当地观众无数的鲜花和掌声。当三团人洋溢着收获的喜悦从海南载誉归来之时，他们敬爱的杨兰春先生永远地离开了。我想，他必是欣慰的，《朝阳沟》成了永恒的经典，"朝阳沟精神"也成为三团人一代代追随奉行的圭臬，永远传承发扬下去。

杨兰春先生的离世震惊了河南戏剧界，河南豫剧院三团专门举行了"杨兰春先生艺术生涯追思会"。在杨兰春先生曾经生活和工作过的舞台前，王善朴、高洁、朱超伦、柳兰芳、杨华瑞、许欣、牛冠力、梁思辉、韩登

2009年5月，杨兰春住院期间，豫剧三团老艺术家王善朴、杨华瑞、韩登庆、高颂喜（左起）到医院探望

庆、陈新埋等老一辈艺术家和三团的青年演员满面哀思，久久不愿离去，他们深切追忆和怀念这位曾经为豫剧现代戏事业鞠躬尽瘁的好老师、好兄长、好朋友，深切缅怀这位豫剧现代戏的开拓者不平凡的一生。追忆绵绵，寄托无限哀思，人们多么不舍得他走啊！杨兰春先生的生前挚友、学生以及戏迷纷纷赶赴杨兰春先生的家进行吊唁。河南电台戏曲广播特意委托时任频率副总监李浩然与本人以及同事一凡送去了花圈，并在戏曲广播当天上午的直播节目中对杨兰春先生的女儿杨一、儿子杨光进行了连线采访。

6月4日，杨兰春先生遗体告别仪式在郑州殡仪馆举行，众人云集，省内知名戏曲演员来了，豫剧《朝阳沟》主要演员来了，朝阳沟村村民来了，杨兰春先生的亲朋好友也都来了。我和时任河南电台戏曲广播负责人木子参加了这场隆重而沉重的追悼会，最后一次送别先生。

一个好人走了，一位戏剧大师走了。更多的人，都在追忆着他、缅怀着他。豫剧大师马金凤先生曾和杨兰春有着近五十年的交往，在马金凤的记忆里，杨兰春始终对她的豫剧表演有着极高的要求和期望。他们每次见面，聊的话题永远也离不开豫剧。拍摄电影《程七奶奶》时，马金凤因化好装不方便吃饭，只好饿肚子拍戏。杨兰春知道情况后，买来巧克力化到水里让她喝，以补充体力。殷殷关心，点滴藏于心头，反映了一位戏剧巨匠对演员的爱护。

左:1982年,杨兰春在戏曲电影《程七奶奶》拍摄现场

右:杨兰春(右)和马金凤见面有说不完的话,1990年代摄

　　马金凤老师曾这样评价杨兰春先生:"他是真正德艺双馨的艺术家,看不到他一点大导演的架子。艺术水平高,人品好,永远是我艺术上的老师,生活中的兄长。"

　　而在他的老战友、河南豫剧院三团艺术家许欣眼中,杨兰春是这样的:"他身体里流着农民的血,胸膛里跳动着农民的心,用农民的语言写戏,写给农民看!"

　　在众人眼中,杨兰春是倔强的,也是随和的。在原则上,他是个执拗得近乎不近人情的"倔老头";在平时生活中,他却是一个没有一点架子、处处与演员打成一片的"老大哥"。河南豫剧院三团老艺术家芦兰香曾回忆,当时大家喊杨兰春都是直呼"老杨",无论戏里戏外,有意见、有想法都可以跟老杨当面提。

　　一定是对戏曲足够深沉的爱,才使他放下一切身段,完全沉入最基层的生活里;也一定是因为对戏曲爱得深沉,才使他付出全部精力和生命创造、守护着河南豫剧现代戏的生命之树。所以,他必是深深不舍的。

　　2009年初夏,就在杨兰春先生的生命即将走到尽头之际,他昔日的老战友、老艺术家陈新理先生前去探望他。先生躺在病床上,问道:"三团最近在做什么?"陈新理说:"为了海南的演出,全团同志在复排《朝阳沟》。"杨兰春先生点点头,陈新理接着说:"在排戏的同时,团里的排练厅因年久失修,正计划进行改造,新剧场的名字拟定为'朝阳沟剧场'。"听到这里,杨兰春先生的眼睛突然亮了起来,用他那不太标准的河南口音喃喃地说:"三团的精神不能丢……"或许,这就是杨兰春先生对他一生所挚爱的战场、他的生命舞台——豫剧三团最后的希冀与嘱托吧!

1982年,众多豫剧名家相聚"杨兰春编导艺术研讨会",左起:柳兰芳、马琳、马金凤、杨兰春、工希玲、张宝英

流年匆匆,十年过去了,人们没有忘记这位戏曲界的伟人。2019年12月29日,河南省委书记王国生视察三团,寄语"期待朝阳沟剧院早日发挥功能",有了王书记的鼓舞,更为了早日告慰杨兰春先生,三团和朝阳沟剧院的建设者更加努力,夜以继日地为大剧院的完工努力着。2020年6月26日,朝阳沟大剧院开门迎宾,成为河南豫剧院三团乃至河南戏曲界的一件大喜事。2020年9月20日,是杨兰春先生百年诞辰纪念日。河南省人民会堂上演了《朝阳沟》和《人民的杨兰春——纪念杨兰春诞辰一百周年演唱会》,杨兰春先生创作的数十个剧目的片段再次亮相演出。最好的追思是传承,人们没有忘记杨兰春,更不会忘记杨兰春。

杨兰春自述

杨兰春,于 1970 年代末

我的家在太行深山区

1920 年的秋天,我出生在太行山的深山野沟里,河南省武安县(今属河北省)小店区列江村。"山高石头多,出门就爬坡。头顶悬崖盖,脚蹬无水河。""列江沟,列江沟,十年就有九不收。孩子老婆逃荒走,狼虫虎豹满街游。"从这两段民谣中,可以看出我的家乡是何等的贫穷。这里很早就解放了,而且是个藏龙卧虎之地。1938 年,八路军就在这里建立了抗日民主根据地,八路军总部曾驻辽县(今左权县)麻田、桐峪一带,离我们村不过几十里。彭德怀、刘伯承、邓小平、罗瑞卿、左权、李达等同志经常从我们这里经过。我曾多次见到彭德怀,他穿着皮衣。一次我看见警卫员给他买了一个烧饼,抹上软柿子吃。当地像我这年龄的人都见过彭德怀。我们村之所以那么重要,是因为村里驻扎了一个八路军的加强营,任务是保卫八路军总部。另外,白求恩医院第三所也在我们村。离村十五里地的梁沟村驻有八路军第一兵工厂。兵工厂自卫大队曾在黑龙洞山山顶构筑工事,反击日寇

"扫荡"。荒庄是新华社印刷厂，离我们那儿十五里。东沟村有八路军的被服厂。那时我们村里的人不分昼夜、风雨无阻地为抗战支前而奔忙：青壮年抬担架、送军粮、送柴草，还参加抗日作战；妇女碾米推磨、缝被服、做军鞋，给伤员洗衣服；儿童查路条、送鸡毛信。我们村的民兵个个能打善战、枪法好，有专打掷弹筒的，有专扔手榴弹的。老百姓为抗战出了很大的力，做了很大的贡献。

武安位于太行山区晋、冀、豫三省交界处，当地群众有句顺口溜："登上摩天岭，一览三省景。"东起邯郸，西达辽县。不仅是古代兵家必争之地，而且也是工业、商业、文化交流的重要通途，民间文化艺术也比较发达。新中国成立前，县城里有个师范学校。我是贫农出身的孩子，可想念书了，就是没有条件，只上过三年初小，高小的门都没进过。也读过私塾，《千字文》《百家姓》《三字经》摇头晃脑死记硬背，却不知道是什么意思。我父亲叫杨庆生，排行老五，生来胆子大，追打老虎豹子、逮蛇以及给别家去世的人穿寿衣、看尸体之类的事他都敢干，方圆几十里都知道列江村有个"杨大胆"。我父亲一生从没有进过饭馆，没有穿过一件囫囵衣服。我每每想起父亲，心情都非常沉痛。

我姐弟五个。大姐二十来岁就早逝了。小妹难以养活，从小就送给了人家。家里留下我们弟兄三个，我是老大名叫杨有根，二弟杨根有，三弟杨有粮（1949年后改名为杨有良）。那年过年过不去，我父亲的一个老朋友劝他把老三卖掉，换二斗苞谷。母亲想让弟弟吃顿饱饭再走，可是家里什么也没有。母亲说："三儿，把你给人家，去吃好饭穿好衣服……"弟弟抱住母亲不松手。父亲含泪面对墙坐着，用劲儿憋住不哭出来，可听见弟弟的哭声，他实在憋不住了，"哇"的一声哭出来。我们全家都哭了。母亲下决心不卖弟弟，她说："十冬腊月把孩子卖了，大年五更吃顿饱饭就像吃孩子的肉，要死我们死在一块儿！"后来，我眼

2004年8月29日，杨兰春（右）最后一次回到河北武安老家，和老乡拉家常

巴巴地见父亲饿死,当天晚上母亲就带着我们三弟兄去山西要饭了。我父亲死后连一双鞋也没有,还是我叔父把鞋脱下来给他穿上的。棺材抬到地里,天下着雨也没有埋。在《苗郎审爹》剧里有一段唱词,我写的就是我父亲。由于家庭环境的影响,我自幼养成了时时处处严格要求自己、生活上很容易满足的习性。上世纪50年代初,我还是用报纸裹腿来防寒过冬的。

一张学戏的卖身契

我从十三岁起就不愿守在家里,为谋生曾往外跑过好几次,只想着能给父亲减轻一点负担、分担一点忧愁,也为自己能混上一顿饱饭。有一次听我的一个表叔说,离我们村十四五里路有个国民党的学生部队,里面可以念书。可到那儿一看,有枪有炮,我害怕了,待了一天就跑了。后来才听说那是决死队,里面还有共产党的领导。我也当过和尚,随着寺院的僧人为人家举行葬礼和祭奠亡灵时敲敲木鱼,平时给寺院拾柴火、喂牲口,这也能混上一顿饭。后来人家嫌我小,就不要我了。我又找到一个锢露锅匠学补锅,跟着师傅在东万安、西万安两个村活动,先是给师傅拉风箱烧火,后来替师傅挑锢露锅担子。可是我人瘦个儿小,挑起担子非常吃力,师傅只好劝我回去。他对我说:"孩子,你还太小,等长大了再来找师傅吧!"

小时候我会唱戏,在家乡我是个业余唱家,也总想找个师傅当徒弟。十四岁那年,我又跑到武安西部山区陆渠村一个叫杜更会的小戏班里,恳求师傅收留。杜更会师傅是武安落子剧的名演员,专攻青衣和闺门旦,在戏班里担任主演。他看我人还聪明,又是诚心投靠,就把我收下了。那时入戏班必须立个文契,内容是:"立嘱徒弟人杨有根,甘愿在杜更会名下为徒。三年满,四年圆(为师傅效力一年),悬梁服毒,投河奔井,死不见骨头,活不见肉,与师傅一概无干。头年工钱一元,二年二元,三年三元,吃住师傅供应。空口无凭,立字为证。"我看着那"悬梁服毒,投河奔井,死不见骨头,活不见肉,与师傅一概无干"时,心里非常害怕,心想这不是等于把命卖给人家了?下午,父亲就去找我了,见了面他哭我也哭。父亲说："孩子,咱死死在一块儿,要活一块儿活。咱回去吧,你娘还在家哭呢!"我知道父母是怕我到戏班里染上吸毒和赌博的恶习,就劝慰父亲放心,并保证永远不吸毒、不赌博。当时我师傅也不想让我走,对我父亲说："老兄弟,常言说师徒如父子,孩子跟着我你就放心吧!"师傅叫人从下厨拿来两个馍,塞进我父亲的口袋里。我送父亲出村,父亲一边走一边回头看我。望着父亲的背影,我满眼的热泪不住地顺着脸颊流淌下来。

唱对台戏比输赢

我有个怪脾气,师傅想让我学唱旦角,我硬是不肯,师傅就从武安继城镇请来西高壁教我武工,从前垴村请来小苍头教我演小生。我的技艺不断提高,也背熟了十几部戏词。

那年在南冶陶村庙会上,我们与著名艺人刘彦祥唱对戏。刘彦祥长得漂亮,外号"白糖",演技好,功底厚,演薛丁山一角颇有名气。对戏那天,我们戏班唱薛丁山的小生突然病了,师傅决定让我上去顶。薛丁山的戏我也学了,但从没有正式演出过。这回我凭着年轻气盛,壮了壮胆子要同刘彦祥比个输赢,谁知我们拉头把弦的师傅却暗中给我使了个绊子。此人双目失明,头戴礼帽,身穿大衫,戴副茶色眼镜,打扮得很气派。平时生活上都由我伺候他,稍有不如意处他就给我脸色看,甚至还骂我。有时我也不全听他的,也顶撞过他几次。此次他听说我要演薛丁山,就在我上场前把弦调高,有意摆治我。我一出场,第一腔就没搭上调,一下子卡了壳,台下叫了个倒彩,观众像潮水一般涌向"白糖"的台下了。我跑回后台哭着说再也不演戏了,可又想到已经立过契约,不唱怎能行? 卸了戏装,我像往常一样给师傅打好洗脸水,用小茶壶给师傅倒茶。师傅坐在那里一声不吭,一袋接一袋地吸烟,也不看我一眼,更不搭理我。我心想,今天这顿打是要挨定了,等着吧! 我师傅是个明白人,他看出来今天的事是瞎子做了手脚。他沉默了好久才对我说:"学了一年了,你也不操点心。吃饭去吧!"听了师傅的话,我的眼泪一下子涌了出来,我太感激师傅了。观众促我改旧戏初学戏时,师傅先教我蹲台(垫场)

戏。这是一个讨人嫌的角色，一天三场我得三次登场。台下观众多时就喊着让回后场，观众不多时我就得在前场应付。台下的小孩子们用棍捅台子板，喊着："回去吧，回去吧！"每场戏我一出场，观众就说："真讨厌，他又出来了，唱的还是老一套。"什么"前朝有个二大贤，兄弟退位让江山，兄让弟来弟不坐，弟让兄来兄不担"，唱词内容都是劝人为善的，可是一天三遍唱，观众能不腻烦吗？后来我就产生了改戏词的想法，用新的内容来吸引观众，叫观众不讨厌我、不骂我。我小时候会背《古人名百家姓》，书中的古人一个姓一个名，一个人名一件事情。我就下功夫把它改成唱词，如："赵匡胤千里送京娘，钱玉莲抱石自投江。孙二娘夫妻开过店，李逵怒打假宋江。周文王拉纤为姜尚，吴三桂勾兵到辽阳。郑成功收复台湾传千古，王莽贼篡位乱朝纲。"就这样，我把全本《古人名百家姓》编成合辙押韵的新唱词。观众觉着好听、耐听、有意思，引起很大兴趣，不但不搡我下台了，而且还常常鼓掌欢迎我再来一段。师傅也高兴地夸我聪明、有出息。

我当上了八路军战士

1941年起，各抗日根据地军民开展了轰轰烈烈的大生产运动。1943年，八路军第129师第385旅第13团也在我们村开荒。这个团有几个战士是我们村的人，原来都是唱戏的。他们对刘昌毅团长说："还有一个唱戏的，叫杨连存，反特时把他教育了一家伙，说他是汉奸特务。后来叫他参军他不干，他要求平反。"刘昌毅爱好戏曲，一听说我会唱戏，马上找到我说："你叫杨连存？"我说："是啊！"他说："你是我的兵了。"我说："现在还没有给我平反。"他说："平什么反啊！这种情况又不是你一个人，你要是特务还会叫你参军吗？"我想不通，吭吭哧哧不想答应。团长说："马上跟我走！"就这样，我算是正式参军了。

离村时，我没叫敲锣打鼓、骑马戴花的欢送。到部队后，我被分到重机枪排了。按我的个儿头不应该扛重机枪，那家伙重得很呀，需要身强力壮的人扛。为啥把我分到重机枪排？就因为我会唱戏，怕分到连队伤亡太大。我在重机枪排那阵子，觉得再没有那么好了，真是痛快极了。当时战争既频繁又残酷，每一仗下来都会牺牲一些同志。大家清楚随时都有生命危险,所以都有充分的思想准备:"活一天革命一天,死了拉倒;我打死一个敌人算够本,打死两个敌人赚一个;牺牲了,我算是革命到底,活得痛快,死得干脆。"

1949 年,杨兰春在洛阳专区文工团

在重机枪排,从首长到战士对我都非常好。我识字不多,文化教员看我怪机灵,就给我找了本赵树理的《李有才板话》叫我学。行军时把两个生字贴在前面同志的背包上,我边走边学;宿营时就考问我,让我读写。部队生活既紧张又愉快。凡我亲身参加过的战斗,我都编有快板,仗是怎么打的我就怎么编:谁打嘞,谁攻嘞,谁拼嘞,谁冲嘞;一连怎么样,二连怎么样,三连怎么样,如实道来。我会唱武安落子,爱说个笑话,随手捡起两块瓦片,一敲打就说唱起来。平时我爱出个洋相,模仿首长讲话、走路,学得惟妙惟肖,大家都叫我"活宝",从首长到炊事员没有不认识我的。每逢开庆功会或娱乐晚会,我的快板是必不可少的热门节目。由于我编的快板都是取材于部队现实的战斗生活、大家熟悉的真人真事,听起来真实可信、生动活泼,跟干部战士在感情上更接近,因而感染力更强、更深刻,特别受欢迎,每次演出都要返场数次才能满足大家的要求。

进京考大学

1950 年秋天,中南区文化局胡青坡同志推荐我到中央戏剧学院学习,我接到他的电话通知后非常激动,但转念一想,怎么会推荐我去呢?当即在电话中对他说:"我的文化基础很差,恐怕不中,不如叫别人去。"胡青坡说:"你的情况已经向上面报了,组织上就是要一些工农出身、有一定实践经验的老同志,再从理论上

1950年，杨兰春在中央戏剧学院

提高一步。你到北京棉花胡同中央戏剧学院报到吧！"

就这样，我离开了洛阳专区文工团，走的时候随身只带了个背包。我坐在火车上，心情非常兴奋，翻来覆去一夜也没有合眼。熬到天刚亮，传来了广播员的声音："现在到了北京丰台车站……"我一听"北京"两个字就急忙下了车，只见站台上冷冷清清，再没其他人下车。这时火车已开走了，我茫然地呆立在那里。车站值班员走过来问我，我告诉他要到北京棉花胡同。他说："这里离北京还有一站，十七公里的路程。"我二话没说，扛起背包沿着铁路，一步一步硬是走到了北京市的棉花胡同。

走进中央戏剧学院一看，来报到的人有地方的也有穿军装的，其中有个部队文工团团长还带着一个警卫员呢。从河南来的还有赵建平、马列二位同志，当时我们都不相识。报到后，听说入学前还要经过考试，我心慌了，觉得来的人谁都比自己强，只怕过不了考试关。我因心情紧张，半夜里大声说梦话，惊扰得同宿舍的人睡不好觉，搞得我也很难为情。我要求退学，马可同志安慰我说："考试也只是了解一下同志们的情况，知道有些同志文化基础较差，但有一套实践经验，有必要通过学习提高一下理论水平。考试时唱一首歌像《东方红》《三大纪律八项注意》就可以。"

考试开始了，马可、舒强以及语文、音乐、舞蹈等各科的教员坐成一排，学员一个一个地"过堂"。考场气氛很严肃，我一看就更害怕了。过去在战场上，每次自己都是随主攻连队冲锋在前，从来没有怕过，怎么上考场就被吓坏了？我跑到后院假山里躲了起来，一是稳定一下情绪，二是考虑拿什么来应试。我想：唱一段武安落子，恐怕不中。要不就表演蒋介石或模仿首长讲话，但这不是出洋相吗？登不了大雅之堂。想来想去也拿不定主意。

　　轮到我考试了,同学们从假山里找到了我。马可同志说:"难道你不会唱《三大纪律八项注意》? 总得对你了解一下。"我说:"歌我唱不好,说个快板书行不行?"马可说:"快板书也行。"我立即跑到外边找了四块瓦片,叮当叮当敲打起来。瓦片一响我倒觉得轻松了,开口先说了四句开场白:"墙上画虎不咬人,蒜白和面不胜盆。埋人不如说媳妇,油棺材不如油大门。"考场顿时静了下来。我接着说:"四句闲言道罢,在位先生各位明公,你们稳坐静听,听我慢慢地道来。"我两手打着瓦片,哼着武安落子掺和着河南坠子的声腔说唱起来:"小瓦片一打响叮咚,请问在位诸先生,你们爱听文来爱听武,爱听奸来爱听忠? 爱听文咱说共产党,爱听武咱说八路军。爱听奸咱说蒋介石,爱听忠咱说毛泽东。不知道你们爱听啥,开讲哪封算哪封。说住人心多为妙,说不住人心白搭工。有心叫你们点一段,恐怕你们意见难集中。说的是中原突围……"我一气说完,全场鼓掌。在座的老师们不少都是延安鲁艺出来的,非常喜欢民间艺术。马可当场拍板说:"三名。及格。"第二天学院张榜公布,我被录取了,倒数第三名。

攻读导演学

　　正式开课了,共七门功课。我过去连简谱都不认识,现在叫学五线谱,看着谱面一片蛤蟆蝌蚪上下乱蹦,只觉得头皮发麻、两眼发黑。另外,斯坦尼斯拉夫斯基体系不要说学了,连名字都记不住,下了很大功夫才记了个"斯大林的司机"。我非常苦恼,经过激烈的思想斗争,又找到马可同志再次要求退学。马可同志对我非常了解,他耐心地开导我说:"你不要那样自卑。现在就是要培养你们这些有实践经验的工农干部,使工农干部知识化。咱不能辜负党的希望。你学多少算多少,根据你的特点,七门功课选个重点。我看你应该在导、表演上下功夫。"

　　经过马可的开导,我又增添了些信心,选定了两个重点:政治方面以联共(布)党史为主,业务方面以斯氏导表演体系为重点。舒强老师主讲《演员自我修养》,把书中的各个单元先写成通俗易懂的讲义,然后按单元顺序做小品训练。这种理论结合实际的教学方法,学员们反应很好。我的记忆力特别好,把讲义都背会了。我把对导表演基础理论的理解与自己的实际生活经验结合起来,所做的小品练习得到了老师的肯定。那时,每到暑假期间,河南全省文工团都要集中到省会开封学习。我和赵建平、马列三个人成了教员,对辅导学习苏联戏剧理论做了一些工作。

我还对名人讲座、观摩演出很感兴趣。像周扬、田汉、艾青、陈荒煤、沈雁冰、丁玲、金山、光未然、洪深、焦菊隐、韩世昌、崔嵬、赵丹等学者、作家、导演、表演艺术家到学院做学术讲座,我从不缺席。当时观摩演出是个人掏钱,我宁肯省吃俭用也不放过观摩的机会。每次到剧场观摩,不管刮风下雨、天寒地冻,还是路有多远,我都是跑着去走着回来,从没坐过车。我们观摩学习了梅兰芳、程砚秋、尚小云、荀慧生、盖叫天、马连良、周信芳、范瑞娟、傅全香、白云生等著名演员的代表剧目。我看到眼里,记在心上,各个流派精湛的表演艺术使我受到很大启发。我还注意学习外国的戏剧艺术,从希腊的悲喜剧到莎士比亚、莫里哀、易卜生的名著,我都广泛阅读,从而开阔了视野,增长了见识。

歌剧系领导把我和程世荣等几个文化水平较低的学员组成一个组。程世荣为人非常好,学习上帮助人,生活上也很体贴人,毕业后被分配到兰州,是歌舞剧《丝路花雨》的作者。当时我们的学习条件非常艰苦,六个人住一间房子,生个小煤火,电灯也不亮。生活上实行供给制,每月发的津贴只够买些日用品。我只有一件衬衣,穿脏了晚上洗洗,在煤火上烤干,赶上第二天穿。冬天冷了,用报纸裹腿取暖,看似出洋相,实能避风挡寒。每天早上五点起床,晚上熄灯后到校园路灯下继续学,饿了跑到校门口买点便宜的荞麦饽饽充饥。从来没有过过星期天,没逛过大街,长城也没有游过,常常是整日不出门。每次考试前发的复习提纲,我都一字不落地背下来。毕业考试时我被评为全系八个优秀生之一,并与欧阳予倩院长合影留念。

编导豫剧《小二黑结婚》

我在中央戏剧学院学习了三年,1953年夏季毕业。

马可同志建议我留中国歌剧院或中国评剧院工作。这时,河南省文化事业管理局局长陈建平来北京开会,我到和平饭店去看他。他说我是河南的人,还得回河南。我愉快地服从了组织的决定,回来后被分配到省歌剧团当导演,随后又被任命为业务副团长。林治泰、杨季枚、张永勤等歌剧团领导同志对我也比较尊重,我也尊重他们。他们支持我放开手脚大胆工作。

到团后,首先遇到了豫剧唱腔音乐革新这个难题。当时领导定的方针:在豫剧的基础上发展新歌剧。(现在看来这种提法是不确切的。)每创作一个新戏,既要像新歌剧又要像豫剧,标准很难界定。我因此长时间发愁。当时我对豫剧还不熟悉,就下决心先从研究豫剧传统戏做起,背剧本、背名家的唱段,好多有名的传统戏我都大段大段地背诵。通过学习传统戏,一是学习戏曲在塑造人物、挖掘人物思想感情上的技巧,研究什么样的形式为群众所喜闻乐见,吸取精华作为自己创作的借鉴;二是作为一个编导要掌握和熟悉豫剧的唱腔、板式、锣鼓经等技术和技巧问题。我在写剧本的同时也想好了旋律,每写一段新词就先唱给作曲者、演员听,使他们从中受到启发,更快地掌握人物在演唱这一段词时的思想感情,同时也为作曲者提供了旋律的雏形。

我到河南省歌剧团排的头一个戏就是《小二黑结

1951年,杨兰春(前排右一)和田川(后排中)、马可(前排左一)在河北武安深入生活,创作歌剧《小二黑结婚》

婚》。这是我在北京与田川同志构思的一个戏曲本,但不完整,我又塞进了一些"私货",把武安落子引进去了,在排练中才逐渐完善。比如,三仙姑的一段唱:"树老皮厚叶子稀,凤凰落架不如鸡。二十年前当媳妇,又穿红来又挂绿。好打扮、巧梳洗,下神、看病,哪一个见了我不欢喜。"这段唱词已经突破了河南梆子的格律,唱腔音乐上就摸索着创新:第一句完全唱梆子,第二句便有了些改革,第三句全是创新,第四句又赶紧拉回到梆子上。观众听了第一句觉着就是梆子,听了第二句说不太像梆子,听了第三句说这不是梆子,听了第四句又说到底是梆子。像《罗汉钱》《志愿军的未婚妻》等剧目,大致上都是这样搞的。观众给我们鼓掌喝彩,领导也不断给予鼓励。现在看起来,当初的这些尝试为豫剧表现现代生活打开了局面,是应该肯定的。

赵树理小说《小二黑结婚》的思想、内容、风格以及大部分人物,都具有风趣、幽默和夸张的特征,很适合较多地运用传统戏的表演手法,如人物的上下场、台步、身段都和音乐节奏结合得很紧。比如,三仙姑跑到二孔明家中吵闹,被二黑娘打出门外;二孔明怒气冲冲地拿起两把扫帚,口中念念有词,在打击乐的伴奏下将三仙姑带来的"晦气"从屋内扫了出去。这出乎观众意料的夸张表演,博得了满堂喝彩。小芹为二黑缝挎包,也借鉴了《拾玉镯》中孙玉姣做针线的表演动作,优美细腻,逼真传神。另外,根据戏中反映现实生活的内容,创造了新的表演程式,如:小荣智斗金旺使金旺跌落河中,小二黑挣脱金旺兄弟捆绑等表演动作。这些表演既有喜剧效果,又不失真实性。《小二黑结婚》从初排到现在已有四十多年了,作为三团的保留剧目受到

2002年4月21日,歌剧《小二黑结婚》的女主角郭兰英(左)专程到郑州,探望生病住院的八十七岁的杨兰春

了观众的喜爱,至今仍不断应邀演出。

营造良好的创作环境

河南省文化事业管理局副局长冯纪汉
是位学者,与老戏剧家郭汉城是战友,《豫
剧源流初探》是他的代表作。他为人谦和,
平易近人,在他手下工作从未感到过思想
上有压力,在他面前想说啥就说啥。可以
说,当初如果不是冯纪汉提出来叫我写《朝
阳沟》,也就不会有这出戏的出现。

冯纪汉,1965 年摄(冯亲属供图)

那是 1958 年 3 月初,他来到豫剧院对
我说:"兰春,你写个剧本排一排行不行?"
我说:"我倒是有个计划,但今年不行了。"他说:"最近全省准备开个局长会,会议
结束时要看戏,你最好还是能尽快写个戏。"我问:"多长时间?"他说:"一个礼
拜。"我说:"你拉倒吧!别开玩笑了。别人不懂你也不懂?连写带排七天能搞个
戏?"他哈哈大笑说:"就是时间短了点,你试试看。写什么,怎么写,由你选材,写
不成也不要紧。"说完,往桌子上扔了两盒烟就走了。

冯纪汉走后,我想:作为我的老领导,他遇事总是那样关心、随和地跟我商
量、探讨,从来不轻易下硬任务,我要是不写个剧本也实在对不起人。可是写什么
题材呢?那两天白天黑夜我都睡不着觉。当时正是成千上万的城市知识青年上山
下乡,我看到了这热烈的场景,有感而发。创作的灵感来源于多年的生活积累,我
自然而然地回忆起 1957 年在登封县曹村抗旱浇麦的生活中朝夕相处的男女社
员们。动笔写戏,就是写人,写人先写唱词,这是我的习惯。我当时住的是小楼房,
我爱人窦荣光在局里当秘书,每天抄抄写写,又忙又累,回到家里就想休息。我的
毛病是不踏着节奏哼着腔就写不成戏,因此常常影响老伴儿休息。

写《朝阳沟》时,第一、二、三、四场有草稿,第五、六场只有唱词,第七、八场因

时间太紧来不及写草稿。我这边写着，那边就叫王基笑、姜宏轩配曲，演员学唱。排练场就在河南人民剧院二楼前厅。河南豫剧院三团业务副团长、导演许欣负责初排，我写好一场戏再去重点加工排练。到了后几场，先是用录音机把我编的唱词录下来，后来录音也来不及了，就随手拿个纸烟盒或头疼粉袋，想出两句就写出来发给演员学。最后一场我干脆就到排练场去直接口述，叫演员当场记。就这样，七天七夜编排出了《朝阳沟》。

1958年3月20日，《朝阳沟》在郑州北下街河南剧院(今已拆除)举办首场演出，参加全省文化局长会议的同志都来看这出"跃进戏"。开演前，冯纪汉副局长先简单地介绍了剧情和编排经过，人们还有点不相信。戏要开演了，我说："等等，还有四句合唱的词没想好呢！"冯纪汉到大幕前说："同志们，稍等一会儿，还有四句合唱的词没想好呢！"观众们哄的一声都笑了。我赶紧编了四句词，就是："老风俗旧习惯年年改进，年年改月月换日月更新。有文化能劳动情通理顺，要当成传家宝传给儿孙。"我说："不用作曲了，就用豫剧的'迎风板'，演员们都会唱。"冯纪汉问："开幕吧？"我说："戏还没有名字哩！"冯纪汉只得又到幕前说："再等一等，戏还没有名字哩！"台下又是一阵笑声。我想：曹村的山坡上有个朝阳寺，那一带的地理环境都是丘陵山沟，剧名就叫"朝阳沟"吧！谁知演出以后效果还可以。

从当时的剧本看，有的地方也是差三隔四，不合乎逻辑，很粗糙。现在人们所熟悉的电影剧本和舞台剧本是在后来的演出实践中不断修改完善的。我要说的是，为什么这么短的时间能连写带排完成这出戏呢？可以说是靠集体的智慧：没有王基笑、姜宏轩、梁思晖等同志是不行的；咱们那班演员多来劲儿，完成个紧急任务他们都毫不含糊；那时的乐队、舞美队多厉害，指到哪儿"打"到哪儿；还有冯纪汉这样贴心的好

杨兰春创作的《朝阳沟》剧本手稿

领导,可以说没有冯纪汉的支持、鼓励和信任,就不会这么快编排出《朝阳沟》。我觉得是天时、地利、人和,主、客观条件凑在一起,互相配合,团结一致,才完成了这个任务。

1963 年春,上级决定由长春电影制片厂把舞台戏《朝阳沟》拍成戏

《朝阳沟》剧照,高洁(右)饰演拴保娘,魏云饰演银环

曲艺术片。我正在修改剧本,中共河南省委宣传部于大申副部长找到我说:"兰春呀,我给你提个不合理的要求,'亲家母对唱'中给演二大娘的马琳加几句唱。"我说:"那不中,不是唱的地方。"于大申说:"我知道也不在理,你试试看。"我看老部长比较了解戏,就考虑了一下,说:"那不能多加,最多加四句。"于大申说:"有四句也好。"我经过构思,插上了二大娘的唱,巧真、银环也各加了一句唱。这样一来,演员的表演更活了,观众反响很强烈。"亲家母对唱"的段子已广为流传。

中共河南省委第二书记何伟同志非常关心文艺工作,百忙中经常到剧团看排戏,并与演职人员交谈,了解情况,帮助解决问题。他曾风趣地说:"我来剧团给你们当舞台监督。"《朝阳沟》中老支书有这样几句唱:"我到县里去开会,带回来几样好东西。一滴旺、朝阳肥,完全都是本地造,用的是柏油、黑檀皮。"何伟书记看过戏后很感兴趣地问我:"你写的这有根据吗?"我说:"一滴旺、黑檀皮名字是胡诌的。在太行山悬崖峭壁上生长了几百年的柏树根,把它砍下来熬成油。等到阴天要下雨时,农民披上被单,用柏枝或干草节蘸一蘸插到地里做肥料。"何书记问:"咱省有吗?"我说:"林县就有。"后来他去豫北视察工作,到了林县想起此事,专门打听,了解到老柏树根的确能熬成油,点到地里有肥料的作用。他回郑后就给我打电话,非常高兴地告诉我,他在林县打听到了,确有此事,并带回一块老柏树根送给我做纪念。

我深切体会到，何伟、于大申、冯纪汉等同志不仅是我的上级领导，更是我的挚友。在日常工作中，他们朋友般地向我提出要求，支持我的工作，关心我的生活，使得领导与被领导的关系非常融洽，从而为我营造了一个良好的创作环境，我怎能不竭尽全力做好工作呢？

朝阳沟好地方，名不虚传

我经常遇到这样的提问："《朝阳沟》为什么能在短短的七天里连写带排就上演了，究竟是什么原因？"我觉得跟我在登封市大冶镇曹村一带的生活经历有关系。那是在 1945 年春夏之交，我们八路军豫西抗日第一、第六支队各一部在皮定均、刘昌毅等指挥下攻打大冶镇敌伪军，当地老百姓组织起了民工队，抬担架、运军粮，积极地配合我军作战。经过浴血奋战，我军终于解放了大冶镇。这个仗打得很艰苦，由机枪、迫击炮掩护，战士们在枪林弹雨中前仆后继，硬往寨墙上靠云梯，几次都没靠上。排长韩小三带领几个战士冲了上去，结果负重伤牺牲了。接着，第五连连长、老红军董富培带领战士上阵，我军密集的炮火打得敌人抬不起头，云梯终于靠上了，但是连长也牺牲了。战后，我们为烈士修了一座一间房子那么大的墓。当年他们都是年轻的小伙子，几十年过去了，他们的身影仍时常浮现在我的眼前，他们永远活在我的心里。我建议中共登封县委把这次战斗中牺牲的五位烈士移葬在小景店烈士陵园，立了碑："中岳山作证，青史标壮士。"战争年代，我亲眼看见当地老百姓的苦难生活，更看到他们与八路军的鱼水深情。

1957 年 7 月，我回到曹村深入生活。那年正赶上天旱无雨，全村男女老少整天往山上挑水点种小麦。有个壮劳力叫海福，我和他比赛，他一天往山上挑十七

杨兰春常年坚持深入生活，1970 年代摄

担水，我能挑十六担。大家在地头休息时，我随口编唱了一段快板，老乡们才知道我就是当年的"瓦片书老杨"。

我和老乡们朝夕相处，他们有啥话都愿意跟我说。青年人和我也熟悉了，要我在剧团给他们找点工作。可老农民却对我说："老杨，你说这新社会，谁家的孩子不念两天书，谁家的姑娘不上几天学？读两天书、上两天学都不想种地了，这地叫谁种呢？哪能把脖子扎起来？"

到农村体验生活，杨兰春最爱一碗面条，1970年代末摄

我觉得农民说出了一个真理。那时正逢党号召城市知识青年上山下乡，我就抓住了这个主题：城市知识青年王银环下乡与劳动人民相结合，建设社会主义新农村。

为什么在1958年"大跃进"背景下写的这出戏，到今天还有生命力？我觉得《朝阳沟》基本上是从写人物出发，而唱是主导，用唱词来表现各个人物的真实感情，刻画出有性格、有灵魂的活生生的人。我有个坚定不移的思想：讨厌那种标语口号式的语言，因为它不是舞台人物要说的话。当然，该剧也不可避免会受到一些"大跃进"的影响，但还没有更多的浮夸，不然也绝不可能有这么长的生命。比如，银环上场后第一段唱的头几句，最早写的是："杏花谢桃花开春回冬去，转眼又半年又愁又急。祖国的大建设一日千里，看不完数不尽的胜利消息……"有人批评我"啥花呀草呀小资产阶级情调"，我就把前两句去掉，使头一句唱点了主题："祖国的大跃进一日千里……"后来我又改回"祖国的大建设一日千里"，这样稍微靠近了人物。

曹村农民冯宝德说过一段顺口溜："往前走脸朝前脊梁朝后，往南走刮北风风吹屁股。走一步退两步不如不走，吃一碗厨两碗老本搭里。"我把第三句运用到银环下山的唱段中："走一步退两步不如不走，千层山遮不住我满面羞。我往哪里去，我往哪里走？好难舍好难忘的朝阳沟……"这段三十六句唱词表现了王银环经受不住劳动的磨炼,一念之差想跑回城去,在下山的路上又触景生情,引发出了她留恋、羞愧的心情,表现了犹豫、徘徊、矛盾的心理状态。

在选用农民的语言时,我注意语言的发展变化。比如,王银环思想转变以后,唱词中就用了现实生活中的新词汇和新事物做比喻:"老支书好比望远镜,小妹妹好比气象台……""没有农民来种地,全国人民吃什么?"这些新词从观众反应来看,不感觉生硬,因为多是常听常见的事情,反而感到真实亲切。

有一件事情使我终生难忘。那是在"文化大革命"期间的一个夜晚,曹村大队党支部书记戴了顶草帽来到我家。一见面我怔住了,忙问:"荣寿,这时候你来干啥?"荣寿说:"乡亲们叫我来看看你。有人去曹村外调你三次了,乡亲们让我告诉你,叫你放心,我们不会昧着良心说话。如果城里不行,你就和我回农村家里住。"我说:"你告诉乡亲们,放心吧,我没啥。以后我一定回家看望乡亲们。"我的命运时刻牵动着曹村群众的心。

周总理的笑声

1958 年 4 月中旬,周总理来河南视察工作。这时河南豫剧院三团正在太行山中的林县演出,接到省里的紧急通知后当天返郑,晚上在省军区礼堂演出《朝阳沟》。

那天的晚上,前面安排的都是传统戏。因整个晚会已超过了总理看戏的时间,保卫人员催问我和庄义顺同志:"戏还有几场?要多长时间?"我站在边条幕旁,忙着推这个演员出场,拉那个演员下场,让乐队减去唱腔中的长过门,累得满头大汗,才使戏缩短了。

当戏演到拴保娘(高洁饰演)说:"亲家母,早前县里报社来了个同志,说咱那孩子下来得好,下来劳动生产得也好。"银环妈(杨华瑞饰演)问:"真的?"拴保娘答:"可不,那个人还挎了个照相机,说要给咱那孩子照个相,放到报纸上哩!"银环妈又问:"照了没有?"拴保娘叹气:"好说歹说她也不照。"银环妈追着说:"你咋不照哩?你咋不照哩?"这时站在舞台边的摄影记者看到戏快要结束了,突然跑到表演区抢镜头。只听"咔嚓"一声，闪光灯一亮，拍了个剧照。

这个戏外戏偶然与剧情巧合了，周总理拍着吴芝圃(时任中共河南省委第二书记)的肩膀，前仰后合开怀大笑。全场观众经久不息地热烈鼓掌，一向表情严肃的彭德怀元帅也不禁笑了起来。银环妈接着说："你要一照不是也出名了？"又是一阵掌声。周总理对吴芝圃说："这是个好戏，要是到北京去演出，也一定会受到北京人民的欢迎。"

当年夏天，《朝阳沟》应邀到北京参加了全国现代戏曲题材联合公演，受到了北京专家和广大观众的欢迎。

1966年"文化大革命"初期，当时我已被"专政"，关进"牛棚"。周总理委托曹禺同志，在河南洛阳为亚非作家紧急会议代表安排演出《朝阳沟》。曹禺同志传达周总理的指示："洛阳的演出，如果作者杨兰春不是叛徒、特务，也可以去，将功赎罪嘛！"后来，在去洛阳前讨论加工排练《朝阳沟》时，也叫我参加了。当时有人提

1958年《朝阳沟》进京演出，文化部副部长刘芝明(前排左一)和杨兰春(前排左二)、柳兰芳(前排右一)、陈新理(前排右二)、陈泓(右三)、杨华瑞(后排左三)、高洁(后排左四)、马琳(后排左五)、高颂喜(后排左二)等剧组人员亲切交谈

出:《朝阳沟》剧从头至尾没有一段毛主席语录,杨兰春错就错在没有高举毛泽东思想红旗;这次演出必须加几段毛主席语录,解决戏中王银环的思想改造问题。我不同意这种说法,觉得不合适:要是加在银环下山之前,加了语录银环还是跑了,那不就成了放之四海而皆准的真理毛泽东思想在银环身上不起作用?要是加在下山以后,落了个马后炮,岂不是起了五更赶了个晚集?为此,他们说我思想不通,不让我随团到洛阳演出。

三团到洛阳后,曹禺听说杨兰春没有来是因为他不同意戏中加毛主席语录,看完彩排后,曹禺说:"杨兰春还是对的。"《朝阳沟》为亚非作家紧急会议代表演出了,受到了国际友人的热烈欢迎和好评。

误诊癌症,一场虚惊

"文革"期间,我受到不公正的对待,心情不好,精神压抑,身体患病。起初发现淋巴肿大,不算大病,由黄河医院劳大夫进行手术摘除。没隔多久复发了,还是在原来的地方。劳大夫经验丰富,他预感到情况异常,在做第二次手术时,他决定切片化验,当时黄河医院没有化验设备,需要省里一家大医院配合,化验结果发现癌细胞,顿时气氛紧张起来,劳大夫动员我到北京检查。我患癌症的消息很快传开,有关领导、文艺界的同志纷纷到医院看望我,大家的心情沉重。最后省委宣传部决定派专人护送我去北京治疗。

到了北京一家有名的大医院,还是《朝阳沟》

杨兰春给青年作者谈戏曲创作,1980 年代摄

这个戏帮了我的大忙，大家不认识我杨兰春，但看过豫剧《朝阳沟》。当得知我就是《朝阳沟》的编导时，另眼相看，让我住进了这家大医院。医生看了省医院的诊断，认为要动大手术。并分析手术后有几种可能：一是声带破坏，不能说话；二是唾液腺破坏，说话时得不断喝水，而且有可能右胳膊抬不起来；三是面部神经破坏，嘴歪眼斜。我一听医生的这些介绍，决意不做手术。我说："做了手术成了残疾人，啥也不能干，还得叫人伺候，不如死了，免得连累别人。"医生说："做手术有95%的希望，不做手术有95%的危险。"最后省委宣传部负责的同志

杨兰春(左)和儿子杨光，2009年3月摄

说："你是党员、干部，是国家的人，组织上送你来北京，就是来做手术的。"我是个老党员，对组织决定我坚决服从。我恳求医生：千万不能成哑巴，不能说话就把我憋死啦，嘴歪眼斜我不怕。医院不完全相信地方医院的诊断，要重新检查。我当时做了最坏的准备，好像自己已到了最后关头，我想在离开这个世界之前，再逛逛北京，游游长城。一天在老伴儿、儿女们的陪同下，我看了天安门、人民大会堂，在天安门广场，儿子提议，全家照了张合影。全家人嘴里不说心里都清楚，这是最后的留念。而后两个孩子搀扶着我爬上了长城，这是我有生以来第一次登长城，站在长城上，望着北国风光，我心里真是感慨万端。

　　进手术室前，儿子、女儿围在床前，拉着我的手心情沉重，老伴儿在一旁含泪问我还有啥事交代。当时我心情倒很平静，我若无其事地说："我一辈子就爱吃面条，我死了，给我脸上倒两碗面条我就满足了。"

　　头颈专家哈献文先生为我做了"拉网扫荡"手术，把颈部的皮剥开，一点一点检查，我承受了极大的痛苦。当时和我同时做手术的还有两个病号，他们的检查结果都很快出来了，只有我的检查结果没出来。我躺在病床上，六神不安，度日如

《冬去春来》剧照,柳兰芳(中)饰演田桂莲,王善朴(右)饰演支书,朱凡(左)饰演春牛,1958 年摄

年。直到第十天,医生来向我报喜:"老杨,告诉你个好消息,是良性肿瘤,不是癌症。"一家人悬着的心一下子落下了。结局是戏剧性的。通过详细的化验、检查和诊断,我根本没有患癌症,是省里一家医院化验室搞错了,把一个妇女的子宫癌切片安到了我的名下,开了个天大的玩笑,一时成了郑州流传的大笑话,我白挨了三刀。当天夜里,我们全家人乘火车,高高兴兴地回到郑州。

探索新的艺术形式

一种新的戏曲艺术形式的出现,不是凭空编造出来的,而是来源于生活之中,按照戏曲艺术的规律经过探索、实践、突破难点,创造出一段唱腔或一个表演程式,再经过几代人的不断修改完善才能形成。我每写一个戏,每移植或导演一个戏,都有新的想法和追求,都要创造一些新的东西,给人以新鲜感。如果一点新意没有,这个戏就没意思了。

我平时喜欢到农贸市场转悠,观察各行各业的人物,向小商贩学叫卖的小调,找货郎学唱失传的罗戏,或随便蹲在算卦、卖当、修锁、玩猴人的摊位前,边听边记这些人所说的俏皮诱人又很有职业特色的顺口溜。我还与乡村的业余演员、理发员、招待员、炊事员结为朋友。

1957 年,我在曹村生活,那时农村刚刚安装电话,老百姓把它当成稀罕物,没有事也想打个电话。有一次,我看到一个小伙子从曹村往沙河村打电话,对方要求他唱几句,他就对着话筒唱起了曲子戏。这引起我很大兴趣。后来我在写《冬去春来》时,采用了唱着打电话的新形式。这也不能算是我的创造,而是从生活中来的,但要把它写进戏里就有困难,得费点脑子。要依照生活中打电话和说唱方式写词,上一句、下一句,五字句、六字句,一道韵中间还插白,这样就得打破豫剧的格律。生活给创作者提供了可能性,但要经过提炼和艺术加工才能成为艺术品。会计宝安是个喜剧人物,为了表现他神气而又风趣的性格,唱词的节奏也写得适合于打电话和打算盘的表演动作。音乐唱腔以豫剧的"流水板""呱嗒嘴"为基调,重新创作了口语化的旋律、自由灵活的节奏,并使之融合为一种新的演唱形式,塑造了一个可爱的喜剧人物形象,留在了观众们的记忆里。

在日常生活里,玩扑克牌是一种很热闹的游戏,而且还能锻炼人的竞争意识。我把这种形式写进了《好队长》这个戏里,让几个人唱起来。我不会打扑克,先起个唱词草稿,然后请会打扑克的赵籍身同志予以整理加工。

这是一段用"流水板""呱嗒嘴"和道情的元素创作而成的新唱腔。唱着打扑克也是一种新的尝试,通过打扑克揭示出每个人物不同的精神面貌,给人感觉新鲜、亲切和喜悦。

我还将武安落子的词曲引入豫剧中。豫剧里的唱词句式多是十字韵、七字韵、五字韵,而三字韵较少。我把武安落子中具有排比、轻快、明朗特点的三字韵

《好队长》中对唱"打扑克",王善朴、高洁、高颂喜、陈新理(左起)表演,1964年摄

词曲格式引入豫剧,丰富了表现力,取得了新颖别致的艺术效果。像拴保娘那段"棉花白,白生生。萝卜青,青凌凌。麦子个个饱盈盈,白菜长得瓷丁丁……"以"快流水"为基础的唱腔,前半部用豫东调旋法,后半部用豫西调旋法,经巧妙的转换变化,形成了一曲喜悦欢快、流畅清新的优美唱段,至今仍脍炙人口。

民间戏曲文学中的"戏串"(也叫"戏套子")具有浓郁的地方特色,散发着中州大地的泥土芳香。一个"戏串"自成一篇通俗的诗歌,融写景、抒情、咏物等于一体。我吸收了"戏串"《放牛娃偷瓜》的表现手法,为孙喜旺初次出场写了一段路戏:"走过了一洼又一洼,洼洼地里好庄稼。俺社里要把电线架,架了高压架低压。低压电杆两丈二,高压电杆两丈八。安上一个小马达,嘟儿喔喔把套拉。"

作曲家王基笑等运用了豫西调老艺人李小才的唱腔风格,用豫西调"二八板"谱写这段唱词,既保持了豫西调本腔高而不喊、低而不暗的特点,又以悠扬婉转的旋律较好地表现了孙喜旺朴实憨厚、风趣幽默的性格,这段唱至今仍在民间广为流传。

天时地利人和

我已年逾八旬。我怀念戏曲现代戏创业的那个年代,更怀念与我合作过的河南豫剧院三团这个集体。河南豫剧院三团的前身是1952年全省文工团整编时,选拔的一批优秀艺术人才组成的河南省歌剧团。这些艺术人才都具有高、中等文化程度,大部分同志经受过解放战争、抗美援朝、剿匪反霸、土地改革的锻炼,工作作风雷厉风行,生活作风艰苦朴素,对业务精益求精、勇于创新。他们是在毛泽东文艺思想哺育下成长起来的革命文艺工作者。

三团的同志们来自五湖四海,为了搞现代戏这个共同的目标走到一起来了。我们精诚合作、共创大业,至今已有四十六年了。在编演戏曲现代戏的道路上,几经波折,曾遇到过重重困难。如1956年现代戏处于低潮,三团在郑州、新乡演出时观众鼓过倒掌,在林县演出时演员郭保元、宋大成等同志给农民翻跟头推销戏票。那时现代戏处境艰难,已威胁到三团的生存,为此有人曾建议解散三团,使深深热爱这一事业的三团的同志精神上受到打击,流下了伤心的眼泪。在此关键时刻,中共河南省委书记处书记杨珏、文教部部长张柏园同志支持了三团。他们赞扬三团宣传了社会主义思想,歌颂了建设社会主义的新人新事,要为三团鼓掌,并指示三团独立建制,经费拨专款。这个振奋人心的消息激励了三团同志们的斗志,全团以卧薪尝胆、奋发图强的精神,开展了基本功训练。根据演员们的嗓音条件,向豫剧名老艺人和著名演员学习优秀的传统唱腔,并组织演员系统地学习表演体系,乐队和舞美队学习专业理论知识。后来在登封曹村建立了生活基地,不断丰富创作人员和演员们的生活经验。这些措施进一步提高了全团编、导、演、音、美人员的整体素质,包括行管人员俞铨、刘庆生、张长发等都是劳动模范、先进工作者,这就为以后编演优秀剧目创造了有利条件。建团以来,通过几十年的艺术实践,比较成功地创作演出了《朝阳沟》《小二黑结婚》《刘胡兰》《李双双》等几十出优秀的戏曲现代戏。三团所以能取得这样的成绩,是和它具备一个高素质的创作集体分不开的,可谓天时、地利、人和缺一不可。从中央戏剧学院回来后,我和赵籍身、许欣、马万楼共同负责编导工作。音乐作曲有王基笑、姜宏轩、马鸣昆、鲁本修、梁思晖、管玉田。舞台美术有卢伟生、张学勇、关朋。三团乐队人人一专多能,代表了全省一流水平。

在艺术实践中,三团培养出了高洁、马琳、王善朴、魏云、柳兰芳等一批豫剧表演艺术家,以及韩登庆、陈新理、杨华瑞、刘凌、朱义、陈泓、冯文景、杜启泰等著名豫剧演员。他们从无到有,创造出了各种各样的人物形象。在观众心目中,拴保娘就是高洁,银环就是魏云,拴保就是王善朴,李双双就是马琳。刘胡兰是真人真事,但观

豫剧现代戏"五大主演":王善朴、马琳、魏云、高洁、柳兰芳(左起)

杨兰春,1980年代摄

众心目中的舞台艺术形象"刘胡兰"就是柳兰芳。还有韩登庆的二孔明、陈新理的孙喜旺、杨华瑞的银环妈、朱义的老支书、陈泓的米鲜、冯文景的石庭槐、杜启泰的老小孩、孙西方的马二牛、高颂喜的巧真、朱凡的王永刚、严励的金二寡妇、束捷的二大娘、何艾芝的童养媳等,都给观众留下了难忘的印象。刘凌多扮演一些农村基层干部,如秘书、生产队长这类没有明显特征的角色,但他创造出的人物性格却不同一般,气质出众。这一代演员的表演独具风格,唱腔也形成了新的流派,可以说在豫剧的发展史上独树一帜,因而深受人民群众的喜爱,曾受到毛泽东、刘少奇、周恩来、朱德等老一辈无产阶级革命家的亲切接见和赞扬。

1963年,中宣部特派叶遥同志到剧团采访,并在《人民日报》上发表了题为《一个坚持演现代戏的好剧团》的长篇文章,介绍三团编演现代戏的经验。文化部也曾发出通知,号召全国各地的戏曲表演团体向三团学习。这是三团的鼎盛时期。三团的老同志们为了戏曲现代戏,付出了他们一生中的锦绣年华,建立了不可磨灭的历史功绩。我认为,目前三团应采取切实可行的措施,尽快提高创作人员的整体素质,培养尖子演员,继承和发扬三团的优良传统和风格。在新的历史时期,我企盼着三团再创辉煌。

2002年

许欣、张夫力整理

罗云

请扫码收听罗云原声音频

罗云(右)和月阳,于 2019 年夏

耕
耘
播
戏
坛

硕
果
遍
梨
园

　　罗云先生是我省著名的导演艺术家,在业界享有盛誉,半个多世纪以来,一大批由他演出和导演的戏剧剧目、戏曲晚会风靡梨园,誉满神州。

　　罗云先生八岁进入项城县(今项城市)越调剧团随团学习,十三岁被越调艺术大师申凤梅先生举荐至开封地区戏曲学校学习,十八岁时在申凤梅先生的提议下,由一位长靠短打不挡、文武唱念俱佳的武生演员转为幕后,正式开启了戏剧导演工作。1978 年,刚过而立之年的罗云以优异成绩考入上海戏剧学院导演系。在这段时间,他如饥似渴地学习世界三大戏曲表演体系,在众多全国性知名杂志上发表了多篇戏曲评论文章。1980 年结业后,他先后担任河南省越调剧团、河南省曲剧团、河南省豫剧一团业务副团长和导演等职务。

　　罗云先生虽是戏剧导演,但其才华绝不仅仅限于此,几十年来,除了大批戏剧作品被搬演之外,他还笔耕不辍,先后发表三百余篇颇具独到见解、思想内涵与理论论述深刻的文章,内容涉猎戏剧导演理论、表演以及剧评等多个领域。与此同时,他还在中国传统绘画、篆刻等方面多有建树。实践出真知,罗云先生几十年的艺术实践更是他在戏剧领域获取真知灼见的源泉和优势。正如著名戏剧家刘景亮所言："罗云先生取得如此多方面的艺术成就，当然不能仅仅归因于天生的良好素质，还应该归因于他后天的努力，归因于他的严肃认真、从不懈怠的艺术实践，归因于他的求知若渴、博览群书。"

罗云先生是河南戏剧界一位名副其实的实干家，也是一位有见解、有胆识、有追求的艺术家，六十余年的艺术实践中，他曾与申凤梅、虎美玲、王海玲、李金枝、苗文华、刘艳丽、晋红娟等老、中、青、少四代演员合作。由他所执导的剧目中，六位演员摘取了中国戏剧梅花奖。据统计，罗云先生在全国范围内共执导过近200部戏剧作品、600余期《梨园春》节目、30多集电视剧、30余台大型电视文艺晚会，发表过300余万字文章，雕刻过600余枚印章……

我和罗云先生曾经有过三次合作，分别是2010年中秋节河南广播电台主办的"2010河南中秋戏曲晚会暨中国豫剧名家演唱会"、2016年9月17日在河南艺术中心上演的"432位唐王穿龙袍唱豫剧"的吉尼斯世界纪录挑战活动、2018年4月月阳工作室两周年策划推出的两场"纪念豫剧大师陈素真百年诞辰"祥符调品赏会。这三次大型活动均在戏剧界引起了强烈反响，之所以获得圆满成功，和总导演罗云先生的辛勤付出密不可分。

我最难忘的是"中国豫剧（唐派）创造吉尼斯世界纪录"活动，因为这既是中

左：豫剧（唐派）创造吉尼斯世界纪录活动现场盛况，2016年9月17日于河南艺术中心广场

右：手捧吉尼斯世界纪录证书，张彤、罗云、月阳、李志远（左起）共同见证这一时刻

国戏曲界史无前例的一项壮举,也是充分展现河南戏曲人团结奋进、激情豪迈的精神风貌的创举。其意义、责任不言自明。作为总导演,罗云先生特意查阅了大量吉尼斯世界纪录的资料,与木子总监共同研究策划了许多组织方案,制定了周密的行动措施,对每一个步骤、每一个布局都做了细致分工。

在艺术实践中,罗云永葆学习热情

为了保证活动的万无一失,他还亲自到河南艺术中心现场勘查、丈量台阶、确定站位、搭建场地、宣传设计,甚至具体到音响播放和演员入场、挑战流程、安全保障等环节,他都一一过问并统筹安排。

2016 年 9 月 17 日下午 3 点,432 位身穿龙袍、头戴王帽的“李世民”一出场,就震撼了现场的每一位观众,其场面宏大壮观、极为震撼。一段豫剧唐派经典名剧《三哭殿》“下位去劝一劝贵妃娘娘”,让现场数千名观众无不报以热烈的掌声。活动同步进行了视频直播,据统计,在线观看直播的观众超过了 20 万人。

皇天不负有心人,活动挑战成功。我们成功地创造了一项新的吉尼斯世界纪录,并永久地载入史册。

英国杰出的现实主义剧作家萧伯纳认为:“人生最大的快乐,是致力于一个自己认为无悔的目标。”罗云先生六十余载粉墨春秋,辛勤耕耘,拼搏进取,孜孜以求地致力于戏剧导演领域,把自己钟爱的戏曲导演事业从美学的维度提升到了一个新的广度、深度与高度,这在河南乃至全国戏剧界也是屈指可数的。

罗云,于 1977 年

罗
云
自
述

　　我叫罗云,自 1954 年至今已经从艺六十五年了,其中导演五十五年。转为导演之前,我曾在《刘海砍樵》《占山》《辕门射戟》《平贵别窑》《三岔口》《武松打店》《白水滩》《两狼山》《杨门女将》《掩护》《沙家浜》《智取威虎山》等剧目中担任主要角色。我演了十年的戏,总计演了三十多个角色。1964 年我开始从事导演工作。

在戏曲滋养的环境中成长

　　我是在项城县城长大的,那时候逢年过节总是有戏曲演出,我的童年受戏曲影响很大,所以无形中就热爱上了戏曲。

　　我上小学二年级的时候,当时的项城县越调剧团团长申凤梅老师,带着李大勋、金凤楼、刘桂英等老师到我们学校招收学员。我就这样被选拔进了剧团,进团以后很快就随团出发演戏。我无论做什么都非常认真,每一次穿兵都严格按照老师的要求,站有站相坐有坐相。我练功也从来不怕吃苦,我比其他同学努力,所以老师也比较喜欢我。

申凤梅老师的丈夫李大勋是唱花脸的,人送雅号"一声雷",他对我特别好。有时他会让我替他去买烧鸡腿,当时的烧鸡腿是五毛钱一只,买回来之后他总是让我跟他一起吃。申老师对我们也很好,有时候看我们练功辛苦,还买糖果激励我们。那时候我叫申凤梅老师"大梅娘",叫李大勋老师"大勋伯",所以我学艺是带有家庭式的感情的。

我的第一个启蒙戏是金凤楼老师教的《刘海砍樵》。这个戏是向湖南花鼓戏学的,金老师过去唱过曲剧,所以排练的时候他是用曲剧教的我们。我演出的第一个戏是《秦香莲》,演的是英哥。我在舞台上哭不出来,后来申老师就说,你用点其他办法让眼泪掉出来,我就把肥皂弄到眼里,谁知道弄得太多睁不开眼,老是流泪。

1956年,戏曲已经进入"三改"时期,即改戏、改人、改制。当时,我们就准备参加河南省首届戏曲观摩会演,我们首先是恢复了申老师原来的一出戏《天水关》。申老师借鉴了当时商丘地区越调剧团名老艺人张秀卿的特点,又进行了相应调整。到了郑州,我跟着申老师演出,我们是第一场,前面演出的是陈素真先生的《宇宙锋》,这个戏让我看得出神,想不到水袖能够那样表演,我当时都惊呆了,看得如醉如痴。

在那段时间我看了很多戏,包括桑振君的《白莲花》、张新芳的《陈三两》和常香玉的《大祭桩》等。这次会演非常隆重,像田汉、崔嵬、苏昆等我国戏剧界的大家都到场了。也就是在那个时期,我看到了杨兰春先生排的《刘胡兰》,让我感觉到戏剧太不得了了。

1958年,罗云在项城越调剧团,年仅十二岁
(张勋冠摄)

1960年，罗云开封地区戏校结业照

1959年，申老师把我送到了开封地区戏校学习。当时戏校有将近四十个同学，都是来自开封、商丘两个专区。当时的条件很艰苦，一到刮大风的时候，沙子就灌满了我们睡觉盖的被子。那个时候没有练功场，我们就在球场上练功，球场是水泥地，夏天蒸得很，冬天下雪又很滑。我总是等同学们都睡着了，悄悄从被窝拱出来到练功场上练功。

我在这里学了很多武工身段，像单刀组合、双刀组合、拳组合、单枪组合、棍组合、大刀组合、马鞭组合等，都学了，对京剧的基功、身段功、把子功都初步掌握了。老师看我很努力，非常喜欢我，还让我学会后再教同学们。后来，一个老师专门给我们讲解斯坦尼斯拉夫体系，在这一年里我受的教益非常大，为我后来发展奠定了良好的基础。另外，因为表现好，我还入了团。1960年结业后，我又回到了项城越调剧团。

在这里，我想说一说张秀卿老师，她是当时很有名的一个演员，雅号"盖河南"，就是说她唱的越调在河南无人能比。1956年首届戏曲会演，她演的是《哭殿》，扮演唐王，当时中国剧协主席田汉先生称她为"河南的周信芳"。但张秀卿老师身体不太好，四十多岁就因病去世了。她应该是河南越调的一代宗师，申凤梅老师就是受了她的影响。她去世之后，开封地区越调剧团受到了一定影响，当时剧团的指导员和文化局局长就准备把申凤梅老师调过来，正是这个机缘，我跟随申老师他们正式加入了开封地区越调剧团。

申老师在项城的时候就已经很有名了，我们在相国寺的河边剧场，还有解放剧场等这些地方演出，很受欢迎。那时候坐票是长板凳，两毛钱；站票是五分钱。观众为了抢票，都是夜间排队，一直排到第二天。

进团之后我就开始演戏了，主攻武生，包括短打和长靠，我在《辕门射戟》中演的吕布，《三岔口》中演的任堂会，《挡马》中演的焦光普，《两狼山》中演的杨七郎，《武松打虎》中演的武松。那个时间我特别好学，只要是喜欢的戏就学。

我是个很自觉的人，除了自觉学戏还经常看书，就是不懂也要看。当时我还不懂什么是斯坦尼斯拉夫体系，但是就拿着书硬看，字不认识了就查字典，字典成了我的业余老师。

1977 年，罗云在越调《收姜维》中饰演胡关兴

转行做导演

"文革"时期，传统戏基本上都禁演了，武生演员也很难有用武之地。早在 1964 年，在申凤梅和杨岩石的建议下，我便转行做了导演。我排的第一个戏是《古城春晓》，那年我才十八岁。

我并没有学过导演专业知识，只是看戏看得多。我上戏校的时候在开封，开封是河南戏曲的大码头，像李万春、李庆春、李小春联合演的《关羽走麦城》《古城会》这些戏我都看过，还有叶盛兰、叶盛章演的《三打祝家庄》，狮吼剧团何尚达演的《春晓楼》《王佐断臂》，包括"汴京三王"王秀兰、王敬先、王素君的戏，凡是她们有演出我都看。看得多就见识得多，也算是积累了一些经验，使得我对舞台比较熟悉，心里不怵。

我最初做导演，准备工作很充分，都是提前画调度图的，就是一个图一个图地画出来，人物怎么走，走到什么地方。这个阶段基本上是模仿，后来渐渐地排戏就多了。给陈静排过《海港》，还排过曲剧《游乡》；给刘琳排过《蝶恋花》和《洪湖赤卫队》；给申老师排过《杨门女将》等。我在周口总共排了 55 部戏，为申老师排了 22 部，包括《红灯记》《沙家浜》《洪湖赤卫队》《杨门女将》《槐树庄》等。

1975 年,罗云(左)为常香玉(中)、华翰磊(右)排练《红灯记》中"痛说革命家史"一场戏

"文革"时期,我们的很多戏装都被烧掉了,非常痛心。凡是带点文学性的或者是历史的书籍也都被烧掉了。我当时买的书还是比较多的,装了一箱子,后来只好上交,也给烧掉了,唯独偷偷留下了田汉先生的剧本《谢瑶环》和福建戏曲的一个老剧本。申老师的资料和书也都要拿出来烧掉,有一套马连良送她的剧本选,还有她在北京拜师时的名人签字本,我知道这两样是宝贝,就趁人不注意的时候偷出来了,先藏到一个布景后面最不显眼的地方,后来挂起来,外面粘上毛主席的诗词《长征》,大大方方地挂在床头盖,这两样宝贝才算保存下来。"文革"之后,我把它们交还给申老师,她拿到后不禁潸然泪下,这也算是我为申老师做了一件好事吧!

后来,申老师就带着"文革"中幸存的剧本和签名本,到北京拜见了老舍夫人胡絜青、汪洋厂长、崔嵬导演和袁世海先生,又见到了吴祖光、新凤霞夫妇。他们看到这两样东西后非常激动,也特别感动,就说一定要做些什么。因为 1963 年崔嵬先生看了我们的《李天保娶亲》,就说必须拍电影,所以趁着这个契机,就决定由汪洋厂长给申老师拍电影,确定拍摄《李天保娶亲》《诸葛亮吊孝》这两部戏。

1978 年,申老师让我导演改编加工《智收姜维》,我们到郑州紫荆山公园露天剧场演出,十分火爆,之后河南电视台将它录制成了戏曲电视剧。就在这一年,申老师又把我送到上海戏剧学院进修。这是"文革"之后举办的第一个导演进修班，我们在学院里面听了很多著名表演艺术家像赵丹、张瑞芳、孙道临、俞振飞等老师的授课。我也在这个时候系统地学习了斯坦尼斯拉夫体系，还有中央戏剧学院一位教授讲的布莱希特体系。我如饥似渴地学习，写了几十万字的课堂笔记和观摩笔记，又看了大量的中外名剧。这些都为我日后的导演工作打下了深厚的基础。就在我学习期间，我在《辽宁艺术》上发表了第一篇文章，从那之后一发不可收，一直写了下来。我很感激学院，感激导师对我的教育和培养，这一年半的学习，就像从量变到质变，让我从一个演员变成一个真正的导演。

从上海戏剧学院戏曲导演进修班结业之后，我又回到了周口越调剧团。当时申老师拿到了马少波先生的一个剧本，叫《明镜记》，申老师向马少波先生推荐我来导演。接到这个任务之后，我就认真地拜读了剧本，对唐代的历史资料进行了系统的研究，特别是对李世民这个人物进行了大量的考察，光导演阐述我就写了一万两千字。导演时，我把金殿上魏徵的犯颜直谏和李世民的拒谏这个矛盾冲突

1980 年在上海戏剧学院进修期间，罗云（三排左二）和授课老师俞振飞（二排左三）、方传芸（二排右三）、叶露茜（二排左二）、俞子涛（二排右一）及同学

做了一点改动,并认真地向马少波先生进行了汇报,他认为很好,完全吸收了我的修改意见。

师恩浩荡

《明镜记》排练期间,申老师的老伴儿李大勋老师突然去世了,我们担心申老师的情绪,都劝她暂时离开剧组,出去两天散散心,但申老师无论如何也不愿出去,说既然事情已经发生了,我出去就能消除这种悲痛吗?不如投入排练场上排戏,反而能缓解我悲伤的心情。

这个戏排完之后,我们就到了郑州演出,当时好多领导都来看戏。在那儿演了一个月,几乎场场爆满。这个戏是我到上海进修结业后排的第一部戏,从导演手法到舞台呈现都有了新的发展,因此,当时推出后影响是很大的。杨兰春先生看完这个戏之后,让他熟悉的戏曲演员特别是学导演的人特意到剧场观看。

我做事一向严谨认真,但年轻时候不太注意方法,说话比较直接,不是太好听。有一次排《红灯记》,其中一个身段申老师没有做好,连续三次都不满意,我看到这个情况就说,申老师,你不要再排了,你站到旁边想一想,等下再排。可能是

左:1965 年拍摄戏曲电影《扒瓜园》期间,罗云(右)和申凤梅游览长城
右:1983 年,罗云(右)和申凤梅研讨剧本

让她有点难堪了,她当时就掉了眼泪。后来,我也感觉有点过了,很对不起申老师,特意道了歉,但是我对她的严格要求始终没有放松过。

1972 年我们在太康演出时,我给她排的是《红大娘》,表演中"大娘"要拉着架子车,边唱边走,既要符合戏曲的虚拟、舞蹈性,还要跟着音乐的伴奏,走出美感。生活当中申老师当然拉过架子车,但是放在舞台上就不一样了,刚开始申老师老走不好。我说,申老师,院里有一个架子车,咱们到院里去练。我就让她拉架子车,我坐到上面,让她拉着我在院里转了好多圈,直到她体会到了才回到排练场。后来这个戏参加了 1973 年的现代戏会演。尽管我太过认真,有时候不给面子,但申老师很理解,对我真是特别支持,因此,无论在人格上还是艺术上,她都值得我尊敬和学习,我特别感激她、感恩她。可以说,没有申凤梅,也就没有我罗云的今天,我更不能做出这么多成绩。

《明镜记》成功了

1982 年 3 月,我们带着《明镜记》到北京演出,首场演出就在北京前门外的广和剧场,当时去了很多中央和北京市的领导、专家,如王光美、贺敬之、马少波、侯宝林、吴祖光、杜近芳等,特别是周信芳先生的女儿周采芹,当时刚从国外回来,也到剧场看了我们的演出。《明镜记》在北京的演出引起了强烈的轰动。演出后我陪申老师特意到王光美家去拜访她,请她对我们这个戏提提意见;又拜访了姚雪垠先生、侯宝林先生。

也就是这个时期,我向申老师提出,她应该为自己的艺术做总结了。我给申老师准备了一部录音机和录音带,让申老师没事时就录回忆录。后来她录了好多盘磁带,这些宝贵的资料后来被整理成了《活诸葛申凤梅》,又作为写作素材,被省作协秘书长段荃法写成了《申凤梅传》,这两本书留了下来,也算是对申老师的一种纪念吧。申小梅演出的舞台剧《申凤梅》,也正是因为有了这些宝贵资料的提供。

我曾经给申老师排过三部诸葛亮的戏。第一部是重新改编的《智收姜维》,后

左:《明镜记》剧照,申凤梅(右)饰演李世民,陈静饰演长孙后

右:1982年《明镜记》进京演出,北京市委原副书记刘导生(右二)、王光美(左二)、杜近芳(左一)观看演出后,和申凤梅(中)、罗云(右一)合影

来拍了电影,第二部是《舌战群儒》,第三部就是《诸葛亮出山》。申老师是一个很下功夫的人,她不是一般的用心,白天我们排戏,晚上趁着没有演出,她就在剧场旁边的一间小房子里调弦练唱。她的琴师叫吕国英,曾经为张秀卿伴奏,他和申老师合作也是珠联璧合。

1963年底,我辞去了河南省越调剧团业务团长的职务,调到省文化艺术研究院,这是上海戏剧学院的导演系教授、我的导师薛穆推荐的。我既想做一名导演,也想认真总结和研究导演方面的理论,当我给团领导提出来时,他们都不同意我走。后来我跟申老师提,申老师很理解我,她说本来我不想让你走,但是能到省里面工作也是个好事。

到了研究院之后,院里就派我到四川学习,当时川剧有一个"振兴川剧"的演出活动,我看了很多好戏,如《白蛇传》《红梅阁》《慈母劝夫》等。不管是新排的还是老戏,都看了很多,川剧在文学性上比较高一点,也要讲究一点,艺术性非常强。这次观摩让我大饱眼福,看完演出之后我们召开了一次舞台艺术座谈会,讲了河南存在的一些问题,如何去改变我们的面貌,包括舞美方面等。

我从艺术研究院出来之后,又到省曲剧团当了两年的业务团长。受申凤梅老师之邀,我回到周口排了越调《红娘子》,这次排戏,我吸收了很多东西,运用了大量的戏曲技巧,包括武打、身段,当时请的中国京剧院的高牧坤为武打设计。我排《红娘子》的过程中对陈静要求特别严格,严格到什么程度?有一次排练她把腿扭伤了,因为排练非常紧张,尽管陈静扭伤了,但是我不能放松,要她必须坚持。她最后说了一句话:"罗云,你可真狠。"

1988年,我到四川广元豫剧团排了《陈世美喊冤》,引起了四川戏曲界的高度重视,当时包括文化艺术界的领导和媒体记者都看了这个戏,这个戏后来到成都演出,又开了一次大型座谈会,反响特别强烈,全国有三十多家报刊发表了评论文章。后来这个戏也由上海电影制片厂制作成电视剧在全国放映。

1995年,申凤梅老师开始排七部诸葛亮系列剧目的电影、电视艺术片。当时我特意从外地回来去看望她,那个时期她已经有病在身了,心脏病、糖尿病、肩部脱臼等问题折磨着她。那也是我最后一次见申老师。1995年7月20日,申老师走了。听到申老师去世的消息后,我感到异常悲痛,很快回到了周口,我在周口住了六天,一边守灵一边去申老师生前的住处做录像记录,包括她的追悼会等都录制下来作为历史资料。

罗云导演的剧目:《红娘子》(左)、《陈世美喊冤》(右)

贵人相助

我的精神导师杨兰春先生也是让我永远难忘的一个贵人。我们平常虽然见面不多，但印象特别深刻。因为杨兰春先生跟申凤梅大师的关系特别好，所以他对我也特别关注，非常支持我的工作。我曾经多次拜访他，我的《艺耕集》的序就是他写的。

杨兰春先生的艺术造诣深厚，对我影响特别大。他对生活的观察和了解，他在舞台上对细节的运用和处理，既有丰富的生活阅历，又有现代的戏剧观念。他受到斯坦尼戏剧理论影响很大，他对生活特别注重，很留心挖掘生活的深度和广度。他是河南现代戏的一个开创者，也是河南现代戏的一位大师。

在我的一生中，有几个命中贵人。一是申凤梅，第二个是我在开封戏校的铁照义老师，第三个是马少波老师，第四位就是杨兰春先生，第五位是我上海戏剧学院导演系的教授。我永远都会记得这些在我戏剧道路上的领航人。我感谢他

2001 年，杨兰春(右)和罗云一起说戏

1991 年,罗云(右)和豫剧大师陈素真　　　　　　1999 年,罗云(右)和豫剧大师常香玉

们、感恩他们。

　　回忆起我的戏剧人生,我不但要感谢我的命中贵人,还要感谢感激和我进行艺术合作的几乎四代艺术家。第一代的申凤梅、牛得草、张新芳,还有常香玉大师;第二代的虎美玲、贾廷聚;第三代的更不用说,贾文龙、孟祥礼、王惠、李金枝、苗文华;现在也开始为第四代青年演员做一点工作了。我还感激和我一起合作的舞美师、音乐配器师,等等。河南音乐界的专家我几乎都合作过,包括老一代的舞美设计师卢伟生、柯仲奇、李其祥等,我也要感谢他们对我的支持,向他们致敬。

　　我先后在河南省越调剧团、河南省曲剧团、河南省豫剧一团做了九年业务团长兼导演工作后,于 1989 年辞去业务团长职务,又回到了河南省文化艺术研究院直至退休。我平常很注重收集资料,一生中记载留存了很多资料,也为河南越调这一剧种储存了很多资料。我还刻了六百多枚印章,出了一本《罗云印谱》。我的座右铭是"路曼曼其修远兮,吾将上下而求索"。现在,我也把这种希望寄托于后来者,寄托于青年一代,希望他们在艺术成长的道路上砥砺前行,与时俱进!

2019 年

月阳录音整理

第二章

申风毛韵 越调荣光

申凤梅·《借东风》

请扫码收听申凤梅原声音频

2020 年 12 月 25 日，月阳主持纪念申凤梅先生逝世二十五周年专场晚会现场(郭庆璋摄)

苦心『活诸葛』
越调扛鼎人

　　"身未升腾思退步,功成应忆去时言。只因先主丁宁后,星落秋风五丈原",这是《三国演义》"三顾茅庐"中对诸葛亮的描写,大意是:还没有飞黄腾达就为自己的将来做好准备,等到建立功业后就归隐隆中。但是刘备死后托孤使得诸葛亮无法脱身,最后病死在五丈原。后日本诗人土井晚翠拿这句诗作题目,咏叹诸葛亮。诚然,当年如若诸葛亮没死,那么三国的历史一定会被改写。这不由得使我联想到素有"活诸葛"美誉的一代越调大师申凤梅,如果先生能再多活二十年,那河南越调的发展历史会不会一样被改写呢?

　　2020 年 7 月 20 日,是一代越调大师申凤梅先生逝世二十五周年纪念日。当天,在申凤梅先生长期工作和生活的河南周口市,举行了一场主题为"不忘初心忆大师,砥砺前行传薪火"的盛大纪念活动。舞台中央红梅锦簇,申凤梅大师的巨幅照片在朵朵傲雪寒梅的掩映下显得格外慈祥可亲。本场演出会聚了梨园界当红明星大咖,老、中、青、少四代同台,可谓群星璀璨。大家纷纷从全国各地赶来,共同缅怀和追忆中国越调艺术的开拓者、一代越调大师申凤梅先生。晚会较为全面地展示了河南省越调剧团在大师离世的二十五年间所取得的辉煌艺术成果,作为本场活动的主持人之一，我有幸见证了这次盛况空前的越调艺术盛宴。

令人欣喜的是，本场演出中，以申小梅、魏凤琴、徐爱峰、刘志友等为代表的越调中壮年艺术家正值盛年，风华正茂；而以赵艳琳、胡红波、黄智慧、孙敏等为代表的越调新生代后生可畏，潜力无限。真可谓一台新秀，满台生辉。台上羽扇纶巾，处处彰显着大师神韵。

演出结束，我久久沉浸在那充满浓浓思念和款款深情的氛围中无法自拔。作为一位戏曲演员，究竟是什么样的一种人格魅力，竟然能够在其离世二十五年后，还有那么多的人怀念她？并且她还被广大戏迷亲切地誉为"人民的艺术家"？

文艺工作者要"深入生活，扎根人民"。其实，无论时代如何发展，艺术只有真正意义上地走向人民，才能生生不息，才会具有旺盛的生命力。一代越调大师申凤梅先生就是一位杰出的代表。半个世纪的舞台艺术生活，她深深地将艺术根植于人民群众的心中，无论是在城市剧院还是乡间地头，无论是厂矿车间还是农家院落，只要老百姓喜爱，她从不吝啬自己的演唱，总是毫不保留地将艺术的种子撒向人民群众的心田。她为越调艺术的发展奔走呼号，呕心沥血，殚精竭虑，辛勤耕耘，在她及老一代越调艺术工作者的带领下，河南越调也由一个名不见经传的

左：1938 年，十一岁的申凤梅（前排右）在临颍县张潘镇越调科班学戏，和师兄、师妹合影
右：十八岁的申凤梅

地方稀有小剧种，发展成为河南的三大地方剧种之一，并走向全国，享誉海内外。

申凤梅(右)和母亲(中)、妹妹申秀梅(左),1950年摄

1927年农历正月十四，申凤梅出生在河南省临颍县涂庄村，家里排行第六。在那个战乱动荡的年代，因孩子多无法养活，父亲申文学便把刚出生的女婴放进了竹篮，丢弃到了村头菜地的雪窝里。当天，正巧邻村的赵大娘得知申家添了孩子，便前去家中探望，当好心的赵大娘得知因生计申家把孩子丢到村外雪地里的消息时,菩萨心肠的她又把孩子捡了回来。这个差点丢了性命的女婴，就是申凤梅。

因为连年战乱，百姓日子食不果腹。为了全家人的活命，申文学一家便以一石麦、二十串钱为代价让年仅十一岁的申凤梅做了人家的童养媳。得知实情的申凤梅,誓死不从,因为她曾亲眼见证并深深体会到了大姐当童养媳之苦,万念俱灰之际,在姨母的引荐带领下,她来到了离涂庄村很近的张潘镇一家越调科班学戏。从此，申凤梅便正式踏上了学戏之路，她的人生也因此被正式改写。

旧时的梨园戏班，多为三年学艺，一年效劳。四年艰苦的科班生活很快结束了,申凤梅和当年一同进入科班学戏的同胞妹妹申秀梅一起加入了其师兄李大勋创办的临颍县南将罗村戏班,从这一刻起,申凤梅和妹妹就开始了旧社会江湖艺人的流浪生涯。

"宁给徒弟二百银,不教艺徒一句戏。"这是旧时梨园行的俗话,意思是说教会了徒弟,饿死了师傅。为了学戏,申凤梅平时省吃俭用,自己节衣缩食攒下的几个零花钱也舍不得花,她把自己的积蓄全部花在了孝敬老师上。有时为了赶场演戏,遇着路上歇脚时,小凤梅就赶紧买烟买茶递给老师,把老师服侍高兴了,老师就即兴教她一段戏。也就是在这一时期,戏班一位姓姜的老艺人就教了她《千里送京娘》《游龟山》《抱琵琶》等多个剧目。小凤梅常听人家讲"拾到篮里都是菜",每当遇见老师们演出,有心的小凤梅就在幕条边偷看学戏。她边看边记,演出后又细细研磨。戏班里的许多老艺人看到小凤梅如此暗下苦功,都啧啧称赞道:"这丫头,将来一定能唱成红角儿!"

"物有本末,事有终始,之所先后,则近道矣。"通过持续不断的刻苦用功,申凤梅终于找到了自己成功的法门。由她领衔主角的戏渐渐多了起来,她在戏班的地位也越来越高,在受到同行和群众广泛关注的同时,她也收获了李大勋师兄的一颗爱慕之心。

1942年冬,抗日战争进入相持阶段,河南成为正面战场。在复杂的政治环境和恶劣的自然环境的双重背景下,加上河南连续大旱,三季庄稼颗粒无收,戏班的日子难以维系。无奈之下,剧团只好解散,为了活命,演员们也只有自谋出路,各奔东西。申凤梅与师兄李大勋分开后,便到了西华县长乐村业余剧团教戏演戏,虽然没有报酬,但好心村民们的贴补与帮助,倒是能养活她和妹妹。好景不长,她们赖以生存的业余剧团也解散了,她又一路逃荒卖唱到了信阳。

苦难之处见真情,1944年秋,申凤梅在周口结识了同在这里演出的越调演员

1964年6月,申凤梅(右)和毛爱莲一起研究现代戏的化装

毛爱莲，她们同病相怜，加之艺术上的交流切磋，二人便结下了深厚的姐妹之情。同年年底，申凤梅又与有越调"假宝贝"之称的金凤楼同台演出了《张羽煮海》《火焚绣楼》等戏，二人在舞台上的配合相得益彰，取长补短，演出大获成功，轰动一时。1945年春，申凤梅在襄县(今襄城)的古庙会上和襄县剧团演对戏，因她在《刘墉下南京》中连续创下了连唱几小时的纪录，被当地观众誉为"铁嗓子"，进而崭露头角，一炮走红。

1956年河南省首届戏曲会演，申凤梅演出《哭殿》，饰演长孙后

申凤梅入科时初攻旦角，而后又因出演旦行而唱红。早年在科班，她学会了三国戏《天水关》中的几十句大段唱词，这折戏不仅唱词多，而且句子十分繁杂。白天她不耻下问地向老师求教，晚上就在脑海中过电影，默背唱词、温习唱腔。"三更灯火五更鸡"，申凤梅的苦练不仅感动了戏班的老师，更收获了观众的掌声和认可。随后便一发而不可收，她先后成功地在《战长沙》《战洛阳》《战北国》中分别饰演韩云、李世民、小神仙等生行角色，均获得了良好的演出效果。于是，她慢慢觉察到自己在须生这一行当的优势，便顺着自己的信念由旦行向生行过渡。

中国越调源远流长，在不断发展与流变的进程中分南、北两派。南派越调是以南阳、老河口一带为中心，北派是以许昌一带为中心。南派男演员居多，多以演三国、列国戏而著称。北派越调以女演员为主，多演才子佳人以及一些生活小戏。按照地域划分，申凤梅应属北派，她大胆打破流派和地域的界限，在唱腔中进行融合改革，吸收了南派越调唱腔铿锵刚健的有力之风，以及剧本唱词文学性、严谨性强的特点，并兼收并蓄地吸收了河南曲剧、河北梆子以及国粹京剧、山西晋剧等姊妹剧种的唱腔精华进行融会贯通，创造出了越调崭新的声腔艺术，极大地丰富和发展了越调这一古老剧种的唱腔风格和艺术特色。除了唱腔之外，她还十分注重戏

《明镜记》剧照　　　　　　　　《诸葛亮吊孝》剧照

中人物内心世界的开掘和身段动作。如在《诸葛亮出山》和《舌战群儒》中她所塑造的诸葛亮的艺术形象就截然不同，前者血气方刚、风华正茂，后者老到成熟，但锐气不减；再如《诸葛亮吊孝》和《收姜维》中的诸葛亮，前者身经百战，久经沙场，这一时期的诸葛亮有着极其强烈的政治抱负以及干成一番事业的壮志豪情，而后者表现的是已经进入迟暮之年的诸葛亮，其唱腔里所蕴含的是苍凉与悲切。以上四个诸葛亮的艺术形象，可谓风采各具，因此也为申凤梅赢得了"活诸葛"的美誉。

20世纪80年代初，改革的春风席卷大江南北。文艺事业再次迎来发展的春天。1982年，申凤梅率河南省越调剧团再次进京演出。此次演出的剧目除了越调新编戏《明镜记》外，还有申凤梅先生专门为进京演出而复排的《诸葛亮吊孝》《李天保吊孝》。当年的首都媒体曾这样报道演出的盛况："场场客满，再次风靡首都全城"，并称赞申凤梅"经霜不谢，历久不衰，永葆青春，在粉碎'四人帮'之后获得新生"。时任国家领导人彭真、杨得志、乌兰夫、杨尚昆等观看演出并接见了全体演员。京剧名家袁世海先生还在报纸上发表了题为《红梅怒放香郁浓，凤鸣重震北京城》的文章，盛赞申凤梅及河南越调。他说："能在北影连续拍两部电影，这是戏曲电影拍摄史上的创举。在今天'四化'的伟大时代里，越调艺术这朵花一定会更加鲜艳，更加美丽。"

申凤梅先生曾常年带团深入基层，每年演出近三百场。无论是边陲哨所还是戈壁草原,都留下了她演出的足迹。作为一位人民的演员,一位平民艺术家,每每到基层演出,她总用自己在"走娘家"来形容,人民群众见到大梅就像见到了自己的闺女,见到亲人一样,格外亲热。她最爱听的就是"大梅,我最爱听你唱戏""闺女,你回来啦"等家常话。半个多世纪的舞台艺术生活,她和观众亲如一家、情同手足。申凤梅先生一生热衷公益事业,晚年的她还拿出了自己多年的积蓄,在位于漯河市临颍县的老家涂庄村捐赠援建了一所希望小学。为了表达对这位与群众心连心的德艺双馨的艺术家的纪念与感恩,当地乡亲们把这所希望小学命名为"凤梅小学"。

由于年轻时过度透支健康并积劳成疾,暮年的申凤梅曾饱受多种疾病的折磨。1988 年退休后,她却退而不休,无论是剧团工作,还是各种演出活动,都有她瘦弱的身影。让人心痛的是,直到她生命的最后时刻,也即 1995 年 7 月,她还强打精神,拖着病体专程在郑州录制了越调申派看家戏"诸葛亮"系列电视戏曲。同年 7 月中旬,辛苦劳顿半个多月的申凤梅才回到周口,之后的几天里,她的身体每况愈下,7 月 20 日凌晨 5 时,这位备受广大人民群众爱戴,并为中国越调艺术事业劳碌了一生的越调大师溘然长眠,阔别了她一生魂牵梦萦的舞台,走完了她六十九年的人生旅程。

记得在纪念申凤梅大师逝世二十年的专家研讨会上,坠子大师赵铮先生曾深情地说:"真正的人民艺术家就是申凤梅啊!"当时,我被赵铮先生的这句话深深地震撼了。从事戏曲节目编播主持工作二十年间,我接触、采访了众多戏曲艺术家、编剧和导演,领略了梨园圈数不尽的各种人和事,迄今为止,还没有遇到一位像申凤梅先生一样,在离世二十五年后,依然被业界专家、学者以及广大戏迷观众深深怀念的。令人感动的是,如今每年的 7 月

申凤梅在舞台上扮演的诸葛亮形象

左:1965 年 7 月,申凤梅(右)和常香玉(中)、张新芳(左)参加中南区戏剧观摩演出大会(周淑丽摄)
右:1980 年代,申凤梅(左)和诗人苏金伞(中)、作家李凖(右)

20 日——申凤梅先生忌日这一天,都会有数百名全国各地的越调戏迷不远千里自发地赶到周口大师的墓地或塑像前,手持鲜花,虔诚地深深地鞠躬。

申凤梅在把自己毕生精力奉献给越调事业的同时,还不遗余力地培养戏曲艺术的接班人,在她的不懈努力与谆谆教导下,一大批演员如申小梅、魏凤琴、马兰、徐爱峰、穆百成、田发根、杜朝阳、李娟等脱颖而出,如今他们早已成为越调艺术传承的生力军。今天,在以申派传人、越调表演艺术家、中国戏剧梅花奖获得者申小梅为领军人物的带领下,越调艺术依然显示出了欣欣向荣的强劲生命力。"饮水思源,吃水不忘挖井人",申凤梅先生走了,但是她给我们留下了珍贵的"凤梅精神"。

"演戏先做人,立戏先立德,视艺术为生命,把群众当亲人",申凤梅的高尚品德和她精湛的申派艺术,是我们后人取之不尽、用之不竭的宝贵精神财富。她一生为越调事业的发展与传承鞠躬尽瘁,死而后已,在中国越调艺术的发展史上树起了一座不朽的丰碑。

申凤梅，于 1988 年

申凤梅自述

　　我叫申凤梅，1927 年农历腊月二十二日出生于河南省临颍县。因家境贫困，我十一岁进入临颍县张潘镇越调科班学戏，十四岁登台演出，十六岁在襄城县双庙集唱红。1947 年参加中国人民解放军第二纵队胜利剧团，1949 年正式转入漯河市人民越调剧团，1951 年又转入项城县越调剧团，1960 年 12 月调入开封地区越调剧团（河南省越调剧团前身）。1958 年 11 月加入中国共产党。我是一个演员，一个普通的文艺工作者。我这一辈子也就是给大家唱了几出戏，可是党和人民却给了我一系列的荣誉——省劳模、全国劳模、全国"三八红旗手"。1988 年被选为党的十三大代表，今天又让我出席全省"优秀党员工作者和先进基层党组织"表彰会。我觉得我给党和人民贡献得太少了，而党和人民给我的荣誉太多了，每当想起这些，我心中总是感到不安。面对这些我没什么好说的，只有为人民多演戏、演好戏，用党员一颗艺术的赤诚之心，把党的温暖带给城市、乡村、军营和矿山，为党的艺术事业献出自己的一切。

申凤梅，1960年代摄

我的学戏之路

　　我是一个越调演员。越调是一个悠久的古老剧种，它虽然有着广泛的群众基础和浓郁的乡土气息，但是长期以来总在乡间草台演出，缺乏提高，唱腔又很粗糙。传统的越调唱腔，不管男女，无论是什么角色，什么性格，什么感情，什么板式，每一句后面总带一个假嗓"噢——"，又高又尖，毫无韵味。乐队无法伴奏，观众听来烦心。记得那是解放初期在淮阳演出《天水关》（就是现在的《收姜维》），我演诸葛亮，上场第一句"想当年征渭南噢——"一腔未完，台下一阵倒掌，往后就再也唱不下去了。观众为什么给我鼓倒掌呢？我百思不得其解，于是就询问群众，他们说："诸葛亮是个了不得的人，是个军事家又是个政治家，他站在台上那样'噢'不是很可笑吗？"观众的话对我刺激很大，我想越调的唱腔一定得改，不改不行，观众不接受。于是我便仔细琢磨，反复试唱，把那个唱了几百年的假嗓"噢——"变成了真嗓拖腔。经过这一次改革，越调唱腔得到了净化，自然流畅，富于韵味，受到了广大观众的欢迎。

　　许多喜欢我的观众，说我是"活诸葛"，其实我最早演的诸葛亮并没有那么多人喜欢。传统的越调舞台上，诸葛亮的扮相总是趿拉着鞋，松松垮垮，像个济公，形象不美，也不好表演。一开始老师那样教我，我也那样演了。后来随着年龄的增长，阅历广了，也多少读了点书，慢慢觉得那样演诸葛亮不对劲了。他是历史上杰出的政治家、军事家和思想家，是智慧的化身，是人民心中的天才，怎么能那样邋遢呢？于是，我一边认真阅读《三国演义》，一边瞅机会去看兄弟剧种的演出。京剧诸葛亮扮相对我启发很大，于是我就模仿京剧中诸葛亮的扮相，着粉底靴，穿八卦衣，手摇鹅毛扇，迈方步上场，诸葛亮的形象果然高大多了。

为了演好诸葛亮,我向同行学习,向书本学习,几十年来,一部《三国演义》几乎没有离开过我,我反复阅读,认真研究,细心琢磨诸葛亮的思想、性格和风度。过去我们越调舞台上的诸葛亮多是呼风唤雨,降妖捉精,不真实也不可信。通过学习研究,我认识到诸葛亮是人而不是神,一生中有成功也有失败,他之所以能在许多事情上料事如神,是因为他熟知天文地理、历代兵法,有广博的历史知识和朴素的唯物主义思想,善于调查研究,集思广益。基于这一认识,我不但从表演上尽可能准确地把握和表现诸葛亮这一形象,还和编剧一起认真研究剧本,修改剧本,还诸葛亮以人的真面目。如《诸葛亮吊孝》,原来的故事是诸葛亮设法把周瑜气死,然后再去吊孝,吊孝的目的是防止周瑜百日之后还阳,据说还阳之后周瑜的能力会比诸葛亮强十倍,所以诸葛亮吊孝时还要在棺材上用哀杖敲打几下。群众看后说这个诸葛亮是个阴谋家,吊孝时猫哭老鼠。我听到这些反映后,便和作者一起研究修改剧本。经过数年的努力,才改成我们现在看到的《诸葛亮吊孝》,即周瑜明取西川暗袭荆州,诸葛亮开城相迎,晓以利害,周瑜不听,强夺荆州。无奈,诸葛亮只得传令迫使周瑜退出荆州,并特别规定"不准伤瑜性命"。周瑜兵败气死,东吴报仇心切,孙刘联盟危在旦夕,诸葛亮不顾个人安危,毅然出使东吴,过江吊孝,终使孙刘重归于好。这样一改,诸葛亮就成了一个顾全大局、豁达大度的政治家了。

如果要说这些年在广播、报纸、谈话、会议中,哪个词出现得最多,我想很多人都会异口同声地说是"改革"。是的,改革给我们古老的祖国吹进了春风,使经济建设得以腾飞和发展,使人们的观念发生了变化,给我们的事业带来了希望。这些年来,我也逐步认知和体验到这个词的意思和力量,如果说

京剧大师马连良(右)亲自为徒弟申凤梅整冠扮装,1963年摄

《收姜维》剧照,申凤梅饰演诸葛亮,何全志饰演姜维,1981年摄

我演的几个戏还能得到观众认可的话,不也正是不断改革、探索的结果吗?改革促进了越调事业的发展,促使了我艺术道路的成长。没有这些年的改革与探索,就没有越调事业的今天,也没有我申凤梅的今天。

心里永远有观众

这些年,随着年龄的增长,我的身体渐渐不行了,患上了心肌梗死、糖尿病、慢性肠炎等多种疾病,体重也降到了八十多斤,可是我每年还是坚持演出将近三百场戏,有时一天还要演两场。为什么呢?我想咱没啥本事,就是会唱几句戏,观众想看我的戏,我尽管身体差些,还是要尽量满足他们的要求。

1979年夏天,我在郑州演出,忽然觉得肚子有些疼,头上直冒冷汗。同志们劝我停演,我想戏演到一半,台下一千多名观众等着,半道停演,多扫观众的兴啊!我就坚持演下来,谁知戏刚一结束,大幕未落下,我就晕倒在了舞台上,送到医院里,抢救了七天七夜才脱离危险。原来这一次得的是突发性心肌梗死,如果不是有两个医学教授在现场,抢救及时,我怕是再也给观众唱不成戏啦。后来在医院住了一段时间，我再也住不下去了，心里总想着观众，想着舞台，脑子里空空的，真有点度日如年的味道。我一再要求出院，可医生说："不行！你的病至少还要再休息三个月。"这不急死人吗？我就向医生哀求说："你让我出院吧，多开点药，我生就是演戏的命，离开观众、离开舞台，就像丢了魂，让我到舞台上，也许病就会好得更快一些。"我的诚心终于感动了"上帝"，我又回到了观众中间。

1989年冬天，剧团在河北省的一个县演出，头一场戏恰恰赶上我肠炎发作，一天拉了七八次，于是医生赶紧给我输液，可离开演只剩下十分钟了，吊瓶里的液体才滴了一半。我要求拔去吊针，赶到剧场去，怎么说医生也不同意。我心里着急啊，那么多观众跑几十里路来看我的戏，我要是不演，多对不起观众呀！于是我就趁医生不在，自己拔了输液针头赶到剧场，幸好还没有耽误演出。

有一年在新疆克拉玛依油田演出，许多油井工人想看我的戏而看不到，他们的油井离城市太远了，又要坚守工作岗位，没法到城里看戏。我听说之后就带着剧团里的主要演员，冒着三十八摄氏度的高温，穿越几十里的大沙漠，到油井台给他们演出。一位老工人握着我的手说："俺这里除了沙漠还是沙漠，连空气都热得轰轰作响，您还能来这里演出，您太辛苦了。"我说："不，你们成年累月在这里不热不辛苦吗？您吃苦流汗为国家贡献石油，你们是人民的功臣，俺就来这儿一

1993年春，申凤梅在河南周口陈营乡演出，和广大戏迷亲切交谈

会儿,给您演一场戏,有啥苦?"我看到那位老工人眼睛里含着泪花,我的眼睛也湿润了。

还有一次,剧院在朝阳煤矿露天剧场演出,观众成千上万,人山人海,我看见一个白胡子老头爬到树上去看戏,心里吃了一惊,我想,老人年纪这么大了,蹲在树杈上看戏,万一摔下来怎么办?于是我就叫两个演员和我一块儿到树下,把大爷从树上接下来,请他到舞台旁边,还给他搬了个凳子让他坐下看。不知为什么,我见到观众总是非常亲切,许多观众看了戏还想见见我本人,挤到后台伸着头往里看,我不让人赶他们,总是到他们中间,跟他们说说家常话,有时还和他们一块儿照个相。观众想看看我,这有啥不好呢?我又不是金枝玉叶。

艺术的奉献

这些年"一切向钱看"的歪风对文艺界也有很大的影响,一些名演员、红歌星演一场、唱一支歌,就要几百块或者上千块,否则就不演出。一些好心的同志看我对剧团的贡献大了些,就建议给我评个特别奖,一个月多给三百五百的。我听后就给他们解释说:"我有工资,有奖金,工资比大家都高,还要什么特别奖?一特别就和群众不一样了,这不是脱离群众了吗?"

化好装的申凤梅(左)在后台候场

如今,社会上名牌产品很吃香,名演员的招牌也香,于是也有人看上了我这块牌子。剧团在排《红娘子》的时候,戏里没有我的角色,有人就找上门来给我说:"你的戏唱得那么好,那么有名气,现在还在啃工资,多清苦啊!反正你现在也没事,走吧,到我们那里去,一场给你五百块,二十天就是万元户。"我说:"谢谢你!我的岗位在省越调剧团,我不能丢下剧团一个人去捞大钱。"那个人只好悻悻地走了。

可是也有一些人以为我和有些名演员一样发大财了，税务局的同志也找上门来要征收我的个人所得税，我说："我的所得不够纳税标准啊！"他们不相信，我说："你去会计那儿查去吧。"他们到会计那儿一看，原来我和别的演员一样拿工资、拿外出补助，还有每个月二十元的节约奖，会计那儿还有我几百块钱的欠款条呢。我的工资虽然不低，但我们的亲戚多，谁家有事，我都不忍不帮，哪个找上门来我都不愿让他们空着

1963 年在京演出期间，申凤梅（左）和丈夫李大勋游览颐和园

手回去。周口有个叫王连魁的老人，曾是剧院的勤杂人员，孤身一人，生活困难，除逢年过节给他送东西外，我每月给他送去三十元钱，一直侍奉了他十七年。所以，我实际上没什么存款，遇到自己有个事，就得向别人借点。税务局的人员回来后握着我的手感动地说："你真是一个清贫的艺术家，清贫得好，清贫得好！"

我们剧团里有一个很有前途的青年演员，受社会上的影响，看到做生意赚钱，于是也想离开剧团去做生意，我就找他耐心开导，我说："人哪，活在世上要有点精神，要有点追求，不能光把眼睛盯在钱上。'文革'中陈景润挨着批斗，还在研究数学基本原理，是为了啥？他是为了钱吗？现在的科学家工资多少，他们有北京大前门外卖糖葫芦的老太太赚钱多吗？他们为什么不放弃自己的事业？人活着只有做出点贡献，才活得高尚，活得有意思。你在艺术上是很有前途的，如果扔掉不觉得可惜吗？"这位青年演员解决了思想问题后，专心搞专业，现在成了团里的骨干力量。

为了事业的长足发展

人的生命是有限的,所以为了事业的长足发展,我做梦都想着越调能出现更多更好的青年演员,希望青年一代能超越我,我真恨不得在一天之中把我身上的东西全部传授给他们。

早在上世纪 60 年代中期,我就发现陈静是棵好苗子,她天资聪慧,事业心强,做戏认真,可嗓子条件不太好。那时我演《江姐》,为了培养她,我就跟她商量让她接替。可她知道自己嗓子条件不好,不敢接这么大的角色。我就鼓励她说:"别怕,好嗓子都是练出来的,只要按照科学的发声方法训练,没有练不好的道理。"陈静也真听话,真刻苦,经过几个月的训练,唱工有了很大提高,终于接替了这个主要角色。通过这个戏,她一下子成了剧团的女主角。后来的《沙家浜》《龙江颂》《杜鹃山》《苦菜花》《杨门女将》,直到《吵闹亲家》,她都是女主角。

青年演员杜朝阳举止稳重、唱腔圆润,很适合演诸葛亮这一类的角色,于是我就让他跟着我学,可他总是跟在我后面亦步亦趋,处处模仿,声声照搬,生怕走了样儿。我就跟他说:"你不要处处模仿我,你模仿得再好,人家顶多说你学得像,是我的一个影子,有啥意思。你应该发挥你的特长,用你的生活体验再理解、塑造

申凤梅(右一)带徒传艺

申凤梅(左)给弟子申小梅做示范

这个人物,这才是艺术的创造。"为了
使朝阳尽快成长,我给他买了部收录
机,嘱咐他把自己的唱腔和其他剧种
有关诸葛亮的唱腔甚至各个流派的须
生唱腔都录下来,加以分析比较,从中
汲取营养。

申凤梅,1990 年代摄

为了使青年演员有更好的舞台实
践机会,这几年我特地让剧团排了《春
风扇》《红娘子》《大潮中的漩涡》等以
青年演员为主的戏。他们演主角,我演
配角,《春风扇》中我演了一个老店婆,
上场只一次,不到五分钟。同志们说:
"你那么大的演员,演个小角色,上场
时间还没有化装时间长,演那干啥?"我却认为,只要青年演员能尽快成长,给他
们当配角有什么不好的呢?《李天保娶亲》是我演了大半辈子的戏,拍电影时我建
议让青年演员马兰当主演, 有些很知己的朋友对我说:"拍电影是演员一生中的
大事,这个戏让别人演太可惜了。"可培养青年演员更是艺术事业发展的大事,把
机会让给他们,在观众中宣传他们,这是我应该做的事情。

"莫道桑榆晚,为霞尚满天。"我今年已经六十四岁了,身体不太好。但我愿在
有生之年为党的艺术事业发挥一点余热,为人民的生活添一点色彩,为越调事业
的繁荣和发展做出我最后的努力!

1991 年 1 月

毛爱莲 · 《白奶奶醉酒》

请扫码收听毛爱莲原声音频

毛爱莲(右)和月阳,于 2019 年 9 月

婉约爱莲说
越调常青树

2019 年 9 月 17 日,是我职业生涯中一个难忘的日子,为了筹备完善《河南戏曲老艺术家口述实录》的采访内容,我踏上了前往许昌的自驾车旅程。本次采访的对象是著名越调表演艺术家、九十岁高龄的越调皇后毛爱莲。

下午 1 点 30 分,当我驾驶着汽车行进在机场高速上时,突然下起了雨,我不禁在心中默念祈祷,可千万别因为下雨堵车耽误我的行程。可老天似乎一点面子也不给,雨越下越大了,尤其是长葛至许昌境内时,车流开始增大,行驶速度也缓慢起来。我担心的事情还是发生了,根据高速交警提示,由于降雨,许昌北站已经停止所有车辆通行而导致了严重的拥堵。而且根据卫星导航提示,拥堵路段二点五公里,通行时间大约需要五十六分钟,怎么办?原本跟毛爱莲老师约好下午 2 点 30 分准时到达,3 点开始采访,这下可没了着落。没有办法,只有听天由命了。经历了近一小时拥堵之后,车流开始慢慢前移,而此时雨也小了很多。抬头看表已经 2 点 35 分了。我只有在保证行车安全的情况下狠踩油门,加快速度赶路。当我到达毛爱莲老师所居住的小区艺馨苑时,已经将近下午 4 点钟了。

当我满怀愧疚地敲开门,走进去的那一刻,我看到了早已准备好的毛爱莲老

毛爱莲,1960年代摄

师。只见她老人家神采奕奕、精神矍铄地坐在沙发上，橘黄色的团花上衣显得高贵典雅，大红色的围巾喜庆而热烈，映衬着她那张饱经沧桑而又慈祥的面孔。看到我进门，老人热情地招呼我坐下并拿出特意准备的苹果。我满怀歉意地解释着迟到的原因。事后得知，九十岁高龄的毛爱莲老师为了迎接我的到来做了充分的准备，一早就打电话让同住在一个小区的弟子丁慧丽来帮她化妆。据家里的保姆大姐和协助我采访的中国越调网站站长郭庆璋以及许昌新闻广播的主播贺成思介绍，老人穿戴整齐后，不到两点就坐在沙发上等候，已经等了近两个小时。我生怕老人家身体不支，更加愧疚，老人似乎看出我的顾虑，忙说："我不累，我不累……"

　　通过交谈，我了解到毛老师去年生了一场大病，住了二十八天医院，出院以后，身体已经大不如前。但老人精神很好，除了耳朵有点背、交流起来有些困难外，思维依然清晰，回忆起自己的从艺经历，毛爱莲老师娓娓道来。她痛恨旧社会的黑暗统治、生灵涂炭，感叹一个从旧社会走出来的"戏子"，竟然成了新社会受人尊敬的越调表演艺术家。一小时的采访过去，她声情并茂地回忆起自己悲苦不幸的童年以及被迫学艺的经历，但当她讲到上世纪60年代初进京演出的经历时，老人家顿时神采飞扬，侃侃而谈，一点也不像九十岁高龄的耄耋老人。"1960年11月，我们接到了上级的通知，要求进京汇报演出，演出的剧场就在梅兰芳剧院。演出剧目有越调《无佞府》《掉印》《一把铁锹》。《一把铁锹》是现代戏，我演一个老婆儿；《五佞府》我演柴郡主；《掉印》我演一个大家闺秀。能在梅兰芳大剧院演出越调，我们觉得十分骄傲和自豪。特别让我难忘的是，当时京剧大师梅兰芳先生也看我的演出了，他老人家称赞我是一位全国地方戏很少见的旦角演员。"

　　窗外秋雨绵绵，室内谈笑风生，气氛温馨而祥和。我的采访进行得顺利而圆满,老人家风趣幽默的语言不时逗得大家哈哈大笑,长期以来在民间广为流传的"听听毛爱莲的戏,一辈子不生气""看看毛爱莲,多活好几年"的顺口溜,似乎在眼前得到了印证。临行前,我请求毛爱莲老师为我写几个字,很久没有动笔写字的老人思考片刻后,挥笔为我写下了"赠月阳:弘扬中国精神,传播越调艺术"和"祝月阳工作室越办越好"的珍贵墨宝。看到老人的题字,我的心情久久无法平静,这位曾经为戏曲事业的发展传承呕心沥血、殚精竭虑的耄耋老人,今天牵挂的依然是自己奉献了一生的越调事业。

越调是河南的三大地方剧种之一,以其浓郁的乡土气息和顽强的生命力,历经近三百年的发展与流变而延绵不绝。当今越调舞台,要说越调旦角行当的旗帜性代表人物,当数越调皇后毛爱莲,她根据自己的嗓音条件,运用越调传统音乐唱腔,创造了一种婉约圆润、曲调清新的声腔艺术,塑造了温文尔雅的洪美荣(《火焚绣楼》)、活泼可爱的王玉姐(《招风树》),以及勤劳、勇敢、纯朴、热情的张大娘(《卖箩筐》)等许多个性鲜明的人物形象。因此,在豫南许昌及漯河一带农村长期流传着"破上一月不吃盐,也要看看毛爱莲"的赞语。

一代越调大师毛爱莲是越调"婉约派"奠基人、越调毛派艺术的创始人。她1930年农历三月初一出生在河南省舞阳县一个贫苦的农民家庭,四岁失去母亲,七岁被卖给毛黄氏,从此改姓毛。由于生活所迫,她九岁入杨小凤戏班学戏,同年

左:《无佞府》剧照,毛爱莲(左)饰演柴郡主,1960年代摄
右:《掉印》剧照,毛爱莲(右四)饰演韩翠萍,1960年代摄

左:《白奶奶醉酒》剧照,毛爱莲(左)饰演白奶奶,1980 年代摄
右:《火焚绣楼》剧照,毛爱莲(右)饰演洪美荣,1980 年代摄

拜越调老艺人邢金奎为师。"穷人的孩子早当家",经过不到三年的勤学苦练,十二岁的毛爱莲正式登台演出了,十三岁便掌班"兴爱剧社",十九岁任周口市"红光越调剧团"团长。新中国成立后,她曾先后当选许昌市越调剧团团长、河南省人大代表、全国劳动模范等。1965 年,毛爱莲因在越调现代戏《斗书场》中扮演"大凤娘"代表中南区赴京演出,受到毛主席等党和国家领导人的亲切接见,并合影留念。这是她一生中最大的幸福和闪光点。同年,由她主演的越调现代戏《卖箩筐》《夫妻俩》被拍成电影。1966 年,毛爱莲率许昌市越调剧团进京汇报演出了《无佞府》《掉印》,受到党和国家领导人的亲切接见;同时,她的表演得到了京剧艺术大师梅兰芳先生的肯定。1981 年,她主演的传统戏《白奶奶醉酒》被拍成电影,她凭借这部戏曲电影获得了"小百花奖"。七十余载的艺术生涯,毛爱莲共在一百三十多部传统与现代戏中担任主要角色。在她的众多作品中,有三部戏被拍成电影,六部戏被拍成电视剧,其中最具代表性的当数毛派看家戏《火焚绣楼》《李双喜借粮》《白奶奶醉酒》等。

　　毛爱莲改革创新越调唱腔，可谓经历了继承、借鉴、创新、成熟四阶段。她在窝班学习五年，得名师邢金奎悉心传授，又广泛学习了越调老前辈张秀卿、张桂兰、金凤楼等越调老艺人的唱腔及艺术精华，还广泛吸收了豫剧、道情、曲剧、河南坠子、民歌，甚至京剧、汉剧、秦腔、徽调等姊妹剧种的精华，融会贯通于越调"乱弹"之中。经过长期反复的艺术实践，逐渐形成了自己的独特风格。在改革创新过程中，毛爱莲坚持四条原则：一是与时俱进。注重了解、研究、把握新时代观众欣赏戏曲的新口味，使戏曲改革赶上时代的需求。二是固本求变求新。在继承传统的基础上大胆改革，正确处理取与舍、学与化、巧与拙、变与守的"度"，择善而从，择优而取，博采众长，融会贯通，始终不失越调的"个性"。毛爱莲在多个代表剧目中所扮演的角色，唱词均达二百句，用唱写景状物、描绘心理、倾泻感情、叙述事由、交代细节，既要唱出人物的身份性格、思想情感，又要让观众耐听、爱听，显示了越调特有的魅力与风格。三是扎根中原大地。越调作为河南的地方剧种之一，其声腔艺术具有浓厚的生活气息和地方乡土特色。毛爱莲在唱腔中不但

河南省首届越调会演期间，毛爱莲(右五)、申凤梅(右四)和越调音乐界同人一起研究唱腔，1959 年 3 月 31 日于许昌

毛爱莲，1990 年代摄

将此原汁原味地保存下来，而且经过不断地提炼加工，精心布阵，得到了更加充分发挥。她特别注意语言的语气、语调、语势的表达形式，使音乐特征与口语化有机结合，艺术风格清新舒放，明快畅达，质朴自然，亲切感人，非常适合老百姓的口味。四是紧贴人物。新的唱腔要被观众接受和喜爱，关键是要符合剧中人物的性格特点，同时还要与演员的表演技巧、情感表达结合起来。毛爱莲那动情、用情、传情的表演技巧，那喜、怒、哀、乐、悲、思、忧的感情宣泄与她独特唱腔的结合，可谓相映成趣，天衣无缝。

许昌之行虽然已经过去多日，但是采访现场的融融暖意依然历历在目。毛爱莲老师那慈眉善目的样子、爽朗豁达的心态以及她那掷地有声、底气十足的声音，也成为我 2019 年金秋最难忘最美好的记忆。祝愿毛爱莲老师艺术青春永驻、健康长寿，祝愿越调毛派艺术万古长青！

毛爱莲,于 1970 年

毛
爱
莲
自
述

　　我 1930 年农历三月初一出生于河南省舞阳县拐子王公社杨桂庄大队,上面有三个姐姐,我是老四。家中很穷,俺爹给人家扛活,我四岁的时候母亲就去世了。我记忆力很强,多年之后还依稀记得母亲去世时我坐到车上哭,俺爸把俺妈送到坟头。俺娘走了以后,俺爹又给我们找了一个后娘,对我很不好。记得有一次,天突然下起了瓢泼大雨,她让我拱到磨面柜里头,把我淋得死去活来,每次提起这个事我就非常伤心。锅台上放了一块馍,我转过来转过去想吃,但是又不敢,就怕后娘不愿意。后来,俺爹想着让孩子讨个活命吧,所以在我七岁的时候,把我卖给了毛黄氏。当时,我正在地里扫树叶,俺三姐就叫我,说小舍你回来吧。我的名字叫小舍,舍就是舍掉的意思。我说什么事?她说咱家有个客人,我就回去了。回去以后,看到俺家桌子上放的有铜子,还有现洋,有白的,有黄的,后来我才知道那都是买我的钱。俺爹说,这就是恁亲妈,你跟她去享福吧。我不愿意,毛黄氏就把我拉到洋车上。毛黄氏那时候可漂亮,穿个线春大褂,踩着皮鞋。她说来吧,孩子,上车就抱着我了,我哭得死去活来。到她家后,毛黄氏对我很好,她把我的头发剪了,给我换了衣裳,还让我上了私学。私学就是学传统文化,像《三字经》

《百家姓》等,现在《百家姓》我还能背一章多,因为小时候学的东西记得比较牢一些。后来,漯河发大水了,我们舞阳离漯河很近,发水后老师就走了,我们也就没有地方上学了。毛黄氏喜欢戏,她就找个人把我送到杨小凤掌班的戏班去学戏,我拜的邢金奎老师既会演青衣,还会演花旦,旦角演得相当好。

崭露头角

那时候学戏可不像现在,都是老师教一句你学一句,老师走一遍动作你就跟着学,一遍不中再学一遍。当时我先学了一个大开场,大开场就是整个戏还没有开演的时候,先演一个开场,我当时戴个小生巾,穿双靴子,应该是"头戴儒巾双飘带,满腹文章怀内揣",往那儿一坐坐半天,唱些"自幼儿在南学把书念,五经四书都读完"……为什么要来个这样的开场呢? 就是等着后面那些人化装,什么时候化好装了,那我的戏就算唱完了,然后说"天到这般时候,带我前去"。下台来俺老师还给我二百钱,说演得不赖。

毛黄氏把我领到这个戏班,当时也是为了混一碗饭吃,为了活命。因为我个头长得高,十三岁的时候就掌班了,那时候一二十个人,一合就成一个戏班了。我一直领着干,我们的戏班在驻马店、西平、遂平一带常年演出,一直演到了1949年。解放后,我所掌管的戏班就到了周口,原来成班那个名称叫兴爱剧社,到周口以后又成立一个剧团叫红光越调剧团,我当副团长。那时候,我就在沈丘、界首等河南、安徽交界一带演出,常演的戏有《小女婿》等。

记得1952年土地改革的时候,有个作家写了一部戏叫《仇深似海》,我

毛爱莲(右)和申凤梅(左)、张桂兰(中),1950年代末摄

戏曲电影《白奶奶醉酒》剧照

戏曲电影《卖箩筐》剧照

们演出的时候,台下有个老婆儿看着看着突然哭死过去了,后来抬到医院才救过来。1960 年,我从周口调到许昌,后来省里想调我,让我去郑州,我们在黄委会住了两个多月,结果周口不放,许昌也不放,从此我就在许昌落住了脚。

后来,河南人民广播电台把我的《火焚绣楼》《李双喜借粮》《白奶奶醉酒》都录了音,河南电视台也录了像,我很多戏的资料得以保存。越调《白奶奶醉酒》20世纪 80 年代由长春电影制片厂拍成了戏曲电影。这里我要提一下我的代表作《卖箩筐》,这是我们的第一个越调电影,记得当时是在广州拍摄的,拍完以后就赶上了"文革"。我的最后一部电影作品《白奶奶醉酒》是长春电影制片厂拍的,还得了"小百花奖"。不管怎么样,我这一生能有今天的成就,要感谢政府对我的关怀和栽培,要不然就没有我今天的幸福。

很多观众说,"看看毛爱莲,多活好几年","听听毛爱莲的戏,一辈子不生气",这都是大家对我的鼓励,也是观众对我的爱戴。除了上面说的剧目,我也喜欢演哭戏,像过去演的《抱琵琶》,现在省电台还有我演出的录音。河南过去有很多越调剧团,1960 年的时候是十六个越调剧团,相当红火,我们的业务算是相当好的,每年一到春节,当时的省长就带着我们去慰问,作为党培养起来的戏曲演员,我感到非常光荣。

我们进京汇报演出的时候,有一次接到通知让马上到人民大会堂集合,毛主席要接见,大家高兴得都蹦起来了。这次毛主席接见了广东、广西、湖南、湖北、河南五个省的演出团体,又跟大家合影,俺心里可得劲。参加合影的每人可以要一张相片,一张相片七八毛钱,比现在便宜得多。我说我要三张,有人问你要这么多干啥?我说这是纪念,能跟毛主席一块儿合影,作为一名戏曲演员,我感到十分骄傲。

戏里戏外

我年龄大了以后,演出也渐渐少了,重点就放在了培养学生上。现在我教的徒弟有好几个:徐爱峰、丁慧丽、徐琴、何兰英、侯宝莲、党霞,等等。我这几个徒弟,由于各种原因,现在只有侯宝莲在演出了。宝莲很勤奋,她演出《白奶奶醉酒》经常问我,说毛老师,你看我哪个动作不行,哪个地方表演不到位,你再给我说说;哪个唱腔你给我改造一下。我经常告诉学生,不要一味模仿,所以,现在这几个徒弟学习我的戏,也是各有变化,不完全一样。

毛爱莲,1950 年代摄

演员是个吃苦的行业,必须下功夫苦练基本功。"台上三分钟,台下十年功",就是这个意思。所以,不管是练功还是练唱,我都非常刻苦。有一次学戏的时候,我演的角色有句台词是"搭救大人,来迟有罪",我那时候没有文化,也不懂得意思,说成了"大脚大人来迟有罪",下台来老师批评我了,这才算把它改过来了。小时候我还算是一个爱学习、听话的孩子,此后老师说到哪儿我都听到哪儿,认真琢磨唱词,认真考虑道白,哪一句如何说、如何讲,我都是问了老师以后再去做。

在我的从艺生涯中,越调《火焚绣楼》是奠定我艺术生涯成功与辉煌的一部戏,这也是我救场得来的一个机会。记得有一次演《火焚绣楼》,领导突然找到我说,扮演洪美荣的演员生病了上不了台,让我临时救场。俺老师

《火焚绣楼》剧照

《白奶奶醉酒》剧照

说："小爱,你怎么样?"我说："那试试看呗。"说是试试看,其实从唱腔到表演,一切我都准备得很好,演出下来后老师乱拍手,大家都夸赞我演得不错,纷纷问我是什么时候操这心的。我说,卖啥吆喝啥,人家演的时候俺就站在打鼓的后边好好看、好好听,俺都操着这心呢。通过临时救场,我一炮红了。

俗话说："常在河边走,哪有不湿鞋。"一般都是这样讲,但是,无论在城市的剧院还是在农村的高台,我向来都认认真真地对待,所以没有失败的时候。作为一个人民喜爱的演员,就一定要时刻端正态度,把戏演好,这是第一要务。

夕阳美

关于我的家庭,还要说到我的养母毛黄氏。俺这个养母说,咱要找一个倒插门女婿,就留在我身边,而且咱不找干部,怕你挨打。那时候我也不知道为什么会挨打,还非找个倒插门女婿不中。但我听了她的安排。我爱人在西安飞机场工作,弟兄两个,他是老二,后来由媒人说合,他就回来了,也算是倒插门女婿。我们俩年龄差不多,有一个孩子,生活过得也相当好,而且他也没有什么脾气,一般都听

毛爱莲，1970 年代摄

我的，我让他干什么他就干什么，所以我的婚姻还是比较美满的。我的身体一向很好，有很多戏迷观众时常问我的养生秘诀，其实也没啥秘诀，就是一日三餐饮食上比较注意。我喜欢吃素菜，特别喜欢吃豆制品。肉类就喜欢吃鸡子、鱼、羊肉，这三样我都光吃瘦的，其他肉我一点也不吃。为什么呢？演员必须得爱护嗓子，嗓子就是本钱，你没有嗓子了，唱不出来，沙哑着，观众就不愿意听。所以饮食上我比较注意，也很简单。

退休后，我的生活安排得比较舒适随意，想干点什么事就干点什么事。我喜欢写日记，比方哪一天发生了什么事，我就赶紧记下来，哪个字要不认识了不会了，我还会请教别人；再一个他们怕我寂寞，教我打牌，但打牌我只能坐一个多小时，时间长了也不好。此外，我还爱下跳棋，下跳棋可以活动脑子。早起剧团不忙的时候，我清早起来还会到外面站站，压压腿、伸伸胳膊，抽空练练功。金钱名利都是身外之物，身体是自己的。作为一名戏曲演员，就要每天坚持练功喊嗓，多演出，多见观众。因为演员就是要为老百姓演戏，为人民服务。

薪火相传

现在我年龄大了，也退休很多年了，但是最放心不下的就是越调艺术的传承。前不久，河南卫视《梨园春》给我办了一个"毛派"专场，我很高兴。现在毛派传人也有，申凤梅的"四千岁你莫要羞愧难当"是越调，"忽听得门闩响连声，门里边走出来一位女花容"也是越调。行当不同，风格不同，都应该发展。

现在，我就想着只要后代有人愿意学这个，我就会尽一份力量，把毛派艺术往下传一传，就这个心愿。俺们许昌有一个戏校，我们曾商量联合着办个戏校，办戏校的最终目的是让越调艺术后继有人，想找出来一个"小毛爱莲"或者叫"毛小莲"。我这是旦角唱法，也得让它继承发展下来，为社会为人民服务。

说到广播电台，我们这一代老演员对它可有感情了。过去没有电视的时候，我们戏曲演员都是电台帮着宣传出来的，要不是电台，谁知道毛爱莲呀，所以我打心眼里感谢你们。大家都说："看看毛爱莲，多活好几年。"我知道，这是大家对我毛爱莲的抬爱，所以我谢谢大家。

作为一个由党和人民培养起来的戏曲演员，我始终坚持的一点就是，台上一定要认认真真演戏，生活中要踏踏实实做人。你自己认真了，观众对你也会很认真，所以这么多年的艺术实践我就是这样想的，为人民演出就是无限的光荣。

毛爱莲儿子：母亲是一个事业心很强的人。几十年来，妈妈一心扑到越调事业上，为了毛派艺术的继承和发扬，全心全意付出。我上小学的时候，是寄宿制，每个周末回家一趟，难得跟母亲见一次面，因为她那时候经常到外地演出，少则几个月，多则将近一年，所以见母亲一次不容易。我记得最深刻的一次，是我上小学三年级的时候，有一天星期六，恰逢妈妈也回来了，我一整天都跟妈妈在一起，真是感觉非常快乐，那也是我一生中非常难忘、印象深刻的一天。第二天下午五六点钟的时候，该返校了，当时下着大雨，我就借口不想回去。但是母亲为了我的学习，一直把我送到学校，途中雨越下越大，道路被雨水阻断了，必须绕过这一段路才能到达学校。快到学校时，路上有一口井，很危险，母亲拉着我，小心翼翼地把我送过去，而后自己也很艰难地蹚水过去了。当时天已经黑了，我心里很紧张，因为那毕竟是

毛爱莲（前中）为戏校学生示范表演

1979年11月，全国第四次文代会在北京召开，崔兰田、马金凤、毛爱莲、王秀玲（右起）相聚人民大会堂前

一口井，而且还下着大雨。妈妈送我到学校之后就回去了，到学校后我一直没有睡着，总是担心，半夜的时候在睡梦中惊醒了，当时还哭了，惊动了同学，他们都问我："建国，怎么回事？"我当时的原话记得很清楚，哭着说："别让俺妈掉到井里头了。"

平时我上学，妈妈难得回来一次，见面除了照顾我的生活，问得最多的就是学习方面，因为她经常出去，很少在这方面辅导我、教育我，而且她的文化水平也不高，有时候会跟我一块儿学习。有时候她也闹不懂，但她在辅导我的时候，自己有时候反而有所感悟。

总的来说，妈妈这一生都奉献给了越调事业，不论在工矿、农村演出，还是到军营慰问演出，她总能用自己的艺术，把笑声和艺术享受带给广大观众。妈妈的事业是崇高的，作为她的儿子，我感到很荣幸、很自豪，我要发自内心地说句话："妈妈，我爱你，你很伟大！"

2007年

王博录音，月阳整理

义庭喜成 一代名生

第三章

赵义庭·《花木兰》

请扫码收听赵义庭原声音频

赵义庭,于 1980 年代

　　"艺海拼搏无止境,叱咤菊坛留英名。品清高洁史彪炳,万民齐颂老元戎……"一曲荡气回肠的戏歌,深情款款地致敬了一代豫剧名生赵义庭的百年诞辰,也凸显了他在豫剧发展史上举足轻重的艺术地位。他在漫长而艰辛的从艺之路上所体现的自强不息、敢为人先的艺术精神,同样值得认真回顾和弘扬。

　　赵义庭,1915年生于山东曹县火神台集。1926年,因蝗灾全家逃荒至河南商丘朱家集。赵义庭先生是豫剧老一代杰出的文武小生表演艺术家,曾任香玉剧社副社长,河南豫剧院一团团长、导演、顾问等职。他以小生应工,唱念俱佳,文武双全,艺术风格独树一帜。在半个多世纪的舞台艺术实践中,赵义庭先生呕心沥血,全身心投入豫剧艺术创作之中,把豫剧小生行当提升到了一个新的时代水准,影响深远。

　　苏轼在《晁错论》中写道:"古之立大事者,不唯有超世之才,亦必有坚忍不拔之志。"赵义庭先生出身于贫苦家庭,迫于生计,十四岁正式拜师学习山东梆子,在科班期间便学会并演出了《翠屏山》《杀狗劝妻》《黄鹤楼》等传统剧目。经历四年的学艺经历,十八岁的赵义庭出科到河北马家班搭班演出,后遭遇挫折返回曹县投奔三义堂剧社。三义堂剧社是当时曹县有名的戏班,名演员多,戏路也宽,他在师伯黄金玉的引见下拜希官为师。老师的悉心传授,加之他刻苦勤奋,不足一年光景,便把《前楚国》《后楚国》《头冀州》《二冀州》《提寇》《偷龙换凤》六个生行大戏拿手戏全学到手,演出轰动曹县。上世纪30年代,赵义庭便成为赫赫有名、享誉一方的红角儿了。由他担任主演的豫剧骨子老戏《南阳关》,无论是唱腔和表演等诸多方面都进行大胆创新,因此深受当时百姓的喜爱与欢迎。当时在观众中流传着"拆了房,卖了砖,也要看赵义庭的《南阳关》"的顺口溜。在这一时期,赵义庭深得樊粹庭先生器重,开始与"豫剧皇后"陈素真合作配戏、彼唱此和,二人曾联袂演出过《义烈风》《涤耻血》等多部"樊戏",并在舞台历练中开始呈现出一种新的豫剧文武生美学面貌。

新中国成立后,赵义庭先生得到了新生,他视艺术为生命,怀着对党的无限忠诚和对文艺事业的无比热爱,将更多的精力和热情投入了自己挚爱的戏曲艺术之中,因此,其表演艺术得到了提高与升华。1950年他加入了香玉剧社,1951年为支援抗美援朝,他随豫剧大师常香玉率领的香玉剧社巡回西北、中南各地义演半年,并于1953年随团赴炮火连天的朝鲜战场,为中国人民志愿军和朝鲜人民军慰问演出175天,演出180场。1952年,赵义庭先生担任香玉剧社副社长。1956年河南豫剧院成立,他担任豫剧院一团业务团长。在繁重的剧团行政事务之余,他不

左:1953年4月,赵义庭(左三)和香玉剧社演员在朝鲜慰问演出

右:赵义庭在朝鲜前线,1953年摄

《断桥》剧照

《花木兰》剧照

仅和普通演员一样参加演出,而且担任了剧团的导演工作。半个多世纪以来,他的演出足迹几乎踏遍了祖国的山山水水,无论是炮火连天的朝鲜前线、福建前线,还是松嫩平原的大庆油田、新疆边陲、内蒙古大草原等,都曾留下了他唱念做打的身影。

实践是检验真理的唯一标准。一个艺术家的诞生,一个流派和一种风格的形成都是长期合作、实践探索、不断完善的结果。作为常香玉大师多年的艺术合作伙伴,他和常香玉配合默契,一生一旦,相得益彰,彼此成就。自1950年起,他们成功地合作演出了《花木兰》《拷红》《断桥》《破洪州》等多部大戏,反响强烈。几十年来,这些经典之作也成为各地市戏曲院团、戏曲艺术院校争相学习效仿的演出范本。由他所扮演的贺元帅、张生、许仙、杨宗保等一系列人物形象性格迥异、生动逼真,长期以来给观众留下了挥之不去的美好印象。人民艺术家常香玉曾对赵义庭先生的艺术成就和人品艺德进行过高度评价:"义庭同志几十年来对艺术事业严肃认真,精益求精⋯⋯我衷心地希望广大中青年演员,能把义庭同志精湛的艺术真正学到手,把它继承下来,并且发扬光大。"

作为豫剧界一代卓越的文武小生表演艺术家,赵义庭具有技艺的精湛性、舞台的征服性、创造的自觉性,因而能够呈现出艺术面貌的独特性。他的嗓音清脆高亢、圆润动听、浑厚柔韧,以声传情,十分注重用声音刻画人物,其唱腔具有较强的艺术感染力。他总能根据自身的条件,汲取众家之长,融会贯通,创造出独具特色的新腔新调。同时,他总能结合剧中人物的身份处境、性格特征及情感变化设计唱腔和身段表演。这无疑奠定了赵义庭的成就,也构成了赵义庭独有的风格、特质。其代表剧目有《南阳关》(饰伍云召)、《白蛇传》(饰许仙)、《八郎探母》(饰杨八郎)、《提寇》(饰寇准)、《黄鹤楼》(饰周瑜)等。

2015年9月20日,由河南省戏剧家协会、河南省戏曲学会、安阳市文联等联合主办的"杜鹃花开"——赵义庭之女赵娟豫剧交响演唱会在古都安阳举办,作为赵义庭先生唯一的女儿,赵娟以这种特殊的方式纪念自己父亲的百年诞辰,感念父亲的养育之恩。梨园世家出身的她,父亲赵义庭、母亲徐凤云、哥哥赵春生都是知名的戏曲演员,她本人也曾深得豫剧大师崔兰田悉心栽培与真传。当天,在众多戏剧界领导、专家及学者的见证下,赵娟深情地演唱了《桃花庵》《陈三两爬堂》《三上轿》《春秋配》《花木兰》等多个剧目的代表性唱段,展示了一位豫剧名门之后兼收并蓄、出类拔萃的艺术风采。

9月21日,在河南戏剧界的众多专家和艺术家参加的座谈会上,专家和艺术家们再次通过对赵义庭的表演艺术及历史地位的评价纪念这位豫剧表演艺术家。中国剧协副主席、河南豫剧院院长李树建也给予赵义庭高度评价:"赵义庭先生是河南豫剧的功臣,是豫剧男演员的骄傲,既是大艺术家,也是著名的导演,他在全省乃至全国豫剧爱好者中的影响是巨大的。"著名豫剧表演艺术家贾廷聚说:"他是我们崇敬的前辈,是位'文武不挡'的老先生。1980年流派会演时,他和常香玉大师合作《断桥》,当时他已经六十五岁,仍然一丝不苟,真是

1983年,赵义庭(左)观看女儿赵娟(右)的演出后,走上舞台勉励她更上一层楼

1980 年 4 月河南省豫剧流派调演大会,赵义庭(左一)和陈素真(右二)、崔兰田(左二)、张宝英(右一)、刘斯忠(后)相聚

'要艺不要命',表演高难度动作时竟然骨折了。"赵义庭弟子修正宇说:"在我的心目中,师傅不仅唱工好,表演也好,细腻、认真、讲究,从不乱加一个废词,特别规范,让我受益匪浅,'戏比天大'在师傅身上得到了充分体现……师傅是我们的榜样、模范,深深影响着我们这一代。"

　　吾辈虽生晚,赤心敬先贤。作为后生,我无缘与这位曾经叱咤菊坛的杰出艺术家对话畅谈,但二十年来他的大名以及由他所创造的一段段梨园佳话、一个个鲜活的戏曲人物却时常不绝于耳,映入眼帘。赵义庭先生六十余载的舞台艺术生涯,视观众为上帝,视艺术为生命,对豫剧生行的发展、传承与革新做出了重大贡献,堪称中国豫剧文武小生行当的一代宗师,为豫剧生角领域树立了一座不朽的丰碑。

赵义庭，于 1951 年

赵
义
庭
自
述

　　我今年七十三岁了，和舞台交了五十多年的朋友，半个多世纪的舞台生活，真是苦、辣、酸、甜、咸五味俱全。感到欣慰的是，经过风风雨雨的漫长历程之后，终于迎来了晚霞满天的老来福。回首往事，真是别有一番滋味在心头。

逼上舞台

　　在旧社会，凡是学戏的，几乎没有不是为生活所迫才硬着头皮来吃这碗饭的，我也是这样。早在我八岁初通人事时起，就和父母、两弟、一妹住在山东曹县火神台庙内，真可谓房无一椽，地无一垄，一家六口全靠父亲赵起云担挑卖稀饭为生。1926年家乡遭蝗灾，五谷不收，全家逃荒到商丘朱家集，住在老城北门外的破庙里，仍靠卖稀饭度日。不料屋漏偏逢连阴雨，父亲又染上了伤寒，卧床不起。我们兄妹都年幼不懂事，千斤重担压在母亲一人身上。她是一个打落牙齿和血吞的坚强女性，为了一家老小，含辛茹苦，默不作声地早出晚归，把讨来的干馍剩汤分给父亲和我们吃。一天，母亲自外归来时，面带泪痕，两眼失神，手里攥着三块银圆,后面跟了个陌生的男子。母亲哭着跟刚满四岁的弟弟老虎说:"孩子,你跟着这位大叔去逃个活命吧,也救你爹一条命。"说着,那个人就要拉啼哭乱叫的老虎弟弟往外走。我上去抱住了弟弟,哭着哀求母亲说:"我不叫卖老虎,他太小,要卖就卖我吧。"母亲抱着我们两个哭得死去活来。忽然,母亲停住了哭,把三块钱往那人手里一塞,斩钉截铁地说:"孩子我不卖啦!要死我们全家死在一块儿!"人贩子没法,只好走了。没过几天,母亲打听到了个治伤寒的偏方,没花什么钱,就把父亲的病治好了。这时,老家的蝗灾已经过去,我们就回到火神台庙里,开始改卖豆沫。后来,家乡一带的人都叫我"豆沫小生",就因此得名。

随着年龄的增长和生活的磨炼,我渐渐懂得:一个人要想在世上混碗饭吃,必须有一技之长,才能养家糊口独立生存。因此,我想学点专长,可是一个穷孩子家有谁看得起,学什么?碰了几次钉子之后,不由得灰心丧气,感到一切无望。谁知天无绝人之路,由于干卖豆沫这个小生意,经常到处赶会,免不了要多看几眼戏,日子一久,便上了戏。凑巧,在离火神台三十里的李辛集有个山东梆子戏班来演出,我借卖小吃之便,主动而殷勤地和他们搭讪接近,很快便认识了。听戏班的人说,他们三天换一次台口,常年在曹县境内演出。我就和父亲商量着说:"咱跟着戏班转吧,人家到哪儿唱,咱就到哪儿卖。"父亲没有拒绝。从此,我们就跟上戏班到处转。为了博得他们的好感,每逢一戏,我就把大盘包子、大碗豆沫添油加料地往台子上端,并有意地在台下放开嗓子高声叫卖。这样时间一长,我的行动引起了一位刘剑才师傅的注意。有一天,我又往台上送吃的,刘师傅忽然对我说:"你的嗓子那么好,学戏吧。"我受宠若惊,二话没说,跪下就给他磕了个头,叫了声"师傅"。这天正是末会,他给我一把三弦说:"扛着,到寨外给你调调弦。"事成之后,我向父母说了实话,母亲又哭又骂地说:"你不想入老坟啦?你不能学戏!"父亲劝母亲说:"啥不是人学的呀,不比饿死了强?人家看得起他,就叫他学吧。"为了活下去,我十四岁时就拜师学艺了。

师恩难忘

平时在卖豆沫的空隙,我偶尔看几眼戏,听几句唱,觉得扮得好看,唱得好听,啥都是好的,谁知到了戏班,竟如下了苦海。住的是破庙不说,晚上睡觉,18个小师兄弟盖一条麻布面粗布里的大被子,里面装的尽是麦秸,铺的是一条大单子。因为地下潮湿,每人都长了一身脓包疥,成天搔着痒学戏,每逢开戏前,人人都拿着一根秫秸篾挑脓包,不下狠心一个个挑破,手不能化装,脚不能穿靴,就不能演出,班主就不给饭吃。穿的是单、夹、棉三合一(冬是棉,春秋改夹,夏改单)。特别是戏班代代留下来的"戏是苦种,不打不成"的体罚制度,每天挨打、罚跪,如同家常便饭,令人不寒而栗。值得庆幸的是,我遇上了一位好老师刘剑才,他不仅文武小生演得好,而且爱徒如子、教戏认真,在未定行当之前,先给我派了个《张奎拱地》中的杨二郎的角色。这是个以架子花脸为主的戏,生角的戏不多,主要是想看看我是不是学小生的料。当时学戏的方法是老师坐在床上教,徒弟在地上学。刘老师教我先学四句唱词带上板路韵调,反复学了数十遍,挨了不少打,弄得头昏脑涨、两眼发黑,竟一句也学不囫囵。当时我想,学戏这样难,自己又这样笨,看来是戏饭难吃,还不如回去卖豆沫,想喊叫就喊叫,又不要板不要眼的。可是又一想,好马不吃回头草,这样败阵而归,咋有脸见父母、乡邻?想到难处,不由心酸泪下。刘老师知道我要强,平时很少落泪,这时见我哭得如此悲切,心里已明白八九分,便温和地对我说:"万事开头难,老师以前学戏也跟你一样,铁棒磨绣针,功到自然成,入了路,开了窍就好啦!今天就学到这儿,下去搁心里琢磨琢磨再学。"几句苦口婆心的开导,不仅坚定了我当时学戏的信念,也为我后来献身豫剧事业起到了极为重要的作用。

《张奎拱地》演出了,老师认为孺子可教,便确定让我学文武小生,并提出下个戏让我演《翠屏山》中的石秀。这是个武生行当中的重头戏,要用的基本功有一套单刀、两张桌子高的"倒提"、一个过人的"陡磕"快速小翻带提、硬抢背等。这些功夫对一个初学者来说难度很大。老师问我:"敢不敢接?"我心里又高兴又害怕,但还是毫不犹豫地应了一声："敢!"老师说："好! 有志气,给你一年的时间练吧!"
从此,我在生活上对刘老师关心备至,经常为他干些事情,让他养好精神。在教戏
上,刘老师对我是尽心尽力,从无倦容。赶场途中,演出前后,老师利用一切可以
利用的时间,对我又说又比,不仅教我如何练功,还向我讲演戏的许多基本规矩,
诸如化装、穿箱、候场、想戏四提前,头、脚、腰三紧,禁止笑场、瞟台、交头接耳等。
总之,老师在教我苦练基本功的同时,还教我养成台风端正的良好习惯。他常说:
"扎根不正到老歪。"这些话我不仅牢记在心,严于律己,而且常向青年演员讲述,
希望他们也能对自己提出严格的要求。

功夫不亏人,经过老师的认真教导和我个人的刻苦钻研,原定一年学成的
《翠屏山》,不到十个月便和观众见面了,而且一炮打响,不仅为师傅增了光,我自
己也尝到了甜头,心里充满喜悦与自豪。

再烧"二火"

初战告捷之后,老师教戏更加热心,我
学戏的劲头也更大了。在我十八岁出科之
前,共学会了《杀狗劝妻》《对花枪》《黄鹤
楼》等十六个戏。我感到自己会的戏不少
了,文、武、唱、做都有一套,可以到外边一
闯江湖"风光风光"了。我带着这些戏到河
北马家班搭班,人家拿出了一本节目单,大
约有几百出戏,先问我演的是什么行当,我
说是文武小生。人家就指着《前楚国》《后楚
国》《头翼州》《二翼州》《提寇》《偷龙换凤》
等戏,问我会不会。偏巧这几个戏我在科班
一个也没学过,顿时头昏脑涨、目瞪口呆,
不知说什么好,最后只好硬着头皮说了声

赵义庭早年剧照

"不会"。人家毫不客气地说："你报的行当是文武小生，怎么连'四大扣'都不会，你是来搭班的还是来白吃饭的？"当时正在吃午饭，他说着就把碗给我夺了过去，接着又把行李给我扔出室外，要赶我走。一场羞辱使我愧恨交加，无地自容。更为严重的问题是：下一步怎么办？找别的戏班搭吗？那岂不是自讨没趣！重回科吗？一来没脸回去，二来回去也解决不了问题。经过一番激烈而痛苦的思想斗争之后，我决定在哪里跌倒从哪里爬起。当时曹县有个三义堂剧社，是全县有名的戏班，领班的叫黄金玉，和我业师刘剑才是师兄弟。那里名演员多，戏路也宽，特别是有个名叫希官的是驰名一方的文武小生，尤其对我栽过跟头的那六个戏，演得更是拿手。为雪前耻，我决计再投名师重新学艺。我先找到师伯黄金玉说明来意，他看在我师傅的分儿上，引荐我拜希官为师。由于我有了一定的基本功，再加上名师的悉心传授，特别是那股压在心底的雪耻之火，促使我一往无前，不学会学精这六个大戏誓不罢休。

不到一年的工夫，六个大戏全学到了手，并一个一个都搬上了舞台，而且是和班里的名演员王锡堂(外号"桂花油")等合作演出的，虽不能说是轰动全县，倒也名扬四乡。有一次，戏班到火神台附近演出，家乡的人们奔走相告："豆沫小生回来了，豆沫小生出名了！"但也有人放凉气说："再出名也是低人一等的戏子。"的确，在旧社会只有当上大官回家，才算是衣锦还乡，荣归故里。"戏子"是不可能被人高看的。

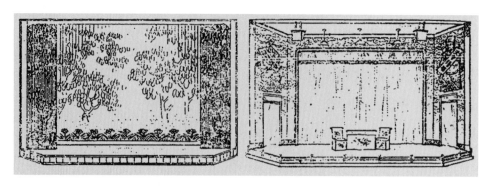

豫声剧院舞台装置效果图

层楼更上

1934年,我们三义堂戏班应河南戏剧先驱樊粹庭先生之聘,到开封参加了他主办的豫声剧院(既是剧场,也是剧团)。当时该院由三个戏班组成:一是以陈素真为首的杞县班,主要演员有陈素花、张子林、刘朝福等;二是我们三义堂班,主要演员有黄金玉、王锡堂、刘岱山、曹雪花和我;三是以司凤英为首的郑州班,主要演员有徐文德、赵和尚等。全院共有一百五十余人,真是人才荟萃,名伶纷呈,备极一时之盛。特别是樊粹庭先生,不愧为豫剧改革先驱,他设计营造了一个非常适合演出的新剧场,规模样式虽和当时的席棚剧场大致相似,但席棚改为木板,出将入相的遮堂换成了浅色的天幕,上面绘有蜡梅的图案,文武场面集中在舞台的右侧,前面装有精致的木格,绿纱作为围屏,上饰五线谱音符,舞台比一般的宽大。剧场大门内悬有全场座位一览图,上挂座号,观众可取牌买票,对号入座。整个剧场布置得整齐朴素,美观大方,虽不能同现在的剧场相比,但在当时的开封已属难得,令人耳目一新。

豫声剧院最大的与众不同之处,是革除了旧戏班的陈规陋习,建立了新的规章制度,如教大家识字学文化,排演新戏等。在此以前,我只知道说戏,来到豫声后,才第一次听说排戏,通过排戏,我懂得了许多前所未闻的戏理。比如樊先生在排戏时,总是用启发和示范相结合的导演方法,他每给你演示一个指法、眼神,举手投足,都把这些表演动作的目的向

赵义庭(左)和陈素真,1990年代摄

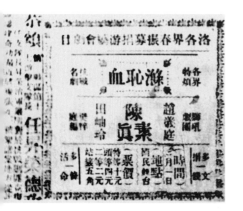

"樊戏"《涤耻血》剧目单,主演陈素真、赵义庭、田岫玲

你讲得一清二楚,使我开始懂得:演戏不光要学会程式动作,还得注意角色的内心刻画,只有把二者紧密地结合起来,才能装龙像龙、装虎像虎,演出每个人物的个性来。这些道理在今天看来,虽是老生常谈,极为一般,但在五十多年前,我能够得到这样的行家里手来指导,实是无比幸运。当时,我与著名的生、旦、净、丑同台演出,一方面受益匪浅,另一方面又竞争激烈。为了不甘落后,我在用心学人之长、补己之短的同时,还注意发扬自己嗓音洪亮、功底扎实的优势想唱祥符调,

但我发现他们对我唱的山东梆子中的某些韵味同样很感兴趣,这是唯我独有的优势,不能轻易放弃。因此,在有选择地保持个人特色的基础上,适当吸收祥符调的精华。如生角的结尾甩腔,由于变化巧妙,奔放动听,我就把它水乳交融地化入山东梆子的唱法之中,唱出非鲁非豫,亦鲁亦豫,合二为一,韵味独具的新腔,并得到广大观众的认可和鼓励。

豫声剧院演出的剧目,绝大部分都是樊先生编的新戏,老戏很少演出,我为之奋斗多年的"四大扣"等六个大戏,也全部压在了箱底。但它给我带来的志气,却深深印在我的脑海之中,并以这种志气来苦攻"樊戏"。我的好学精神和日益成熟的演唱艺术,越来越受到樊先生的赏识,先生逐渐把给陈素真配戏的刘朝福、黄儒秀等的生角戏都让给我来担任。我在接受这些角色之后,一方面感到这是我学习锻炼的好机会,心里很高兴,同时也感到担子沉重。为了不负樊先生的信任,我向自己提出了更高的要求:力争在以角为主的戏中,自己起到绿叶扶持红花的衬托作用;对生旦并重的戏,则必须做到珠联璧合,锦上添花。在多种原因的促使下,我在演唱艺术上产生新的飞跃,1936年上海百代唱片公司来河南灌制唱片时,除了陈素真的《柳绿云》《三上轿》之外,还灌了我的《南阳关》《八郎探母》,开创了豫剧小生灌制唱片的先例。

《南阳关》一剧,是在三义堂剧社时著名红生刘岱云师傅传授给我的。剧中人

物伍云召原是须生扮,根据我的行当,他让我用小生演。那时演出很忙,刘师傅和我就利用结伴赶场的途中,走着路说着戏词,休息时练习动作,没多久便学会了。每次演出观众都很捧场。我以为很不错了。后来在豫声经过一段学习,回头再看自己演的伍云召,便感到从唱到做都有单纯为追求花哨而脱离人物之处。再修改时,我根据伍云召当时在父遭冤、举家犯抄、君逼臣反的悲惨境遇中,他的唱腔应以义愤悲壮、激越苍凉为主,在表演和武打方面,既要显示他的大将风度,更应突出其义愤填膺、威武不屈的坚强性格,把杀父之仇凝聚在打快枪、探海、鹞子翻身等身段和武打之中,力求打出和唱出人物性格特色来。经过反复加工,终于把这个唱、做、念、打四功俱全,以唱为主的武生戏,推向了一个新的高度。当时在观众中流传着"拆了房,卖了砖,也要看赵义庭的《南阳关》"的顺口溜。

飞来横祸

正在我春风得意锐意上进的时候,不料祸从天降,险些送了性命。1937年某月,豫声剧院从开封到朱集演出。当时樊先生和陈素真都去了北平,临走前把剧院的一切委托栾经理和我临时负责。来到商丘后,我们把带家眷的演职人员安置在道北剧场的单间宿舍,我和许多单身人员住集体宿舍,十几个人都睡地铺。一天夜里,凌晨3点左右大家都在熟睡时,有个凶手潜入室内,向我的面部连刺四刀,刺掉了我两颗门牙,刺伤嘴巴,右颊伤了两处(至今伤痕犹在),我只觉得天昏地暗,霎时便失去了知觉。事后听睡在我

赵义庭(左)和儿子赵春生,1960年代初摄

右边的袁文玉说，他在睡梦中醒来时，觉得脸上好像有什么东西，用手一摸才知道是血，翻身发现我的脸上和胸前全都是血，一声惊叫，大家都醒了，马上把我送进道北医院，并给在北平的樊先生和陈素真拍了电报。他们闻讯赶回，到医院来看我。我的爱人李镜花也抱着刚满月的儿子从开封赶来，我见到他们心痛如裂，恍同隔世。樊先生把我安慰了一番之后，表示要大力追拿凶手。当时虽也做了侦查，但缺乏铁证，加之情况复杂，便成了一桩久悬难决的疑案。令我感动的是，在我被刺之前，剧场把我演《南阳关》的预告已经贴出，戏票也预售一空。事故发生后，剧场又贴出停演退票的公告。但观众不肯退票，提出要到医院探看我的伤情。另外，给我做手术的外科大夫姚万一医师，除为我精心治疗之外，还带领护士住在病房，日夜守护。姚大夫见我由于失血过多恢复较慢，便向他四川老家要钱为我购买补品，加强营养，以便早日康复，我心里十分感动。经过两个多月的治疗，终于伤愈出院。为了答谢观众和医务人员对我的关怀和救护，我带病为他们演出了《南阳关》。从剧场的阵阵热烈掌声中，仿佛听到了他们为我庆幸的心声，我怎样也抑制不住内心的激动，泪眼模糊，几欲失声。好在《南阳关》是个悲剧，把伍云召演得沉痛动情，反而加重了悲剧气氛。事实上，在这场演出中，台上台下彼此都是"心有灵犀一点通"。

赵义庭（左）、李兰菊（右）和狮吼剧团"总教头"韩盛岫（中），1951 年于西安（樊爱众供图）

如鱼得水

豫声剧院时期，尽管道路并不平坦，但应该说是我青年从艺的黄金时代。可惜好景不长，不久便发生了"七七事变"。虽然我跟樊先生共事有十年之久，但大部分是在动乱中度过的。自1944年离开狮吼剧团之后，我先后在宝鸡河声豫剧团、兰州豫华剧团、酒泉共和班等处或搭班或组班演出。在旧社会，凭个人奋斗可能得到一些名利，但在得到名利的同时，马上便有许多邪恶魔怪来向你进攻。特别是干演员这一行，到处都是陷阱、压迫、欺骗、侮辱、腐蚀，随时都会发生，尤其女演员苦难更多。我虽然一直没有脱离舞台，但在生活极不安定、人关系极端复杂的环境中，演戏只是为了养家糊口。当初的雄心壮志日渐消磨，表演艺术很少精进。直到1949年新中国诞生，我和广大艺人才如鱼得水，获得了新的艺术生命和作为人的平等待遇。

　　1950年我加入了香玉剧社，后来担任副社长。在旧社会我演了二十年戏，大小也有点名气，但从没有得到过什么奖励或荣誉。新中国成立后不到三年，我先后三次获奖。第一次是西北文化局颁发的一枚进步艺人奖章；第二次是由于我参加了"香玉剧社号"战斗机的爱国义演，在胜利归来后，西北局抗美援朝分会给我颁发了一张奖状；第三次是参加1952年首届全国戏曲会演，中央颁发的一枚演员三等奖奖章。这些荣誉的获得，对我是鼓舞也是鞭策，让我感到艺人是真正翻了身。在参加全国会演之前，我对自己的演技自许过高，常是目空一切。通过观摩会演、听报告和讨论等，才感到天外有天，有许多是见所未见、闻所未闻的，自己不禁心服口服。当时我虽已人到中年，但壮志犹在。如果说在上世纪30年代我和出

1980年演出《断桥》，常香玉饰演白素贞，赵义庭饰演许仙，马兰香饰演小青

戏曲电影《花木兰》剧照,常香玉饰演花木兰,赵义庭饰演贺元帅

类拔萃、人称"豫剧皇后"的陈素真同志在合作演出中艺术得到空前的提高,那么到了50年代,我有幸又和荣获首届全国戏曲会演演员荣誉奖、人称"爱国艺人"的常香玉同志合作演出,演技更是大幅精进。

新中国成立迄今,我曾导演和演出了二十九部大戏,和香玉同志合作演出最多的剧目有《花木兰》《拷红》《断桥》《破洪州》等。所有这些戏,都和香玉同志一道不断研究改进,精益求精。尤其《断桥》一剧,由于许仙的分量较重,自己如不能配合得力,起到烘云托月的作用,就会使演出减色。因此,我要求自己应更上一层楼。但一项艺术在达到一定的高度之后,要再提高一步,确实很不容易。想来想去,还是先从人物入手,把握人物的思想脉络、性格特征,然后才能准确地设计出相应的表演动作和技巧。原来许仙一上场,用的是一个水袖盖头、提袍、小圆场,这样,只表现了他匆忙赶路的一面,没有展示出他当时的内心活动,就显得简单、平淡,流于一般。经过细加分析之后,我认为此时此地的许仙,已不同于上金山之前的许仙。他善恶已经分明,怀着满腔愧悔,既急于寻找妻子请求宽恕,言归于好,又害怕法海追来。因此,改为一开始就让他带着戏上场,先走圆场,稍停,向后一望,表示看法海是否追来,然后转回头用眼向前方一扫,表现他寻找妻子,心里又惊又急。惊的是怕法海追踪,急的是寻妻不见。为了表达这种感情,我左手把水袖向上一抖,右手提道袍急走圆场,显示许仙舍命逃下山来,一路寻妻的仓皇神情。由于人物有思想,动作有目的,观众也就有戏可看。待到青儿逼问是否受法海差遣来追赶她们主仆时,惊魂未定正在跪地求饶的许仙,听此一问,如霹雳击顶,吓得他腾空跳起,在空中来了个转脸,又原地落下。这个动作曾受到观众和一些专家的赞许。他们认为这个创造,好就好在它既符合人们在生活中常有"吓了我一大跳"的说法,同时又做了艺术夸张,合情合理,美妙动人。在大家的鼓励下,我坚持保质保量地这样长期演给观众。后来,在一次演出中,由于年逾花甲,力不从心,造成骨折。后虽治愈,但为遵医嘱,未能再演出此剧。

默契配合

在旧社会演戏讲究"丑不丑,一合手"。意思是一台戏只要互相配合就能变丑为美。戏剧是综合性艺术,要想把戏演好,不仅编、导、音、舞、灯光要互相配合得宜,而且每一方面内部也须密切合作,才能创造出艺术精品。我作为一个演了五十多年戏的老演员,深切感到演员之间的合作尤为重要。多年来的正面经验和反面教训,使我十分注意此事。每和别人配戏时,总是突出主要角色,把最好的表演区让给他们, 从不夺别人的戏,但必须做有机的配合。仍以《断桥》为例。比如,当许仙听到白素贞谴责自己那一大板唱时, 如果只是俯首听训,毫无反应,仅仅起个活道具的作用,那么就等于让观众听清唱,等于让白素贞对牛弹琴,效果当然不会好。作为许仙,不仅要心里明白白素贞如泣如诉、哀哀陈词的目的是要拨动自己的心弦,使自己接受教

1962 年,赵义庭(右)和常香玉一起探讨唱腔

训痛改前非,同时还必须在外部的表情和动作上加以体现。因此,我选择时机,在听到动情之处,或颔首叹息表示内心的惭愧,或以袖掩面表示同情泪下,或抖袖顿足表示深自悔恨。这样把两人的内心活动向观众和盘托出,既突出了白素贞悲切陈词的感染力,又可增强剧场效果。但要掌握分寸,恰到好处,如反应频繁,就会喧宾夺主,弄巧成拙了。有一次,我和香玉同志演《拷红》,在她唱到"今夜晚哪"时,她把手向半空指了一指,这个动作原来没有,是她的即兴之作,我马上理解到准是指的月亮东升时,便也来了个即兴动作说了声"我明白了",及时配合得严丝合缝不留痕迹。演戏要有戏才,更要有戏德。要互相补台,补台可使对方感激在心,久久难忘;拆台则可使对方怀恨在心,同样也不易抹掉。所以要互相补台而不要互相拆台。这样做,不仅有利于思想团结,而且有益于艺术创造。我和陈、常两位艺术大师,之所以能长期合作,亲密无间,原因很多,但彼此在艺术上配合默契,互相补台,应是诸多因素中的主要因素。

培养后代

从我的启蒙老师刘剑才到后来的樊粹庭先生,无论是教戏或导戏都十分认真。由于他们的言传身教,我也养成了一个爱认真的习惯,一到台上或排演场上,总是全神贯注,如临战场。很多观众都说我"恨戏"(意思是肯卖力气)就在于此。并且,我也想同我的老师一样,把这认

1982 年,赵义庭(右一)给青年演员说戏,左二为马金凤

1980 年 4 月河南省豫剧流派调演大会,赵义庭(右二)和唐喜成(右一)、刘法印(左二)、李斯忠
(左一)相聚

真的态度和演唱技艺一并传授给后人。1956年我担任河南豫剧院一团团长之后,除坚持演出之外,还负责导演工作,而且常常是一身二任。如在《还我台湾》和《擂鼓战金山》中,我既是这两个戏的导演,又分别担任了戏中的重要角色郑成功和韩世忠。因为我是演员出身,做导演有优势,但也有局限。优势是舞台经验比较丰富,程式动作比较娴熟;局限是文化水平不高,不善于启发诱导。为了扬长避短,我排戏主要靠示范。自己又爱认真,往往排半天戏要出一身大汗,滚一身泥土,又说又比,消耗体力事小,嗓子疲劳事大。在上演后,又须坚持演出,由于观众爱看,往往欲罢不能。天长日久,嗓子得不到休息和恢复,声带便出了毛病,虽经治疗,但收效甚微,不得不逐渐转向以导演排戏为主,并从事培养青年演员工作方面来。

在培养教育青年工作中,我总希望他们也能像我当年学戏那样,有一种敢于下龙潭入虎穴不畏艰苦的精神,但所遇到的肯自觉地为学好戏而起早贪黑的人非常之少。我经常批评他们说:"你们是身在福中不知福,这么好的学戏条件,竟不知珍惜,实在令人感到痛心。"但言者谆谆,听者藐藐,他们并不为所动。后来我才明白,关键的问题在于他们的头脑中缺乏危机感。不像我在旧社会那样,饥寒的威胁,竞争的压力,使我从小到大一直生活在岌岌可危之中,迫使自己非奋发图强便无法生存。当然,过去的学戏方法有许多残酷和不合理之处,造成很多人的不幸,而且少数人一旦成名之后,随着衣食危机感的消失和社会上污泥浊水的浸染,极易走上生活堕落、艺术倒退的下坡路,很难得到再发展。我经历过新旧两个社会,切身的体会是:有危机感要比没有危机感好,没有危机感便不易奋发上进克服惰性,社会便不能发展前进。

数十年来,我虽然积极响应党的号召,带着经过加工提高的剧目,先后到朝鲜前线、福建前线、大庆、新疆、北京等各地为国家领导人和广大人民群众献演,做了一定的努力,但深感奉献尚少,而党和人民却给了我很多荣誉,让我担任了全国剧协委员、全国剧协河南分会理事、多届省政协委员和五届省政协常委。现在我虽已年老退休,但仍愿在有生之年继续发挥余热,做出自己应有的贡献。

1988年

王景中执笔

唐喜成 · 《南阳关》

请扫码收听唐喜成原声音频

2004 年 11 月 8 日，月阳（左四）、庞晓戈（左五）一起主持唐喜成先
生诞辰八十周年专场晚会

喜成一派铸非凡
十生九唐誉梨园

在上世纪的中国豫剧舞台，以豫剧大师常香玉为代表的豫剧名旦六大家姹
紫嫣红，风格独具，形成了百花齐放、馥郁芬芳的梨园盛世。笔者认为这一时期，
唯一能够与之并驾齐驱，蜚声菊坛的生角行当当数一代豫剧生行大师唐喜成先
生了。由他所开创的豫剧生行唐派艺术，可谓浩浩荡荡，生生不息。

我和豫剧唐派艺术的渊源源自2004年。记得，那是一个深秋的午后，我突然
接到了唐派传人、著名豫剧表演艺术家贾廷聚老师的电话。通话的大意是要邀请
我与河南卫视《梨园春》著名主持人庞晓戈一起，参与主持纪念他的恩师唐喜成
先生诞辰八十周年的专场晚会。接到贾廷聚老师的邀请，我既忐忑，又兴奋。忐忑
的是，我一个二十岁出头且刚做戏曲节目不久的毛头小伙能否胜任这样一场正
式庄严的晚会；兴奋的是，我能够有机会与众多的名家大腕同台演出，是一次难
得的机会。从熟悉串词，到走台排练，再到当天晚上的演出，最终晚会几乎是一气
呵成，尽管谈不上完美，但也算得上圆满。也就是这场演出活动的主持之后，我正
式走出广播电台的直播间，为自己拓展了一个外场主持的全新领域。

"你这个唐，是唐王的唐，你把唐王唱活了，他有血有肉情意长……"当晚，演

出在一曲由著名诗人王怀让先生作词,由豫剧名家王惠、李庚春演唱的一曲《你这个唐》的戏歌中拉开帷幕。随后以唐派弟子贾廷聚、杨志礼、叶华、冯振庭、袁国营、任家波、颜永江、孙英杰等为代表的老、中、青、少四代唐派艺术传人会聚一堂,演出了唐派代表作《南阳关》《辕门斩子》《血溅乌纱》《三哭殿》等,为广大戏迷观众送上了一场豫剧唐派艺术的盛宴。

唐喜成先生是豫剧界具有独特演唱风格的一代豫剧艺术大师。由他所独创的豫剧"二本腔"的演唱技法,行腔刚健,吐字清晰,声腔洪亮宽厚,声情并茂,其低音如同行云流水,一泻千里,高音如同龙吟虎啸,穿云裂石,为豫剧男声唱腔开了先河,创造了一片新天地。通过长期的艺术实践,形成了独树一帜、特点鲜明的豫剧"唐派"唱腔,为丰富豫剧的声腔流派艺术做出了巨大贡献。

唐喜成先生一生视艺术为生命,他尤为注重艺术传承,为豫剧培养出了众多优秀的戏曲接班人。目前,唐派艺术在全国遍地开花,已形成了老、中、青、少、幼充满生机与活力的戏曲人才梯队,真可谓"桃李满天下,十生有九唐"。

1982年,唐喜成(左)和老艺术家赵锡铭(唐宇供图)

作为后生,我与唐先生虽从未谋面,但却神交已久。2011年5月18日,唐喜成先生骨灰安葬仪式在郑州北邙陵园举行。这也使得唐喜成先生仙逝十八年后,终得入土为安。也许是冥冥之中的缘分,我再次受邀主持了安葬仪式。现场哀乐低回,花无悦色,天人两隔,思绪飘荡,站在大师的墓碑前,我也仿佛与先生进行了一场穿越时空的对话。

唐喜成先生于1924年农历七月二十四日出生在河南洧川县(当时洧川为县建制,后改划归尉氏县)湾里河村。少年时代的唐喜成,过着饥寒交迫的穷困生活。为了谋取生路,母亲无奈勉强允许他入戏班。他十岁到长葛县(今长葛市)万乐社科班学戏,拜魏德海、高永安、吴同保等老艺人为师。唐喜成入科不久便开始了"跑龙套""穿把子"的戏班生活。他勤奋好学、刻苦钻研,他珍惜自己登台的每一次机会,认真学习众多人物角色的身段表演和唱腔要领,台上台下细细研磨,积极苦练,主动求教。星光不问赶路人,岁月不负有心,在很短的时间内,他不仅能够驾轻就熟地演出《困铜台》中八贤王的所有表演动作和唱腔,而且还大胆地毛遂自荐,扮演了剧中国母的角色。

唐喜成的旦角扮相,1940 年代末摄

也就是一次偶然的演出机会,使得唐喜成的演出大获成功。由此,他便以甜美洪亮的"娃娃腔"破天荒地开始涉足旦角这一行当。自十五岁那年起,他已经演出了《刀劈杨藩》及《反西唐》中的樊梨花,《大破天门阵》中的穆桂英,《对花枪》中的姜桂枝以及《双官诰》中的王春娥、三娘等。为此,当地群众亲切地称赞他为唱不哑的"小铜腔"。

变声期是一个人一生中的正常生理现象,梨园界称之为"倒仓"。它对于普通人的影响其实并不大,但对靠嗓子吃饭、专门从事戏曲艺术的演员,尤其是男演员来说,就成了艺术道路上的一道坎儿,能否在变声期过后,让嗓子顺利过渡恢复正常,进而继续自己的舞台艺术生活,便成了一个关键所在。

唐家少年初长成,梨园自在恰如风。刚刚初露锋芒的少年唐喜成就赶上了变声的麻烦,那年他十七岁。随着变声期的陡然到来,他的嗓子嘶哑,几乎唱不出声来。对于未来,唐喜成曾一度意志消沉,心如死灰。老师的同情与鼓励,使得他重新振作了起来,再一次点燃了他心中的希望。既然没有了大本腔,还可以通过训练喊出二本腔。这个世界,唯一可以不劳而获的就是贫穷,而唯一可以无中生有的就是梦想。从来不曾向命运低头的唐喜成又开始了自己艺术道路上的探索与跋涉。他冬练三九，夏练三伏，终于练出了一道高低不挡、刚健洒脱、明亮高亢、持久耐唱的"二本腔"。在苦练新腔的同时，他从未放松对自己的武工及身段训练，就这样，唐喜成迎来了艺术生命的春天。随后，他接连演出了《佘赛花》中的杨继业，《对花枪》中的罗成，《长坂坡》中的赵云，《铡赵王》中的赵王等。因此，他被广大观众冠以"响八县"的美誉。

1949年新中国的成立，使唐喜成这位曾在旧社会被人唾弃、瞧不起的"戏子"翻身做了主人，成为新中国的第一批新文艺工作者。1980年，河南豫剧流派调演在郑州举行，常香玉、陈素真、崔兰田、马金凤、阎立品"豫剧五大名旦"和唐喜成等各领风骚。此次具有历史意义的调演取得了观众的公认，自此便有了豫剧"常派""陈派""崔派""马派""阎派""唐派""高派""牛派"的定调。后来，连同身居河北邯郸的"桑（振君）派"，豫剧艺术又迎来了一次大繁荣。而这一时期，"唐派"也进入了稳定成熟期。《十五贯》《南阳关》《三哭殿》《血溅乌纱》《辕门斩子》《节振国》《南海长城》《夺印》《一棵树苗》等一大批唐派剧目及新编现代戏轮番上演，极大地奠定了唐派艺术牢固的群众基础。

1993年5月18日，豫剧一代大师唐喜成先生因积劳成疾，带着对戏迷观众的不舍和对舞台的无限眷恋溘然长逝。斯人已去犹忆影，海棠花开魂依旧。唐喜成先生五十余载的艺术生涯，其用毕生精力缔造的唐派艺术，依然向世人展示着生机勃勃的繁荣景象。他开创了中国豫剧"十生九唐"之宏伟局面，并创造性地改变了豫剧古装戏生角行当的沙哑唱法，拓宽了豫剧男生唱腔的风格领域，为丰富豫剧的流派艺术做出了重大贡献。

进入新时期，豫剧唐派艺术再次迎来了新的发展机遇。2016年9月17日，是一个注定要载入中国豫剧发展史册的日子。由河南广播电视台戏曲广播联合河南艺术中心共同主办，河南廷聚唐派戏曲艺术中心及月阳工作室策划发起，由著名导演罗云和戏曲教育家李志远联袂执导的"中国豫剧（唐派）创造吉尼斯世界纪录"活动在河南艺术中心广场震撼上演。时年九十二岁高龄的唐喜成先生遗孀马云玲老师亲临现场，与数百名慕名而来的观众共同见证了这一中国豫剧史无前例的唐派盛会。当天下午，在吉尼斯世界纪录认证官的见证下，432名来自全国各

2016 年 9 月 17 日,豫剧(唐派)创造吉尼斯世界纪录活动现场,月阳(右一)和唐喜成的夫人、九十二岁高龄的马云玲(坐轮椅者)共同见证唐派盛会

地、身着龙袍的豫剧专业演员和票友同唱豫剧唐派名剧《三哭殿》选段"下位去劝一劝贵妃娘娘",创造了"身穿龙袍最多人数同唱一个戏曲经典唱段"的新的吉尼斯世界纪录。此次挑战活动,在豫剧发展史上不仅是一次具有里程碑意义的大事件,更是对一代大师唐喜成先生最好的怀念与告慰。

唐喜成,于 1980 年代

唐喜成人生录

倒仓练出个"二本腔"

　　"响八县"唱了两年响戏,眼看万乐班第一科也该出科了,师兄弟们对他的出科跑江湖,都抱着十分乐观的看法,"响八县"嘛,出去还不得拿个头份账！于是好多人和他开玩笑说:"混出息了,可别忘了穷兄弟们。"正当唐发伸(唐喜成)和他的师兄弟们做好梦的时候,一件极为倒霉的事情竟然发生了。随着年龄的增长,童腔忽然没音了。这就是人人都会碰上的变声期,戏班里称为"倒仓"。

　　按照戏班的制度,三年出师,一年效劳,第四个年头才能正式脱离戏班,出外自由地"跑江湖"。可是由于万乐班打人打得实在厉害,受不了的,一个个早就偷偷跑掉了,剩下的全是些年龄小的、胆小怕事的。为了演戏,五管主陆陆续续又招了几十名学员,与原来剩下的学员编在一起,五阎王也不再提出科的事了。其实,此时的唐发伸也真的不能出科了,因为所有的包头戏都唱不成了,这两年学旦角,武工底子也没打好,基本功学得也不扎实,况且还是个十四五岁的孩子,出去跑江湖给人家演什么？江湖行是那么好混的吗？！而且还背着个"响八县"的雅号，一张嘴失音，还响什么！反正五管主也不提出科的事，自己又没有本钱主动提出，留下就留下吧！

留下来的滋味也是不好受的，每次演戏只能上些三路四路的老生角色。有次演出《合凤裙》，他演梁珏，只有两句飞板："朝王见驾月儿落，穿衣镜前把衣脱。"后句的落音竟然落不下来了，等于唱了两个上韵，急得他收不住腔，伴奏的师傅们硬是给收住了板。第二天唱《麒麟烛》，他只有四句慢板，可腔不由己地高一声、低一句、噼噼啦啦、沙沙哑哑地唱了出来，自己都觉着不像个样子。在身旁刀二锣的师傅随便说了句俏皮话："这孩子真不瓤，啥腔都有。"正好被发伸听见，臊得他面红耳赤，脸蛋儿发烧，久久忘不了这句话，散了戏后一个人蹲在场子里，夜饭也不吃了，想来想去拿不准主意。不唱戏吧，到哪里去？干什么？再说毕竟也学了三四年戏啦，难道这就算白学了吗？唱戏吧，连四句唱都唱不好，就是观众不说，同学不说，师傅不说，掌班的不说，管主也不说，难道自己能听不出来吗？既然自己已经选择了唱戏这条路，难道就甘心当个连三路四路配角都拿不下来的窝囊废吗？！回想起半年前"响八县"受到群众欢迎的那种情景，真有一种说不出的失落、委屈、羞辱……在这种情形之下，那些挤破庙，穿破衣，吃粗饭，受监视，挨棍子……又算得了什么呢！什么都能忍受，而唯独艺术上的停滞、倒退和人们的奚落不能忍受。面对这残酷的现实，他暗暗地制订了一个计划，第一必须把基本功的底子打好，演个小生、老生、红脸什么的，抬腿动脚都得有个样儿；第二必须把武打学会，演个武生、武旦、武丑，就是穿个兵、跑个把子也都毫不含糊；第三，也是最重要的一条，必须把嗓子再喊出来。关于"倒仓"和嗓子唱坏了之后再喊出来的事例，也听老师们讲过，还听老师说"大本嗓不好的可以喊二本嗓"，也就是不用真嗓，改用假嗓子。至于假嗓子嘛，过去梆子戏唱老生的每句唱完之后，大多有个"噢"腔，老师傅说这就是假嗓。唐发伸入科不久唱过一些老生戏，因当时是童声，也体会不出来个真嗓假嗓、真腔假腔的，现在要改用假腔唱戏，怎么个练法，也实在作难。虽然当时梆子戏许多名演员都是用的"二本腔"演唱，但一个跑高台的小小科班，毕竟人才太少，见的也太少。再说，那时也真的没有一种科学的练声方法,老师告诉他,在地里挖一个碗口大的、一尺多深的坑。头天睡觉前,向坑里灌满水,第二天起五更趴在坑边,对着坑口喊嗓子,慢慢地就能把"二本腔"喊出来。小发伸如获至宝地如法炮制,经过成年累月的苦练,还真的把二本嗓喊出来了。起初声音不大,但经过不断的演唱,声音越来越洪亮,一些大段大段的唱,也能不太费劲地拿下了。小发伸又有了信心,他开始琢磨过去学过的那么多"包头戏"的唱段,那么多优美的唱腔旋律,能不能挪点用到生角的唱腔上呢?他确实下了一番功夫,《南阳关》一炮打响,伍云召那"西门外放罢了,放罢了,摧阵炮……"的唱腔,又爆出个大冷门。由于唐发伸唱得好,又会许多旦角戏,在第二科里他还给新学员们教了不少戏。

唐发伸在喊嗓子的同时,基功、武打、翻滚提爬等筋斗功也都在认真练习着。由于他从小吃糠咽菜、饥饱不均,常常闹干结,后来在科班又经常挨打熬夜,小小年纪竟害起了大屙疮(痔疮的一种),经常流脓流血,左边好了右边长,疼得走路都变了姿势,这对练功非常不利。发伸为了学好本领,每天都是忍痛苦练。一次翻大提,起翻之后没有落好,一头窝在地上,整个身体重量全都砸在头上,下巴颏儿顶在了胸口,压下了一根胸骨,下节的一根又翘了起来,好在是土地,头骨没有摔坏。几个人将发伸扶起来后,他对着胸口拍了拍,理了理,接着又练起来。科班里是从来不给学生看病的,无论什么病都得苦熬着,非到不能起床时才被允许不上台演出,熬过去的就继续活着,熬不过去的死了活该,生死合同书上写得明明白白,"打死勿论,病死勿论"。好在这些穷人的孩子能熬能受,不管伤成什么样子都挺过来了。小发伸自然也得和病痛做斗争,苦熬着,硬撑着啦!每当他遇到了什么困苦艰难,他都不会忘记洧川南门城楼上的那棵柏树,活下去,挣扎着活下去,顽强地活下去,向着蓝天,向着太阳,向着未来发伸、伸发、发伸……

搭班取名"唐喜成"

唐发伸的启蒙恩师曾经说过:"好好学吧!出科了就有好日子过啦。"的确,小发伸还是"凉壶羔"的时候,就十分羡慕"大江湖""二江湖"们。他们每年可以在四月初八、八月十五、腊月二十三跳三次班；可以跟班主订合同，拿股分账；平时有事出个门，只要碰到戏班，就可作揖吃饭，搭班演戏，不挨管主的打，不挨师傅的骂，不顺心了还可撂挑子不干；如果唱出名了，还可以自己领班，也可以与戏班"三七开""四六开"地分账，包旅馆，包车子，雇佣跟包的，走码头，串城市，出海报，遮堂上绣名字……有朝一日，自己能走南闯北地跑江湖，那该多好啊！如今六年坐科，可算出科了，可算是离开了那个挨打受气的倒霉地方啦！他刚刚走出大庙，真有一种鸟儿出笼的心情，可是越往车站走，越觉着步子沉重，快到车站了，反倒不知如何是好了。

同科的小师妹程梅英和她的父亲要去中牟县南边的土墙村戏班搭班，唐发伸没有找到其他的去处，也只有跟随着他们父女俩去中牟县走一趟了。

土墙村这个戏班，是由大地主张凤阁操办的，此人和当地的名流、绅士、军队、警察、政界、匪帮都有交往，文质彬彬的，倒也有一副十分和善的面孔。唐发伸他们到了戏班后，张凤阁表示特别欢迎，在那个荒年还为他们接风洗尘，真使发伸产生了一种好感。听艺人们讲张管主不抽戏班的钱，戏班挣的钱全由从艺的江湖们按份分账，戏班挣的钱实在不够开支的时候，张管主还慷慨解囊给予补贴。这在小发伸的眼里，张凤阁简直就成了大善人，比起"万乐班"的五管主五阎王，真不知要好上多少倍呢！出科后能投到这个戏班里，也还算真的走运呢。

土墙村戏班的艺人分配，按十二份账记分。临时跑个龙套什么的小角色，可弄个两份、三份账，一般的演员和乐师，都能分个五份账、六份账。唐发伸演出了两场后，大家都认为不错，竟然一下子给评了一个九份账，小师妹也评了个五份账，唐发伸真是喜出望外，同时也为程梅英高兴。这个班最有名的角儿就是兰海棠了。分十二份账，也就是拿个头份子，是个唱青衣、花旦的。正好唐发伸是个唱小生的，兰海棠也正为班里没有一个像样的小生而苦恼呢。唐发伸唱得也不错，正好可以成为搭档，所以很是受到兰海棠的青睐，但她对发伸这个名字实在是有些不满，说是不响亮、不上口，同班的艺人也随声附和，于是有一个叫焦中喜的艺人就给起了个"唐喜成"的名字，大家一听都说很好，于是第二天"唐喜成"三个字就上了戏牌和节目单了。

正当唐喜成与兰海棠配戏、艺术上有所发挥之际,程梅英与她父亲却不辞而别了。喜成闻听此讯后十分惊奇,他反复地想:"难道是我得罪了师妹吗?不像,直到昨天师妹对我也还很好。如果说师妹嫉妒我,就更不成理由了,因为师妹一向为我的成功而高兴,同时她也为自己能给土墙村拉来一个好小生而有些自豪呢。难道是与管主发生了矛盾吗?也不像呀……"自从他们来土墙村之后,据他的观察,张凤阁对程梅英一向很好,而且还觉得他对师妹有几分亲近。喜成为此事一直百思不得其解,过了一段时间,他才由老艺人处悄悄地听到:"张凤阁花钱劳神地当管主领戏班,图个什么?他不就图个能和女演员们鬼混嘛!他看上你师妹了,你师妹不肯,当然就得跑了……幸亏她跑得早,跑得快,以前……"这种话中有话的"以前",唐喜成也无心去追问,别人也就不便多言。通过这件事情,唐喜成从此对张凤阁有了看法。此时,他忽然意识到张凤阁和兰海棠的关系……唉,社会……社会竟是这样的复杂。

张凤阁美好形象的破坏,以及对兰海棠从尊敬、爱护到同情、可怜,甚至到可

唐喜成,1958 年摄

马云玲,1960 年代摄(唐宇供图)

悲、可鄙，这一系列复杂的情绪变化，使他一下子长大了成熟了，一下子由小发伸变成了唐喜成。

他思想上的这一突破太重要了，过去上台演戏，大多是按照老师傅教的去模拟表演，许多台词都不理解，甚至念了许多白字，发了许多错音，他进而发现，有许多戏词是师傅们不理解，以讹传讹地又教给了他。尽管当时的他也不能一下子找到十分得当的词加以修改，或揣摩古人的本意加以更正，但他已经开始理解了。在舞台上的身段表演，他一向都是按照传统的程式、严格的鼓点节奏去表现的，至于它们与人物的心情、性格如何，以及人物性格的多样化的结合，压根儿都没有去想过。由于唐喜成对人生开始有所理解，才使他对扮演的角色开始有所理解。可以说，这是唐喜成在土墙村戏班的最大收获了。

汴郑剧坛名角会

"二油梆"在张盘乡演出时，几位老艺人私下里商量，说既然襄县、许昌等地的观众都很欣赏喜成的艺术，部队也想要喜成这样的演员，那就应该让喜成到大城市去闯闯江湖，见见世面。"二油梆"的腿太短了，不如离开它到各地去走走。喜成也确实有见世面、开眼界的想法，再说这几年的演出，也积蓄了一些私人行头，就根据同事的建议，组建了一个十来个人的小班子，决心到开封去闯一闯。为此，还特意雇用了戏院门口给丸子汤锅帮忙的王世清当跟包，给自己经营一下财产，帮助扮装和兼理一些对外联系事务。

开封是八朝古都，历史名城，又是当时河南省会，明朝周宪王朱有燉编剧玩戏的所在，又是梆子戏祥符调的发祥地，哪位名角不想登一登汴梁的舞台啊！唐喜成老家离开封不过百里，周围县均已唱红了，进开封确实是当务之急、顺理成章的事。

此时，正是抗日战争胜利后，逃往西北各地的豫剧精英，也想着回趟老家献艺，一时间，汴、郑两地不知吸引了多少名角光顾。喜成一伙先在开封南关长春舞台和许文德、高佩兰、车宝玉一起唱了几天《黄鹤楼》《翠屏山》。长春舞台名气不小，但实际上也是个席棚子的小剧场，城市地贵，住房紧张，下处连个门都没有，晚上睡觉，雪花直往被子里钻。几天的演出之后，省会观众的反响还好，于是又在小南门外的蟾宫舞台与常年来、姚淑芳、马天德等人一同演出。之后这一班人又一同进城，到火神庙后的剧场，演出了《凌云志》《戏貂蝉》《贩马记》。之后，又到午朝门外的大陆电影院演出。此次的开封之行，极为成功，唐喜成的艺术已为省会的观众所承认了。

在常年来的倡导下，喜成又随之来到了郑州，住在车站附近的旅社里，到"大坑"（管城舞台）和李葆珠、马金凤、宋桂玲等一起演出了《凌云志》《义烈风》《大狼山》等戏，唱了一个多月。4月份，阎立品到了北下街戏园，把唐喜成请去，再次合作演出了《秦雪梅》《凌云志》等戏。

《恩仇记》剧照，1957年摄（唐宇供图）

在汴、郑演出半年多，与那么多豫剧名角同台，对唐喜成来说收益的确不小，同时他也看了京剧、曲剧、越调、二夹弦等许多剧种的演出。在此期间，许昌"二油梆"一再来人，要求喜成再回去唱几天戏，盛情难却，他只好回去了。

回到许昌"二油梆"后，唐喜成又与桑振君同台演出了《观文》《大狼山》《打金枝》等戏。后来常香玉到许昌，喜成又陪这位豫西调的名家演了一段时间的《黄鹤楼》，唐喜成演赵云，常香玉演周瑜，马天德演刘备。至此，他对豫东调、豫西调、祥符调、沙河调等流派的各种演唱技巧与特色都有了初步的了解与体会，这为他以后创立自己的声腔艺术，打下了坚实的基础。

会演观摩走南北

1950年，中南军区后勤部生产科在郑州火车站附近盖了一个当时颇为现代化的中原大戏院,建立了联艺剧团,虽是集体性质,但按薪金制开支。吴碧波已先到了这个团，便把唐喜成叫到了郑州，也参加了该团,月薪三百五十元。这个团的阵容强大,主要演员还有张桂花、徐美兰、郭金亭、刘九来、杨素真等。盖韵秋任导演,鼓师是刘湘银,琴师有张华珍、史大成、许敬芝等。而且该团还有一个布景社的班底参加, 所以演戏均有灯光布景。喜成对参加这样的一个团体,十分满意,高兴地把家也搬到了郑州。

该团排戏的速度是相当惊人的,喜成到团后,只用了三天时间,就排演了一出大型现代剧《白毛女》,喜成演赵老汉。好在上次已经演过时装老汉了,再说歌剧赵老汉的人物形象,喜成是颇有印象的,虽然时间那么紧,但角色还是拿下来了。接着又用七天排了一出大型现代戏《刘胡兰》,喜成演政委,戏虽不多,但演部队的首长是第一回,困难不少。他除了借鉴歌剧的这一人物塑造之外,特别注意向生活学习,观察、琢磨部队的一些干部首长的形象和动作。之后又排演了《梁山伯与祝英台》《云罗衫》等古装戏,都很受郑州观众欢迎。

1952年8月,中南区首届戏曲观摩会演在武汉举办,唐喜成参加了河南省代表团,在《柜中缘》一剧中饰演岳雷。该剧由王秀兰饰演小姐,牛得草饰演小丑,白云莲饰演老旦。虽然这四个人是从四个团里抽调来的,而且还是第一次合作,但配合得很默契,受到了与会代表们的好评。唐喜成还在《洛阳桥》一剧中,饰演了刘伯温。

《武松打虎》剧照，1963 年摄（唐宇供图）

在武汉时，唐喜成的肺病就已经相当严重了，10月至11月文化部在北京举办第一届全国戏曲观摩演出大会，河南省没有参加节目，但组织了一个观摩代表团去看戏学习。唐喜成参加了观摩团。他是第一次到北京，第一次参加这样的盛会，观光了首都的名胜古迹，受到中央首长接见并照了合影，喜成的心啊，真是激动万分！他做梦都不曾想到，旧社会一个连老坟都不能入的下九流"戏子"，今天受到这么高的待遇，这情意，这世道，使喜成从心眼里感到

新社会的美好。

全国首届戏曲会演，多么热闹的演出大会啊！一下子把那么多剧种、那么多名角都请来了。不但看了早已著名的梅兰芳、程砚秋、荀慧生、马连良、周信芳、盖叫天、张君秋等京剧艺术家的表演，而且还看了兄弟省地方戏著名艺术家们的拿手好戏，真是大开眼界。喜成第一次感受到祖国真大，戏曲剧种真多，文化遗产真丰富，要学习的东西真是一辈子也学不完。只可惜，自己的文化水平太低了，得加劲学习，得加倍努力，学艺术，也要学文化。

一天，喜成和李金波两人正在旅店内兴奋地讨论着观摩的收获时，忽然大口大口地吐起血来，被送到协和医院进行抢救治疗。住了半个月医院，直到会演大会结束，河南观摩代表团才接喜成出院，一同回了河南。喜成心里很惋惜：病！可恶的病！使我少看了多少戏，少学了多少东西。

回郑州后，肺病未痊愈的唐喜成继续住院治疗与休养，不但一切医药费用全部由国家包了，剧团还给每月的生活费。唐喜成深切地感到了党的关怀、革命队伍的温暖，他也深深地体会到所受到的重视和培养，他多么希望能早点痊愈好

上舞台为人民献艺啊！

　　可疾病并不以病人的愿望而加快好转的进程，当时的医疗水平和医药条件，对肺病的疗程是长了一些，唐喜成这个事业心很强的人，在床上实在是有些待不住，而医生又不许他投入工作，要他安心休养，可他能安下心来吗？夫人马云玲愁得不得了。此时街道上组织了扫盲班，家庭妇女和老头老婆都要参加学文化，学习汉语拼音。马云玲参加了学习，每天在家里"玻、坡、摸、佛"地认着念着，唐喜成看着字母听着发音，很是觉得新鲜，于是马云玲就现学现卖地教他拼音认字，这样一来，反倒减轻了唐喜成的烦躁情绪，于是她教得也就更认真了。唐喜成发现，这些拼音符号与戏曲的韵辙大有关系，于是他念了"二八佳人出房来，东西走，南北坐"的十三道辙来，弄得马云玲一下子莫名其妙了。

脍炙人口的《三哭殿》

　　对于《三哭殿》中的李世民，喜成对这一形象的塑造着实是下了一番功夫，尤其剧中的一些唱段，经过字斟句酌的反复修改，也像《南阳关》一样达到了老少皆迷、家喻户晓。

　　一提起李世民角色创造的成功，喜成总是表白："原来传统戏对这个人物处理得就具备了很好的基础，第一届省戏曲会演时商丘越调剧团演得就很不错，这次豫剧院对剧本的整理加工，又着重在李世民的人情味上，对国事家事和矛盾转化的问题上下了功夫，导演对戏味抠得很认真，搞音乐的同志大力协作，都给我很大帮助，没有这些，

扮装的唐喜成（左）和夫人马云玲，1980 年代初摄

我是演不好的。"

喜成是个很实诚的人,他讲的这番话,既是发自内心,又是尊重事实,但是,他在这出戏里确实也倾注了自己的心血,赋予它以感人的艺术魅力。

这出戏最使人称道的是,把神秘莫测的宫廷生活、帝王之家内部的是非矛盾表现得那么家常,那么富于人情味。由外孙秦英失手打死爱妃的父亲詹太师而引发的矛盾,把李世民推向矛盾旋涡的中心。一边是哀嚷啼哭的爱妃,一边是触犯王法的外孙和带子请罪、求情的公主,以及为他们母子撑腰的皇后。唐喜成对处于此情此景中的李世民的心理状态、身份地位把握得那么准确,他劝了这个劝那个,对之晓之以理动之以情,言谈话语的分寸,或白或唱的火候,处理得无不恰到好处,使得看来一时难以调和的矛盾,终于得到圆满解决。每当演唱到"金殿"这场戏,台上的一句话、一段唱,都紧紧地攥着台下观众的心,唐喜成把一个既胸怀国家大事,又深懂人情世故的唐天子李世民,演得活灵活现,观众从喜成细腻的表演、动情的演唱中,得到了极大的艺术享受。

喜成《三哭殿》演出的成功,使许多剧团争相学排,许多演员模仿演唱,许多中青年演员想拜唐喜成为师。1962年,浚县豫剧团团长贾廷聚由县城跑到省会,求人介绍、引见,拜唐喜成为师,随后又跟着河南豫剧院二团到中南五省巡回演出,边演出,边观摩,边学习,唐喜成认真地教他发声方法与共鸣用气等诀窍,使他原有的二本腔逐渐更加洪亮。贾廷聚又认真地学习揣摩唐喜成如何运用唱腔、表演,刻画人物性格,表达人物感情的艺术技巧,在练习纱帽翅的表演时,竟累昏了过去,学习十分刻苦,后来成为唐喜成的得意高徒。

《三哭殿》剧照,1982年摄(唐宇供图)

《南阳关》剧照　　　　　　　　　　　　　《洛阳令》剧照

　　此时广播事业已十分发达了,各村各镇都建立了广播站,每天的文艺节目里大都播放河南地方戏,豫剧则更是一个播放时间最长,节目最多的剧种,唐喜成的许多唱段,经常在各个县、区、乡的广播站播送,集镇庙会,田间地头,庄户院落,随处都能听到唐喜成的《南阳关》《三哭殿》《辕门斩子》《洛阳令》等剧的唱腔选段,许多豫剧迷也都能哼上几句。唐喜成每排一出戏,很快就传遍了全省,许多业余剧团争排争演这些戏, 有时一个剧团竟能有好几个演员同时都学会了唐喜成的声腔,一时间掀起了唐喜成唱腔热。二团每每排戏所印的曲谱,等到戏排完了,也被别人抢借一空,有的曲谱几经转抄,唐喜成的唱段在河南城乡广为流传。

苦心钻研现代戏

　　1960年,二团排演《南海长城》,唐喜成饰演赤卫伯。唐喜成为刻画好这个苦大仇深的老英雄,每天很早就到公园去,观察、模仿习武老人健壮的雄姿。在南方

唐喜成（右）和西安狮吼剧团须生演员张敬盟，1961 年于郑州

巡回演出中，他到江边琢磨老艄公的习惯动作，又借鉴古装戏里武将的一些身段和架势，创造出一个很有气魄的赤卫伯。剧中赤卫伯有段诉苦的唱，他把自身过去的苦难遭遇的真实感情糅了进去，唱得十分感人，每当唱到"咱怎能放松警惕不提防"这句时，各地的观众，无不报以热烈的掌声。

1963年，唐喜成饰演了《夺印》中的陈友才，这是一个胆小怕事，畏畏缩缩，没有斗争勇气的贫农形象。读了剧本后，使他想起了二十几年前的一件事情来。那时他还在长葛万乐班，一次到禹县（今禹州市）西山窝演出，戏正演到中间，忽见地方民团抓了一个农民，提到了舞台之上，当着观众狠劲地打他，可这位老实巴交的农民，也不申辩，也不哭叫，默默地忍受着别人对他的欺凌与污辱。由此他想到，他不正是剧本中的陈友才吗？过去记忆中的一些形象，就这样进入了他的角色创造之中。

喜成在现代剧中创造的这些人物形象，也像他在古装戏中创造的人物形象一样，受到了观众的欢迎，无论在省内外的何种场合演出，都能获得观众的掌声，许多地方的电台还录了音，并进行播放。在山西太原演出时，报纸上曾发表评论文章，特别提到他在《夺印》中所刻画的陈友才的人物形象，认为很有一些深度，是感人至深的活生生的人物。

1964年之后，全国的戏曲剧团都停演了古装戏，豫剧院三个团也统统成为专演现代戏的剧团了。就在此时，唐喜成又塑造了一个难度较大的人物形象，就是《节振国》中的节振国。

在接到剧本之前，盖韵秋团长就叫他看了一些介绍节振国的文章，又叫他学了一些武术。在读了剧本之后,二团全体同志都去到平顶山四矿、二矿体验生活,每天与煤矿工人一道下矿井挖煤,向老工人了解解放前煤窑的种种情况。经过半个多月的劳动生活,对矿工和矿工的生活由陌生到熟悉,并对日伪时期煤矿的种种状况做了一些模拟想象,使喜成对旧社会煤矿工人地狱般的生活有了粗略的体会,这对他塑造节振国的英雄形象很有启发。

在《节振国》中,有一段日寇围捕节振国的戏,喜成从武术那里学了一些招数,只见他从日寇腰中抽出了马刀,手疾眼快地一连闪躲打杀,一口气砍了好几个日本兵。这一套小挡口动作的创造,既不失生活真实,又吸取了传统武打的一些动作,但速度、节奏、动态、对打、交手,都比传统套子来得紧凑、干净、利索,每场演出,都赢得了观众的掌声。

1965年,唐喜成参加了在广州举办的中南区戏剧观摩演出大会,演出新戏《打牌坊》。唐喜成还与崔兰田合作上演了一出小型现代戏《一棵树苗》,他扮演一个老农民,仍用夹半音的发声方法演唱,使人感觉自然、贴切。演出后首长上台接见,中南局书记处文教书记吴芝圃拍着喜成的肩膀说:"用二本腔演现代人物也

1965 年,唐喜成(左)、崔兰田合作演出现代戏《一棵树苗》

很好嘛！"

　　翌年春天，河南省劳动厅、民政厅组织大型演出团队，赴云南边疆慰问修建国防公路的工役制民工们，豫剧院二团担负了慰问演出的光荣使命，在昆明演出《南海长城》时，云南的党政军首长和各界观众对唐喜成的演出倍加赞赏。在分队到边疆演出时，每日都要步行走山路，唐喜成的脚上生了疮，甘挺伦团长马上找医生给他治疗，民工们背着他赶路，使他感动得不得了。完成慰问演出任务后，返程绕道贵州、四川两省演出，祖国大西南的观众对唐喜成的演唱艺术都给予了热情的赞扬。

唐派艺术结硕果

　　唐喜成的另一出拿手好戏《辕门斩子》，也进行了加工恢复排练，这是《穆桂英》全剧中的一折，过去经常整出演和单折演，此次恢复，喜成对唱腔的感情表达方面又做了进一步的琢磨推敲，将杨延景严明军纪，执法如山，同时又爱子、恨子的复杂心情，表现得分寸得体，打动人心。

　　1980年春，河南省举办了豫剧流派调演大会，北京的专家和兄弟省的同行也专程来郑参加盛会。豫剧各大流派的代表人物都带着各自的代表剧目参加了演出，陈素真的《梵王宫》、常香玉的《断桥》、崔兰田的《桃花庵》、马金凤的《穆桂英挂帅》、阎立品的《秦雪梅》、李斯忠的《打銮驾》、刘发印的《黄鹤楼》，以及各个流派代表人物的弟子们献演的剧目……真是好戏连台，各具风采，反响强烈。唐喜成演出了《三哭殿》和《辕门斩子》，他以洪亮、高亢、激

《辕门斩子》剧照，1960年代摄（唐宇供图）

《血溅乌纱》剧照,唐喜成饰演严天民,吴碧波饰演程氏,1980年摄

情、动人的唱腔,准确、干净、生动、精湛的表演,征服了与会的人们,征服了广大的观众,特别是他那富于艺术魅力的唱腔,给豫剧生角行当的演唱增加了光彩,同时也为唐派声腔赢得了更多的知音。

1980年5月,唐喜成出席了河南省文学艺术工作者第二次代表大会,后来他又被推选为省政协委员,社会工作越来越多了,到他家走访做客的人也越来越多了,但他时时刻刻不忘记排戏和演戏,时时刻刻都在戏曲园地中辛勤地耕耘着。

除了恢复、加工、提高了以上几出戏外,他又复排了一出《血溅乌纱》,该剧说的是府官严天民由于错判了一桩案子,错斩了无辜,最后发现了错误,到李里庙内饮剑自刎。唐喜成饰演严天民。这是一个唱、念、做并重的戏,人物思想情绪变化十分复杂,严天民与意欲掩盖此错案的知县展开斗争的那段戏,对话节奏紧凑,字字铿锵有力,两人的动作一高一低,一步一亮相。为了表达严天民气愤的情绪,突出表现这一特定情境中的特殊感情,喜成专门练了一套咬牙功,将牙齿咬得"吱吱"发响。这就有别于其他戏中其他人物的生气之态了,使之成为严天民这个人物的独有一功,给观众留下了很深的印象。

严天民一生严于律己,一心要做清官,不承想受县官之骗,妻子竟收了知县的礼品,导致自己错判了案,错斩了人,违背了自己的誓言,毁坏了一生的名声。最后一场戏,表现了他触犯王法,对不起黎民百姓的复杂心情。他愤怒地惩办了主犯督头和县令后,又断然审判了他的妻子程氏,最后拔剑自刎。唐喜成以他独特的歌喉纵情吟唱,时而激昂慷慨,时而悲怆凄婉,把严天民饮剑自责这一过程中的复杂情绪表达得淋漓尽致,全场观众无不为之叫好动情。

1988年

(本文选自中国戏曲志河南卷编辑委员会编撰的《著名豫剧表演艺术家唐喜成》)

第四章

名门毓秀　传承担当

贾廷聚·《三哭殿》

请扫码收听贾廷聚原声音频

贾廷聚(右)和月阳,于 2018 年 9 月

唐苑奋蹄
传承领军

豫剧须生唐派是由已故豫剧大师唐喜成先生所创立的流派，其唱腔刚柔相济、收放自如，表演刚健洒脱颇具阳刚之美。进入新时期，豫剧唐派艺术在以贾廷聚先生为领军人的带领与深耕下，继续绽放出璀璨夺目的光辉。

贾廷聚 1937 年出生于濮阳市南乐县元村镇后什固村的一个梨园世家。他的爷爷是当地有名的唱红脸演员，父亲贾考自幼受家庭影响，也子承父业，唱了一辈子戏。贾廷聚的父亲爱戏如命，旧社会为了养活全家老小和维持生计，就领着戏班子唱戏，被人称为"宁愿卖了庄稼田地也要唱戏"。贾考夫妇共生了五个儿女，贾廷聚排行老二，上有一个姐姐，曾经支边，后来在家务农。弟兄中他是老大，二弟贾廷义，三弟贾廷会，四弟贾廷贤。二弟贾廷义曾从事文化教育工作，办过艺术学校，也写过剧本，由他编剧的豫剧《布衣巡抚魏允贞》曾于 2011 年搬上舞台，同年又搬上银幕，时年七十五岁高龄的贾廷聚饰演魏允贞，七十二岁的著名豫剧表演艺术家张宝英饰演魏允贞的夫人。

由于家庭的熏陶，兄弟几个大都从事了和文艺相关的工作。新中国成立初期，不出五服，贾氏家族就能够演出《五凤岭》《对花枪》等多部大戏，甚至连乐队

戏曲电影《布衣巡抚魏允贞》剧照,贾廷聚饰演魏允贞

也不用外姓人。小廷聚九岁那年,在祖父和父亲的影响下开始正式学艺,第一次登台演的是《南阳关》,1950年,十三岁的贾廷聚随父亲加入河北省魏县红星剧社。

纵观贾廷聚先生七十余载的艺术生涯,经历过辉煌,更遭受过劫难。但他印象最为深刻的还是十四岁那年,一次在魏县演出《铡西宫》的经历。当时,在剧中扮演刘墉的演员因临时家中有事无法到场,眼看又要开演了,这时剧社主演张如岭就找到了贾廷聚。救场如救火,贾廷聚接下了这个任务,而且一下子火了,观众给他起个小名叫"小红脸"。自那以后,"小红脸"的雅号在河北魏县、大名一带不胫而走。

每当回忆起自己的人生与艺术经历,贾廷聚总是对在成长的过程中曾给予自己提携和帮助的人充满感激之情。他常说,人要懂得感恩,为此他也给自己总结了"四心":对党和国家要尽忠心,对父母、老师要尽孝心,对朋友、同事要讲良心,这样自己才自感顺心。多年以来,他就是按照自己所总结的"四心"来为人处世的。

我和贾廷聚先生相识于2001年,正是我刚主持广播戏曲节目的初期。为了真正读懂博大精深的戏曲艺术,做好每天的素材储备,我多方求教、潜心积累,正是这个契机,我通过王素君先生的引见,与贾廷聚先生相识。

为了学习掌握更多有关豫剧唐派的知识,在与贾廷聚先生从认识至今的近二十年里,我们一直保持着频繁的交往。不仅如此,他的很多弟子也和我成了很要好的朋友。同样荣幸的是,贾廷聚先生的多次收徒仪式也由我担任主持人。更令我难忘的是2004年在英协剧院举办的"纪念豫剧大师唐喜成先生诞辰八十周年演唱会"，我应贾廷聚先生之邀，和河南卫视《梨园春》的著名主持人庞晓戈联袂担任主持人。这也是我自 2001 年开启广播事业生涯以来主持的第一场大型活动。尽管当时还十分青涩，但我并没有让贾廷聚先生和观众失望，圆满地完成了晚会的主持任务。这次活动，很好地奠定了我主持外场大型活动的基础。也是多年以后我才知道，在那场有重要意义的演出活动中，正是贾廷聚先生力排众议，推举我担任了这场晚会的主持人。感激贾先生的信任！

贾廷聚在《南阳关》中饰演伍云召的造型

　　二十余年时光飞逝，往事沉淀。如今，贾廷聚先生已经是八十七岁高龄的耄耋老人，而我也过了不惑之年。二十余年间，我见证了先生作为豫剧唐派领军人呕心沥血带领弟子们把唐派推向一个个崭新的高度，使"唐派"这朵中国戏曲百花园里的亮丽奇葩越发鲜艳夺目、历久弥新。

贾廷聚,于 2003 年

贾廷聚自述

贾廷聚:无论上学还是学戏,我都是比较努力的。小时候家里穷,毕业以后我考到了河北大名。得知这一消息后,街坊们都说,老贾在家烧香祈祷呢。祈祷啥呢?父亲好歹希望山岭(我的乳名)考不上学校,还回来唱戏,但我考上了。父亲只对我说了两句话:"上学供应不起,唱戏要啥有啥。"最终,我还是没能上学,被父亲送到了南乐县乐众剧团,那是 1955 年。

当时南乐县有八个团,分别是坠子、大平调、杂技团、两个豫剧团、五调腔、四股弦等。到了乐众剧团以后,跟随荣廷发老师学了五出秦琼戏。荣老师不吸烟、不喝酒,没事就坐到太阳底下回忆他的戏,那一辈的艺人没少跟他学东西。后来,剧团被浚县借调走了,我随团而去,从此在浚县工作了二十八年。二十八年风风雨雨,饱尝了苦辣酸甜。

朱玉花(贾廷聚爱人):浚县培养了你,你也把自己一生中最好的年华都贡献给了浚县。咱两个成家也就是在浚县,我们这一辈子在哪儿也没有待过那么长时间。

谈婚论嫁

朱玉花：1961年三个团合并，当时我们两个已结婚了。说起来我们走在一起很有趣，我们两个从谈恋爱到结婚，五天时间就把这些事办了。当时我家里很穷，他家里也穷，父亲也穷怕了，我父亲就托人给我说了一个安阳钢厂的车间主任，人家有钱，对方答应把我们全家都弄到安阳。但后来男方家不让我干剧团，加上他又比我大两岁，我们没有见过面，我就没同意。后来，王团长就给我介绍了廷聚同志。虽然我们谈恋爱时间短，但是彼此都了解。用现在的话说，小伙子那时候长得还比较帅。但是我父母不同意，说他个子那么高，胡子那么长，因为当天我父母正好看了老贾演的《响马传》里的秦琼。我父母非得说他离过婚，而且家里肯定有孩子。但是他们说不通我，最后母亲哭着走了。后来我结婚的时候，俺家里一个人都没来。

贾廷聚：结了婚以后上你家去，坐的冷板凳，谁也不搭理我。现在回忆起来，那时候脸皮太厚了。

朱玉花：要说新女婿头一次上家，家里都得赶紧去请，结果他自己提着东西去了，发现俺家把门锁了。第二次又提着东西去，家人虽都在，但没一个人搭理他，他坐了一会儿只好自己走了。

贾廷聚：就跟《朝阳沟》中拴保唱的那段戏一样，我的心比那冰棍还凉。

朱玉花：当时我在鹤壁，俺同事回家听说后给我捎信，我很生气，又伤心，俺父母咋这样待人。后来因为跟他结婚的事，我父母就要跟我断亲，我说断亲就断亲。

贾廷聚：你说断亲，那是气话，我知道

1961年，贾廷聚、朱玉花结婚照

你没少哭。

朱玉花：1963年发大水，当时我父亲跟着我们到处看病，但一直看不好，后来我回到家里以后，把棺材、衣服都给他提前准备好了。对父母我们都尽了心，直到父亲断气前，他才承认这个女婿。廷聚对俺家确实好，我这一家人就指望我，俺娘家的生活都是廷聚帮助的，父母的后事也都是廷聚给操办的。

贾廷聚：一家人不说两家话，互相帮助吧。但是，在我们家我不掌握经济权，都是玉花同志掌握。我们两个刚结婚的时候她还经常给我钱，有一次给我钱我没要，她把钱寄到我家了，我老母亲一看，噫！太好了，正发愁买红薯秧没有钱呢。

贾廷聚：我和玉花同志是典型的先结婚后恋爱，结婚以后磕磕碰碰也很多。

朱玉花：虽说是磕磕碰碰，但是俺两个在经济上没有磕碰过，都是在工作上。因为他当时是团长又是主演，他调我们团不现实，我只得跟着他了。我是个演员，没有他贡献大，所以为家庭在艺术上我牺牲了自己。

贾廷聚：在业务上有时候看问题也不一致，不一致的时候我们吵，但有一点，不记仇。有的两口儿一生气几天不说话，俺俩不是这样。有一次因为我的唱腔问题，俺两个争论起来了，争得脸红脖子粗，回去以后开饭了，她把我的饭端过来，这又说话了。那时候年轻，个性强，但是俺两个还能说到一块儿。

我和玉花的第一个孩子是1962年怀上的，怀孕以后她还依然坚持练功，后来孩子就掉了，她伤心得哭了一场。后来因为吃冰糕，她又得了妇科病，直到1968年我们的大孩子才出生。

贾廷聚一家和贾父(右二)，1970年代摄

贾廷聚(右)和恩师唐喜成,1962 年 10 月于桂林

师恩难忘

贾廷聚:1959 年,浚县领导把我送到省戏校学习导演,也就是这个时候我初识了我的恩师唐喜成先生。1962 年,浚县领导又把我送到豫剧院二团学习深造,这一年是我艺术的转折点,我正式拜在了唐喜成老师的门下。拜师以后,我的唱腔正式宗唐派。但我小时候的唱腔一直是山东梆子的唱法,拜唐老师以后我得改变唱腔。

豫剧《南阳关》是唐派的看家戏,也是我恩师的代表作。原来伍云召的那段唱"西门外放罢了催阵炮",我最初学的是豫东老艺人"黄娃"的唱法,跟唐老师唱的有距离。为改变这个唱腔,我下了不少功夫,在郑州练了一个多月,练得嗓子都没了。后来慢慢摸索,终于找到唐派二本腔的发声位置了。

我在浚县的时候排的戏比较多,比如《李自成攻打北京》《将相和》《卧薪尝胆》。在浚县工作的那段时间,我特别感谢县里领导对文艺界和我本人的支持,一

师徒留影,唐喜成(中)和贾廷聚(右)、叶华(左),1983年6月摄

辈子也忘不了这个情。我成家、进步、奋进、成熟,实际上是在这个阶段完成的。

在艺术上,我的指导思想是搞流派不搞宗派,我在剧团工作几十年向来就是这样,我不搞恩恩怨怨,不记仇、不打击报复,谁过去跟我再不好,我也不计较。

朱玉花:老贾你也沾着光了,要不是这,那个特殊的年份你指不定成什么样了,人家挨打你也没有挨打,确实很得民心。

贾廷聚:也没让我游街,知足了。另外,我在剧团工作这些年来,尤其是实行承包那两年,我的指导思想就是,先把大家招呼好,自己不落钱。最后剧团账面上落了几万块钱,还是交到总团了,别人说你看他傻不傻,该要的他不要。但是我把师傅请到团里跟我一年,最后他用挣的钱出了一本书,也没有落住钱。实际上,那一年师傅对我承包剧团帮助很大,也是我有机会跟在师傅身边学习的最好一年。《血溅乌纱》经常是我和师傅轮换着演。他演《三哭殿》时,我就在幕条旁边看,老先生太实在了,不爱说话,但是他爱戏,把戏当成天。

无愧于心

贾廷聚:在一团工作期间,我比较欣慰的是也办了一些实事。第一件是解决了演员的住宿问题。另外我始终遵循一个原则,那就是对同志们不分派别。我在一团排的《曹操与关公》《大明惊雷》等几个戏,虽然都没能成功,但是我也觉得不遗憾,对我是一个很好的锻炼机会。当时我在一团采取的就是派出去、请进来,就是把杨国民派出去跟京剧名家叶少兰学习。同时，我们创造了四十八天排三个戏的纪录，也培养了一批年轻人，比如女演员有王惠、范静、魏俊英、窦彩霞、张慧、吴惠敏、刘爱中，男演员有孟祥礼、丁建英、李庚春、李斌等。那个时候我主张多演出，主要目的是让他们得到锻炼、实践的机会。舞台上的东西来不得半点虚假，一站一动内行就能看出来。

第二是搞好团里的团结问题。我主张全团要遵循"台上一棵菜，台下一家人"的理念与精神。我一直把京剧大家麒麟童作为榜样。作为那么大的艺术家，他当了院长以后，自己给自己定个规矩，就是一个月得穿一次"兵"。团里人也好啊，我来了以后王素君老师还给我打过旗，还有娄学义、师慧君老师，这几个人太好了，一团的巩固与发展跟他们有很大的关系，也确实为一团的艺术发展奠定了良好的基础。

我演《曹操与关公》时，王惠就在后面推个车当个"兵"。还有范静、魏俊英、丁建英、李庚春，这几个演员都不错，就像是"戏补丁"，叫干啥就干啥。没有这样"一

《曹操与关公》剧照

《血溅乌纱》剧照

贾廷聚，1962年于南宁

棵菜"的精神，剧团是没有前途的。

另外，我还遵照师傅的教诲，注重培养下一代。我的学生磕过头的现在已经三十八个了，安徽、山东等都有我的学生，他们都在基层一线演出，有的领团当主演。我认为在继承流派上，一定要与时俱进，我坚持的还是八个字——"坚持死学，不能学死"，就是必须把唐派的特点继承好，不能学死。唐派唱腔高亢洪亮，挺拔有力，圆润入耳，有阳刚之美。它提倡宽度、厚度、高度、圆度和力度，这五个特点必须相结合，口腔、鼻腔、上咽腔、胸腔、头腔要融为一体，嗓子要贯通，不能硬挤，切忌尖、细、小、"娘"音，要表现出大气、潇洒、大方，既刚又柔，刚中有柔，柔中带刚，刚柔相济，表现出帝王将相、元帅的气质风度。

艺术是有规律性的，它讲人物、感情、时代、背景，有人以为群众有掌声就是好，不尽然。它不是小品也不是唱歌，它是有区别的。有的演员上台总想和观众互动，我不赞成。你不能伸手要"好"，或者是洒狗血，或者是挠着人家的胳肢窝让人家去笑，或者是台上鼻涕一把泪一把叫人家去哭。要把握艺术表现的度，不是一朝一夕的事情，必须反复实践、反复探索。

从1964年10月起，老戏通通不让演，当时流行着一句顺口溜："浚县的戏不用去，不演《沙家浜》就演《红灯记》；反面人物林震源，正面人物贾廷聚。"1978年省二团来浚县调我，结果我来了省里三天，县委不同意，又派车把我拉回去了。我跟师傅的关系非常融洽，可以说已经超过我的父母，为什么呢？父母健在的时候我在县剧团，几乎是一年回一趟家，因为当了团长没有时间回，回一趟家也就是每年过年前，提前跟父母见见面，大年三十得返回来，因为大年初一有戏不能耽误。多年来就是这样。我父母去世我都没在家。1983年老父亲去世，当时我正在平顶山演出《穆桂英大破天门阵》,下午接到电报,心里能不悲痛吗?但我是一个演员,我还得把戏演好,第二天才回去了。1993年我母亲去世,当时我们团正在登封演出,又是下午接到的电报,晚上就要演出《大明惊雷》。第二天,我在回去的路上止不住地掉泪。想到这些,总觉得自己是个不孝之子。父亲在世时有句话:"尽忠不能行孝,行孝不能尽忠。"所以父母快去世的时候,弟兄们也不敢跟我说。

朱玉花:都是去世以后发来的电报。

贾廷聚:非常惭愧,可以说遗憾内疚了一辈子。我和我师傅、师娘的相处时间和感情超过了我的父母,我师傅几次生病我都在,像师傅在叶县的时候,突然病发,我把他拉到医院,守了他三天三夜。

朱玉花:你就睡到连椅上。

贾廷聚:累了我就倒连椅上眯一会儿,回来以后累得腰都直不起来了,腰肌损伤,最后扎针扎了半月。

朱玉花:师傅一开始生病的时候,那时我们还在浚县工作,也都是廷聚过来照顾。

贾廷聚:现在师娘还放着我当年给她送的酒,没喝呢。现在师娘一直住在老

贾廷聚(右一)和恩师唐喜成(左二)、师弟杨志礼(左一)及万海峰将军(右二),1986年于成都

年公寓，俺两口隔几天就去看看她。父亲健在的时候经常说一句话："我们是梨园世家，对待师傅要像对待自己的父母一样，因为师徒如父子。"但是我对我的学生不这样要求，今年过年我不让他们来，我说不在家。我觉得不能让他们把这种礼节当成一种"制度"，好像过年就得看老师去，因为时代不同了。你要办事走到这儿了，想拐这儿就拐这儿，但是平常节日不要来看我，或者是不顾你的工作来看我，这都失去了意义，我的宗旨是要让我的徒弟成为一个有用之才。

继承传扬

贾廷聚：我们戏曲演员就是为人民服务的，不是说你沾上哪一个戏曲流派就定死不动了，没有那一道嗓子又何必呢？梨园界不同剧种还收徒弟呢，马金凤老师就是梅派的徒弟。有的拜好几个老师，京剧名家李少春先生就好几个老师。我也好几个，除了我父亲，前面还有三四个老师，最后拜的唐老师。我老伴儿知道，我打听到哪儿有真本事的老艺人，就自己掂着东西去了，跟人家学东西呀。

《岳飞》剧照

我父亲说过，唐老师也说过，演戏的演员要像要饭花子一样，掂个篮子到处去寻，要了以后揽到我篮里，化为己用，博采众长，才能成就一番事业。我父亲还说，拜师不如访友。我就曾经跟常年来老师学过，他原来是姚淑芳老师的爱人，在邯郸唱老生是头把交椅；还有王得毛老师，《反五关》唱得相当好；磁县还有一个陈老师，我还上他家去过，那时候都八十岁了还给我比戏。算上我登门拜

左：2004年演出《三哭殿》，贾廷聚(中)饰演唐王，张宝英(右)饰演公主，范静(左)饰演詹妃
右：演出结束后，贾廷聚(中)、张宝英(左)、范静(右)留影

访的名老艺人，有十几个之多。有一年和白燕升同志在一块儿切磋，我说学习派别要坚持死学但不能学死。白燕升同志说，贾老师，你说得太好了，这对于全国戏曲院团年轻人在继承流派上是一个很好的启示。

师傅原来演的大都是帝王、官帽这类角色，除了继承唐派的戏，我还演了岳飞的戏、关公的戏。表演方面，我主张根据角色需要，塑造人物要大气、潇洒，要有阳刚之美，要让观众听了以后认可你是男声唱腔，如果一说像女的算是失败了。1991年我在山西晋城演出，住戏以后，一帮妇女一边走一边议论，说今晚那个"高个妇女"唱得不错。我听到这句话很受打击，回来以后就研究这个问题，我觉得当时我的唱腔有些失败，下决心一定让自己变成"高个男人"，不能成为"高个妇女"。所以这对我是个很大的刺激，也是一次鞭策。

朱玉花：我个人有个观点，不一定准确，就是现在老贾的唱腔跟师傅不同的是啥？唐老师的唱腔清脆、高昂、洪亮，老贾的圆润、悦耳、不扎了，他的大本嗓和二本嗓基本上就结合了。人家现在都说他嗓子宽了，唱的都不像二本嗓了，表演上也很大气。这是对唐派的发展。在表演上，现在都说他是"活唐王"，说贾老师上场以后，感到你就是个"皇帝"。

贾廷聚：范军说，贾老师你在台上没有让人感到你身穿蟒袍腰挂玉带，你那么自如。特别是《三哭殿》，你把它生活化了，人性化了。我觉得不能端着架子觍着脸去演皇帝，皇帝是啥样呢？皇帝也是活生生的人，你看他劝詹妃的时候，说我跟你商量商量。西宫听后生气了，往前跑几步哭了。我现在的处理是，他搬个椅子就站那儿扶着，詹妃唱完还不坐，皇帝跑过来扶着让她坐那儿。作为皇帝，你得顾大局，顾你的江山，还得叫人家心服口服，思想工作得做好，不能用权势压人。人物心理体会到了，内涵出来了，表演自然就跟着走了。

演戏一定要把握好度，这需要演员练内功，不是一朝一夕就能把握住的。一个演员一辈子能演上几出好戏，可是不容易。

《寇准背靴》那个戏我也确确实实下功夫了，"文革"前就演了，演的时间也不短，后来一直没有再演出，我现在还没有死心，瞅机会还想把这个戏推出来，哪怕不演呢，录成碟子传下去。但是现在年龄大了，身体也受到一定限制，我尽力吧！

2007年

月阳录音整理

关灵凤 · 《三上轿》

请扫码收听关灵凤原声音频

关灵凤(左)和月阳,于2016年春

素韵凤鸣
梨园传奇

　　享有"汴京金凤凰"美誉的著名豫剧表演艺术家关灵凤,是"豫剧皇后"陈素真先生的亲传弟子、河南省非物质文化遗产传承人。作为当今豫剧祥符调元老级的表演艺术家,关灵凤可谓是一位在梨园界久负盛名、享有盛誉的豫剧大家,而她充满传奇色彩的戏曲艺术人生更是耐人寻味。

　　为了记录关灵凤先生及其老伴儿霍林先生的艺术人生经历,我曾于2007年仲夏,特意邀请这对饱经沧桑的老人从开封来河南广播大厦录制回忆录。时光的车轮总是如此匆匆,十六年后的今天,当我再一次打开网盘,调取当年的采访录音时,不禁感慨万千。当年在我的录音间里谈笑风生、激情满怀的霍林先生已经作古,而回忆录中另一位主角关灵凤先生也因年事已高,双耳失聪,交流起来已是十分困难。这个儿时随父母背井离乡逃难的苦孩子,成长为一代豫剧艺术大家的人生故事,就如同一部剧情跌宕起伏、波澜壮阔的史诗一样厚重。

　　关灵凤,原名关二凤,祖籍河北省南宫县(今南宫市),1932年出生于石家庄,系满族正黄旗人。她的父亲名叫关焕章,据关灵凤回忆,1937年抗战爆发,为了保全一家人的命,她父亲迫于无奈,做出了一个重大决定,携全家人乘坐由石家庄

关灵凤，1950年代摄

开往郑州的煤车逃难。那是当天的最后一趟车，关家几乎没有任何可以一起带上的家当了。当火车咣当咣当徐徐开动时，她还在车窗外，慌乱之中，只见关焕章的一双大手紧紧将女儿拉上了车。

关焕章一家先是逃到郑州的一个难民所，无论如何，难民所管住还管饭，这在食不果腹、兵荒马乱的年代已经是对关家老小最好的恩赐了。难民所里有个大剧场，也没有凳子，难民们都把被子、席铺到地下睡觉。有一天，难民所的头头儿说要给大家发衣裳，但是不允许任何人说话出声。老实巴交的关焕章不懂，轮到关家跟前了，关焕章神情恐惧地看着头头儿说："你看天冷了，俺这个妞还穿个短袖布衫……"话未说完，这个头头儿上去就打了他两个耳光，并一脚将他踢倒在地。"那时候我已经懂事了，心想这个人怎么那么坏，我将来要是有办法，非打他不中，给俺爸爸出口气。"

由于时局的变化，关焕章一家继续西逃，几经辗转，一家人徒步来到了荥阳汜水。到汜水后，一家老小依然揭不开锅。当地老乡比难民的生活还是强得多，家里有个米、面都会抓给关家一把。为了生活，年幼的关二凤经常与姐姐一起上山挖野菜，回去以后关妈妈就会把它们洗净，再往里面搁点小米煮，美其名曰"鲤鱼穿沙"。后来，因为日本人逼近郑州，关焕章一家又逃难到洛阳。为了换点钱补贴家用，关焕章学了一项做卡子的小买卖，这样一天能卖几个钱，加上关家二姐妹所挖来的野菜，一家人也能够勉强糊口。

1941年秋，关焕章一家逃难落脚到西安，也就是在这里，关灵凤正式开启了自己的艺术生涯。她在一次捡煤核的经历中，偶遇了自己生命中的贵人——西安狮吼儿童剧团的毛老师。也是这一次相遇，她的命运被改写，她和弟弟关山峰正式进入了狮吼儿童剧团学戏。1945 年经樊粹庭先生举荐,十三岁的关二凤拜陈素真为师,从此便开始研习"樊戏"及豫剧陈派艺术。恩师陈素真认为她学戏快,悟性高,由此正式为她改名关灵凤。1951 年,关灵凤在开封正式拜陈素真为义母,1952 年关灵凤经当时开封和平剧院栾经理的引荐, 正式从西安回归豫剧故乡开封,首次登台便赢得了满堂彩。她那高低不挡、真假嗓结合的演唱技巧,把祥符调古朴典雅、柔润悠扬、缠绵悱恻的声腔特点展现得入木三分、酣畅淋漓。因此,她也被广大戏迷观众亲切地誉为"从西京飞往汴京的一只金凤凰"。

正当关灵凤艺术事业如日中天之时,一场突如其来的大病使她几乎双目失明。一个正常人失去了眼睛几乎就等于失去整个世界,对于一个正值青春年华、在舞台上表演的妙龄女子,又是何等的残忍! 这场大病让关灵凤猝不及防,难道自己的艺术生命就此结束了吗? 她无助过,彷徨过,更感叹过命运的不公,也曾多次有过轻生的念头。但是上帝给你关上一扇门,也会为你打开一扇窗,关灵凤发现自己的右眼还有一点光感,她激动万分,决定重整旗鼓,重返舞台。经过不懈努力, 凭借顽强的毅力,1956 年在河南省首届戏曲观摩会演中,她以一出《秦雪梅吊孝》获得演员一等奖。

童年的悲苦,为关灵凤日后的艺术经历打下了悲情的烙印,她以擅演悲剧见长,塑造出了《霄壤恨》中的邵巧云、《秦香莲》中的秦香莲、《三上轿》中的崔金定等一系列古代悲剧女性的艺术形象。1982 年,全国文艺界积极响应国家号召,禁演了十年的传统戏得以恢复,这年 4 月,关灵凤率开封市豫剧团北上进京,以一出陈派剧目《三上轿》轰动京华。第二天,《北京晚报》就大篇幅发表了《豫剧苑中的苦菜花》的评论文章,对

1956 年河南省首届戏曲观摩会演,关灵凤(中)演出《秦雪梅吊孝》

关灵凤(左)、霍林(右)和王光美(中)，1982年于北京

关灵凤的传奇人生及艺术特色给予高度赞扬。

为了培养推出豫剧新人，给年轻人上台实践的机会，1985年关灵凤办了退休手续。但是为了豫剧祥符调和陈派艺术的传承，她依然退而不休，继续为戏曲事业的传承奔忙。她和老伴儿、著名戏曲导演霍林先生共同创办了河南省残疾人福利基金会康艺豫剧团，剧团宗旨是积极组织举办文化下乡的系列公益性演出，深入田间地头，为基层老百姓演出，还专门为残疾人义演。河南广播电视台戏曲广播的线上戏曲栏目也时常邀请她做客直播间，为广大戏迷教唱戏曲唱段，并为戏迷票友做点评，帮助热爱戏曲的普通戏迷提高演唱技艺。耄耋之年的关灵凤依然发挥着余热，她精心带徒，悉心传授，在她的不懈坚持和努力下，以章兰、徐俊霞、金丽丽、关小凤等为代表的一大批流派传承人脱颖而出。

今年九十一岁高龄的关灵凤老师过着幸福的晚年生活，家人无微不至的悉心照料，弟子的艺术成长与回馈，都令她无比欣慰与自豪。就在前不久的一次采访中，老人家还底气十足、掷地有声地说："无论是专业演员还是业余戏迷，只要大家愿意学戏，我都愿意教。虽然我不能再登台演出了，但我还能教，我将继续在我的有生之年为弘扬传承祥符调和豫剧陈派艺术再做贡献！"

关灵凤,于 1960 年代

关灵凤自述

逃难到西安

我 1932 年出生在河北省石家庄。1937 年抗战爆发,为了活命,父亲带着全家几经逃难,最后来到西安。当时西安东郊一个叫康家圃子的地方,那里全是穷人,一个大席棚底下住了很多人。这些席棚都是有钱人家搭的,是人家用来搁菜的,后来难民过来就住那儿了。住了没有多少天,俺爸就找到了西安的国民市场,离国民市场不远就是贫民窟,那里全是小低房,住的都是穷人,俺爸就在那里找了两间柴房。住下来以后,俺姊妹俩就到车站去拾煤核,有时候挖野菜,俺爸靠卖卡子来维持生活。后来,俺爸爸就借钱租个车,给人家拉洋车。因为俺爸不认识街道,有时候给人家拉错地儿了,遇见好人了人家给你说说,给你钱,要是遇见不讲理的人,他就用皮鞋踢你、打你。后来俺爸爸说这不能干,又去卖报纸。穷人的孩子卖报纸的多了,也卖不出去。

当时铁道北有个大华纱厂,后来招工人,俺爸、俺姐、我都去了。俺姐聪明伶俐，被录用当了大华纱厂的工人，在细纱车间，她一个人管三台车。我没有考上，他们嫌我小、个子低，够不住车。俺爸爸是在大华纱厂扛包，那里头管吃。不管怎么着，反正算是维持住一家人的生活了。后来俺爸爸脚崴住了，不能干了，厂里就不要他了。

考入狮吼剧团

　　家里还是穷得没有办法，怎么办？这个时候狮吼剧团来招生了，我和我弟弟关山峰在车站正拾煤核，正好碰见毛老师打个旗，小白旗上头写着黑字——狮吼儿童剧团招生。毛老师说，小孩，你们学戏不学戏？俺说，学戏管饭不管饭？他说管饭，还让你们吃肉。我说，中中中。我回去就给我爸妈说了，俺妈愿意，俺爸不愿意，说唱戏八辈不能入老坟，不让学。我气得不行，说你不让我学，我今天非跳井不中。我小时候也可犟，我要去跳井，俺妈拉住我了。后来院里人劝说，孩子喜欢，就让她学吧。毛老师也说，你不给孩子找个出路吗？万一学出来了，不是不用发愁了吗？俺爸说那中，学就学吧。毛老师说，南辕门南大街路西有个剧场，你后天去看看，樊粹庭主任觉得中了就留那儿，不中了再领回来。

关灵凤（中）和母亲（左）、妹妹（右），1951 年于西安

　　这时候陈素真老师已经走了，还有赵义庭、李兰菊、田岫玲等几位老师，他们正在国民市场演出，晚上演的是田岫玲的《三上轿》。那会儿演《三上轿》，说完"二公婆送儿媳到大门以外前去上轿"，这一转圈，老百姓上场。俺们几个都穿上老百姓衣裳，在脸上赖好画点红，就上去了。上去以后我们光笑，毛老师就把我们拉下来了，说傻孩子，你们笑什么笑，上轿应该哭。刚去谁懂那些。后来我们在那里上了两天把子，听说樊

1948年底狮吼剧团大家庭合影,樊粹庭(前排中)、常警惕(前排左二)和关灵凤(后排右三)等人(樊爱众供图)

主任回来了,让我们去考试。我们就一块儿到了鼓楼北大街一个剧场,那里已经有一二十个学生了,樊粹庭主任、韩盛岫、聂良卿、常警惕老师都在场。当时让先喊喊嗓,我一喊嗓子可粗,加上长得可矮,穿得也不好,主任一看就不想要我,说女生都收够了,这个女孩不要了。俺家里重男轻女,把俺弟弟打扮得可好看,当时俺弟弟穿个背带裤,可精神,就叫留下了。这天俺爸也去了,俺爸说,要学他们姐弟俩都学,要不学都不学,妮儿如果不要,我把俺儿也领走。所以为了留俺弟弟,就把我也留那儿了。

那时候学戏要订合同,我定的是五年学戏、一年效劳,总计六年;俺弟弟是六年学戏、一年效劳,是七年。那时候我十岁,俺弟弟八岁。我弟弟后来学的武生、文生、武丑、文丑。樊主任带着我们这帮小孩,原来是在北大街,后来人家让交房租,交不起,主任就把地毯、服装和自己的手表都卖了,最后找到了西安铁道北一个贫民窟。贫民窟那个剧场是庞老四的剧场,庞老四这个人很好,也不要房钱,他喜欢戏,同情我们。那时候第一出戏就让聂良卿老师给我排了《断桥》,第二出是《周

左：1946年，关灵凤演出《巾国侠》(樊爱众供图)
右：1947年，关灵凤演出《柳绿云》

老汉送女》，还有《藏舟》《双官诰》这些小戏。大戏都是给俺师姐王景云排的，像《涤耻血》《三拂袖》《柳绿云》等，里头的二套角(配角)还让我演。《柳绿云》里俺大师姐演柳绿云，我演韩玉萍；《三拂袖》里我大师姐演蒋琴心，我演那个旦角，都是给她配戏；《涤耻血》里我演嫂子，俺大师姐是主演。我都是前面演垫戏，演完以后赶快又配这个角，学生本来就少，一晚上都上好几个角。

首次登台

我第一次登台的经历是难忘的。记得在演戏前，樊主任上台讲话："我领着小孩也不容易，都是穷孩子，因为我喜欢戏、喜欢这些孩子。大家每人都是一毛钱一张票，权当救济我们这些孩子了。看罢戏以后，请给我们多指教，多给我们小孩鼓励，小孩唱错了多原谅。"那是我第一次演出，我前面演了垫戏《断桥》，后面是俺大师姐演的《涤耻血》，我演的嫂子。看底下观众都坐满了，我特别紧张害怕，一开腔发现我的嗓子颤抖得厉害。常警惕老师和聂老师都说："乖乖，你的嗓子咋成这样了。别害怕，别害怕，唱错了也没有人叫你的倒好。刚才主任不是讲了嘛，底下坐的都是咱的爷爷、奶奶、大哥、大婶，都来捧场的，你别害怕。"

一到前台看见有那么多人，我的眼睛都不敢看观众，就一直低着头唱。后来"许仙"上来以后，唱了一大板戏，一唱底下满堂好，一叫好我忘词了，再也想不起来了。演许仙的演员说，你怎么不唱了？我说我忘了，底下什么词？他说我也不知道。乐队给我提醒了一句，当时只顾紧张了，我也听不见，就觉得耳朵也聋了，头也大了。这时候常警惕老师上来了，说："二凤，二凤，不害怕，这是大家给你捧场，给你叫好的。"我说："他们拍我呢，嫌我唱得不好。""不是拍你的，那是给你叫好，别害怕!"她又给我提提词，后来我就接着唱了。唱完下来以后，樊主任没有吵我，常老师还鼓励了我，说我唱得不错，又给我提了提缺点。

那会儿本来也穷，根本就吃不饱，早起喝米粥，里面掺点野菜，一人一碗，晚上是绿豆面条，里头搁点菠菜，也是一人一碗，稀得可以照见人影。樊主任、韩盛岫先生、常警惕老师、聂老师，他们吃的也跟学生一样，樊老师和韩先生比我们多一小盘辣椒、一小盘咸菜。

后来，我们在那里又排几个大戏《涤耻血》《柳绿云》《三拂袖》，小戏也排得不少，这就把我们拉到市里头了。我记得我们住的是一个学校，女生住到里间，男生住到外间。这时候常警惕老师已经去开封演出了，她挣的钱都支援我们了。

改名"关灵凤"

在宝鸡的时候，樊主任让他的用人把我送到西安，因为这时候崔兰田大姐在西安，那年我十一岁。常警惕老师是跟崔兰田大姐配小生的，我跟着常警惕老师，她每天把我领到兰田大姐那儿学四句戏。晚上就坐下场门看戏，学《秦雪梅别府》。那个时候学戏也不容易。一个人学戏，光靠一个老师也不中，有很多老师帮助你，像教我的有聂良卿、常警惕老师，陈素真老师更不用说了，几乎把她的全部心血都付之于我，那是 1945 年。后来，樊老师说给我起个名字叫"灵凤"，说这是和陈老师在一块儿研究的，陈老师说我挺灵的，就叫灵凤吧。到我十三岁的时候，樊主任就开始重点培养我了，以后我就成了剧团的主演。樊主任专门又给我写了《汉江女》，《汉江女》是个唱工戏。后来又排了《喜荣归》。

后来我眼睛看不见了，怎么演戏?就是早年打下的基础，一招一式那都是熟路，我眼睛不好以后还能唱《白蛇传》，打钩刀、打快枪、甩抢背、走五龙搅柱。师傅领进门，修行在个人，你自己得去努力、去钻研，光指望着老师督促不中。你看今

169

天的青年演员,还有我的徒弟,认为只要有嗓能唱就行了,不肯吃苦练功,我说你们懒吧,懒永远也练出不来。

我父亲身体不好,还要去挖护城河,经常被国民党的兵打,用皮带抽。有一次俺爸爸被抽得头破血流的,由工人把他搀回了家,从那以后就半身不遂,不会说话了。俺爸爸死的时候,主任给做了棺材,又让全体学生站着队给爸爸送灵,埋到了西安南郊一个野地里。

我在狮吼团学戏的时候还有一个小故事,那时候因为我唱主演,还要跟陈老师学戏,每天吃罢早饭以后,樊主任派人把我送到陈老师那里,下午4点钟再接我回去。因为我回去比较晚,大家都吃完饭走了,主任怕累着我,嗓子不得劲,每天都让阮经理给我三毛钱坐人力车。

1951年,开封有个栾经理到西安去叫我,自此我就离开了狮吼来到开封,到了和平豫剧团。第一天演的《喜荣归》,第二天是《汉江女》,虽说我的眼睛不好,但文戏和武戏陆陆续续我都演了。1956年省戏曲会演我得了个头等奖,当时我眼睛就看不见了,大家对我还这么捧场,对我评价这么高,我更加有信心了。

1955年,关灵凤(前排左三)在开封和平豫剧团

三上轿,情未了

《三上轿》是 1945 年陈素真老师教我的,当时陈老师教的不是全本戏,就教我"崔氏女一阵阵泪梭梭"一段,那一段是经典的段子。过去《三上轿》里没有现在那么多唱腔,现在的版本是我老伴儿霍林整理之后又给我加上的。上世纪 80 年代初,我恢复演出《三上轿》时,陈老师从天津回来了,陈老师只要是一回开封就到我家去。她让霍林把《三上轿》这个戏给我写了个全本。按照老太太的意思,霍林和我研究着就写出全本了。写罢头一稿,陈老师从天津回来,又提些意见。后来陈老师又唱了一遍,我录了下来,霍林就把词改改。改完第二稿又拿着让陈老师看,她才比较满意。她说你给我唱唱,我听听。我唱罢以后她把个别地方又说说,表演上又教了教。陈老师说,第一次上轿迈一条腿,第二次上轿迈两条腿,第三次你才能上去,不能一下子上去。

1981 年, 这个戏在开封大众影剧院连演了四十七场, 有一次石磊来开封看戏,他看我的妆面打的有刘海,就把我演出《三上轿》的情况告诉了陈老师。陈老师给我写信说:"灵凤,我听说你演的《三上轿》还是不错的,就是听说你打个刘海,这不对,下次不能再打刘海了。你看京剧团有几个打刘海的?这小家子气。那时崔金定是青衣行当,以后再打刘海我不准你演戏了。这次虽然演出效果不错,但是你不要骄傲,还差得远,好好钻进去,有机会我也去看看,我批准才好,打不住我的眼不行。"

1982 年,《三上轿》准备进京演出,当时剧本又做了进一步整理,唱腔是在陈老师的基础上,我又加工设计的。我先哼唱着录到磁带里,再让作曲樊尚林听,樊尚林听了个别地方不合适再进行调整, 之后他录了音再让我听, 直到俺俩统一了,才最后定稿,基本上都是我唱他记谱。这个戏是我和老伴儿付出心血较多的一部戏, 也是我艺术生涯中最为重要的一部作品。陈老师最满意的就是那一段"炉内插着香一把",是一段"二八板"唱腔。她说唱腔好,唱词也好。观众听起来也十分过瘾,每当唱到这里观众都喝彩。

　　最初陈老师教我的时候还没有提到祥符调,只说这个调是开封的老调。陈老师说,你既然跟我学了,就按我这个路子走。因为樊主任喜欢陈老师的祥符调,他也喜欢豫西调和曲剧,给我排的《汉江女》,里头就有不少豫西调,"织绣"一场的唱腔还借鉴吸收了曲剧的唱法。但是陈老师要求得严,她不让乱唱,你学我的调,就按我的学,不要加曲剧。豫剧《麻风女》中女主人公邱丽玉出来要饭的一段戏,开始也用的曲剧,樊主任让加,陈老师不让加,她说你就老老实实唱咱这个调。陈老师的观点是,你既然学《三上轿》,你就老老实实唱,不要胡乱来。所以这个戏陈老师确确实实给我下了很大功夫,在西安教我,来开封以后继续教。因为《三上轿》是她最拿手的戏,她传给我,恐怕我唱得不对,丢她的人,回回都让我唱。陈老师的文章《四十年学一戏,四十年教一戏》,就是说的教我《三上轿》的往事。

　　按说我的唱腔不像老师,因为陈老师是个小嗓,她一再强调不让我学她。她说,二凤,你可别学我这个小嗓,那时候樊主任让我灌制唱片,因为唱了小嗓再唱大嗓,把我的嗓子唱坏了。你的嗓子这么好,就是大嗓太宽了,你再收一点,学我这个味儿。虽说我现在加了点波颤音,还是尽量往老师的唱腔上靠。有人说过我的波颤音用得多了,但是陈老师说不错。

左:陈素真(左)一招一式向爱徒关灵凤传授《三上轿》,1980 年代摄

右:《三上轿》剧照,1981 年摄

陈老师说我表演上不中，因为我的眼睛看不见了，就让我在唱腔上多下功夫。目前来说，没有一个人真正掌握并领会陈老师的表演艺术精华。为什么？陈老师不单是唱得好，她的表演、水袖、身段、内在感情都是一流的。你看她的《宇宙锋》，无论内在感情还是外在表演都是一绝，那就是人物。还有《梵王宫》，单说"梳妆"一场，她的台步、动作，就是一个古代大门不出二门不迈、羞答答的怀春少女的艺术形象，真把叶含嫣这个人物演活了。

虽说我跟陈老师那么多年，但我没有学过来，因为陈老师的表情、动作、身段，可不是一时半会儿就能学到的。在唱腔上，陈老师是一句一句地教我的，所以我稍微像一点陈老师。在表演上，尤其是身段，比起老师我差远了。陈老师有一次上我们家，就说："灵凤，我看了你的《三上轿》以后，真想把我的《宇宙锋》传给你，我要传给你能把我累死。乖乖呀，你的眼睛看不见了，那水袖、面部表情你也看不见了。"1981年复排《三上轿》时，陈老师给我比表演，一比我踩住陈老师的脚，陈老师摔倒了，我也摔那儿了，俺俩哈哈大笑，还是霍林把俺俩搀起来的。俺老师说："我给你比个《三上轿》，你还把我绊倒了，乖乖，我要是给你比个《宇宙锋》，你能把我摔死。"她开玩笑地说，她这一生的艺术，她的徒弟们都接不过来，老太太要带着这技术走了。虽说是开玩笑，但是我心里可不好受。她说的是实话，俺徒弟们虽然也不少，但是真正能够把陈老师的艺术继承下来的可谓是凤毛麟角，甚至没有。这也是老师生前特别遗憾的一点。

晚霞灿烂

我的家庭生活很好，老伴儿霍林对我各方面照顾都不错，给我化装，给我写戏。随着年龄的增长，他又给我写个老旦戏《佘太君点将》，今年7月份也由音像社给我录成光盘；之后又写了《樊梨花征西》，也叫《双侯斗》，后来在河北邢台演出了。说实话，我也想留点东西，但是能演的时候没有想起来，那时候还不兴这个光盘、录像、电视也很少，什么资料都没有留。1982年在北京演出时，还录了五盒磁带，也算是抢救式录制。1983年，中央新闻纪录制片厂还给我拍了个纪录片《她

关灵凤(右)和师妹牛淑贤(左)及义女关小凤(中),2018年于开封

还没离开舞台》。

我眼睛失明之后依然演出了不少做工戏和武打戏,《金山寺》就是其中一部。当初如果没有杨简(音)的配合,这个钩刀也打不成,因为我是按老路走,舞台上他得找我。另外,《穆桂英下山》中跟杨宗保对枪,他得找我的枪,我看不见他,我是按着老路走,所以确实离不开同志们对我的配合。再一个,在我演出以前,舞美队同志们把地毯弄得很平展,恐怕绊倒我,演出前我先上舞台去探路,走走试试。我之所以到今天还能演出,离不开这些朋友对我的帮助。另外,我还得感谢新闻媒体的朋友们,尤其是河南戏曲广播,对我们这些老演员可重视。咱河南电台戏曲广播主办的周末大戏台我都演出几场了,虽说演得不如过去了,但我也想跟大家见见面。戏迷朋友们还没有忘记我们这些老演员,电台同志们也没有忘记我们,我非常感谢大家!

河南电台戏曲广播办的《戏迷大家唱》,原先有的戏迷就是唱不上调,吐字不清,最近发现他们唱得都可好,吐字发音各方面都有很大进步,说明大家都喜欢戏。我十九岁眼睛就看不见了,但我还在唱,因为我喜欢戏;我在台上不能唱了,台下还能教学生,谁想学了,只要不嫌咱唱得孬,咱都教!

2006 年

月阳录音整理

吴碧波 · 《唐知县审诰命》

请扫码收听吴碧波原声音频

吴碧波(左)和月阳,于2002年

陈门担当
碧波荡漾

　　著名诗人艾青有句著名的诗句:"为什么我的眼里常含泪水?因为我对这土地爱得深沉。"踏入戏曲节目主持职业生涯的二十年,我时常回忆起成长道路上曾经给予过自己帮助的人和事,感动之处,也时常禁不住潸然泪下。或许有人会说,一位刚刚过了不惑之年,应该还算年轻的媒体人怎么就这样容易动情或者伤感呢?了解我的人一定会懂,我之所以会有这种情愫,是因为与我今天这篇文章的主人公有关——她就是豫剧祥符调终身推动者、国家级非物质文化遗产豫剧(陈派)代表性传承人吴碧波先生。

　　初识碧波先生,始于2001年我到郑州二七纪念堂祥符剧社的采访活动。那时刚刚接触戏曲的我,还是单身,时间一大把,可谓是过着"一人吃饱全家不饿"的自在生活。只要哪里有戏曲演出,我基本必去,那是因为自个儿时就在心中播种下一粒关于戏曲的种子。

　　印象之中的吴碧波老师说话声如洪钟、底气十足,尤其她那"呵呵呵"的爽朗笑声,至今依然是挥之不去的难忘记忆。而排练场上的她,又是那么严肃认真、一丝不苟,对自己弟子的艺术要求甚至到了苛刻的地步。或许这所有的一切,都是因为她所肩负的责任——国家级非物质文化遗产豫剧(陈派)代表性传承人和对戏曲艺术的敬畏,以及对恩师陈素真先生绝对的忠诚吧。

吴碧波是河南豫剧院二团五大主演之一。她主攻刀马旦、青衣,戏路宽广,表演细腻传神,在戏迷中有着广泛的影响。一提起吴碧波,我们就会想起她饰演的《穆桂英》中的穆桂英、《香囊记》中的周凤莲、《三哭殿》中的詹妃,还有就是连很多不熟悉戏曲的人也都知道的《唐知县审诰命》中那个蛮横不讲理的诰命夫人。

作为陈素真先生的爱徒,吴碧波深得老师的真传。上世纪五六十年代,在戏迷当中就流传着"看看吴碧波,能活九十多;看看吴碧波的《香囊记》,一辈子不生气"这样的顺口溜。由此可见,吴碧波先生的艺术魅力绝非一般。

提起对陈派传承的执着,吴碧波曾深情地说:"我生在开封,长在开封,祥符调是豫剧的母调,我就觉得祥符调好听,吐字行腔特别有韵味,魅力太大了!恩师陈素真去世以后,一些观众给我来信、打电话,说碧波啊,你要把祥符调这个担子担起来。你就把你和老太太演的戏还有唱腔都回忆回忆、总结总结,往下面传一传。这是你作为陈派弟子的义务,也是你的责任。后来,我想想,也是这个理儿。"

关于当年创办祥符剧社,吴碧波老师曾有过这样一段回忆:"那时候在二七纪念堂,条件很简陋。冬天一个大煤火,夏天就两台电扇,夏天热得很了就弄两盆水擦一擦。我这人有个怪毛病,想搞啥就搞,搞了就下决心把它搞好。就是现在这一班人,我们在一起都合作十多年了。"

众所周知,陈素真先生一生收了众多弟子,如关灵凤、吴碧波、袁秀荣、牛淑贤、郭美金等,她们从不同的方面继承了陈派艺术的风采。让吴碧波遗憾的是,自己这辈子真正和恩师相处的时间

《三哭殿》剧照,吴碧波饰演詹妃,1960年代摄

左:1950年,陈素真(中)和吴碧波(后排左二)等弟子在武汉
右:1970年代,吴碧波(右)和恩师陈素真

加在一起也不过短短三年。她时常感叹恩师留下的音像资料太少,努力回忆老师年轻时在舞台上的一颦一笑、举手投足,想要把它们还原,留给后人。吴碧波老师的弟子、祥符剧社社长杨春花动情地给我讲述了一段往事:"有一年俺老师住院了,当时病危通知书都下了,她流着泪给我说,你要不把资料留下来,我死不瞑目。我看到老师掉泪,心里非常难受。老师为陈派执着的这颗心感动着我,她的痴心、劲头鼓励着我,所以我就录了第一稿的碟子。当然了,还有好多毛病。但不管怎么样,现在社会上开始流传了,各个音像店都有我的碟子。"

随着年龄的增长,吴碧波老师行动渐渐不便,可是她从没有闲下来。除了组织戏迷票友定期排练剧目、向群众普及陈派艺术之外,还物色合适的人选,准备把陈派艺术从娃娃抓起。为了弘扬与传承豫剧祥符调与陈派艺术,她不顾年事已高、身患重疾,贴补着自己微薄的退休金排戏办活动,她曾说:"老太太有两个名剧《三上轿》和《捡柴》。现在《捡柴》已家喻户晓,但是《三上轿》还没有普及,回去我就准备物色人才,把《三上轿》传下去。"

2013年12月5日清晨,著名豫剧表演艺术家、豫剧陈派艺术的优秀传人吴碧波因病离开了她所挚爱的戏曲舞台,让所有爱她和关注陈派艺术的家人及戏

1980年在河南省豫剧流派调演大会上演出《宇宙锋》，吴碧波（左）饰演赵艳蓉，杨发户饰演赵高

迷观众猝不及防。她走得那么突然，以至于还有许多心愿没来得及实现。就在她离世的前一周，我还曾专程到医院探望，病床上的她还在牵挂着祥符调与陈派艺术的传承。得知这一噩耗时，我正在北京带女儿参加中央电视台《我要上春晚》的总决选，由于孩子年幼需要陪同，我无法脱身，但在北京的几天，我坐立不安。过去十多年的许多往事在脑海中浮现，我忍不住泪如雨下，又专门让爱人代表我前去悼念。一位戏迷朋友在悼念吴老师时写道："您为陈派艺术殚精竭虑、从不倦怠，一批青年新秀在您的栽培下崭露头角，名动艺苑。您的艺术和人品一如您的名字一般，似碧波，似清流，碧波长清。"

在吴碧波先生去世十年后的今天，我怀着无比思念的心情追忆着她老人家的音容笑貌。每每想起她对祥符调和陈派艺术的执着和未完成的遗愿，我就百感交集，感慨万千。如今的碧波先生在另一个世界和她的恩师相聚了，她又可以像从前那样，和老师一起切磋唱腔和身段表演了。祈祷碧波先生在天国安好，保佑您生前所付诸毕生心血的豫剧艺术能够生生不息、代代相传。

吴碧波,1960 年于郑州

吴碧波自述

我叫吴碧波,原名吴桂玲,1933 年农历五月初五生于河南省开封市。幼年父亲早逝,家境贫寒,迫于生活困顿,经邻居友人介绍,到开封市和平戏院学戏,拜豫剧名老艺人赵清和为师。在老师的严教下,学戏不久就参加了《大登殿》《毛宏跳花墙》等戏的演出,每当演到好处时,常常博得观众的叫好声和老师的鼓励,我也受到了很大的鼓舞。

从那时起,我就更加认真刻苦练功了。每天早上五更起床,到水坑边练嗓子,喊了一遍又一遍,唱了一段又一段,直到太阳出来了才回家。经过苦练,我终于喊出了一个激越、嘹亮、奔放的嗓子。练基本功也同样刻苦认真,我常给自己定要求,正腿、十字腿、偏腿、旁腿非要练够一百二十个才罢休。数九隆冬,寒气逼人,可我常常浑身大汗。经过长期刻苦的锻炼,我的腰、腿、肩膀功都大有长进。功夫不负有心人,我数年如一日坚持苦练唱腔和基本功的结果,就是我的演技有了一个很大提高。我刚十五岁时,就在开封正式登台演出,在《香囊记》《樊梨花征西》《刀劈杨藩》等戏中扮演主要角色,成为开封一带舞台上具有一定影响的演员。

我早年的艺术成长,除了本人刻苦努力之外,环境的熏陶和感染也是一个很重要的因素。曾是八朝古都的开封,当时是豫剧名老艺人云集的地方,人才辈出,各有千秋,使我大饱眼福,开阔了视野。通过观摩名家的演唱,我更加感到自己的不足,也更加激发了我学习名流、勇攀艺术高峰的强烈欲望。我很渴望能够得到名师的指点,使自己在艺术上有新的突破。当时,由樊粹庭先生改编创作、陈素真老师演出的一些剧目在开封一带广为流传,于是,我又排演了"樊戏"《凌云志》《麻风女》《柳绿云》等。我对陈老师唱做俱佳、声情并茂的艺术十分崇敬,但又不敢奢望拜她为师,只觉得她可望而不可即。

结缘恩师

1948 年,我团邀请陈素真老师重返开封演出,我第一次给陈老师同台配戏,感到莫大荣幸,受到了很大的鼓舞。在一次《霄壤恨》的排练中,陈老师发现饰演"挖菜妞"的我接受能力强,一个动作教一两次就能准确掌握,而且表演逼真,颇有才华,甚为赞赏。1949 年 3 月,我跟随陈老师来到郑州演出,再次给陈老师配戏,没有任务时,我就在台下观看陈老师的表演,有时陈老师休息,我就登台演陈老师的角色,很受郑州观众的好评。很多观众说:"睁眼看像陈素真,闭眼听也像陈素真。"还有的干脆说:"就叫小陈素真吧!"我们关系非常融洽,所以就在这一年正式拜她为师,陈老师将我的名字由"桂玲"改为"碧波",意思是希望我的艺术像碧波荡漾,引人入胜。

常言说:"师傅领进门,修行在个人。"我懂得这句话的道理,所以并没有盲目骄傲,故步自封,而是把名师视为自己学习的楷模,立志要把陈派艺术的真谛学到手,变为自己的东西。因此,我在向老师学习的过程中,时时注意老师演唱中的一举一动、一招一式、一腔一调,重点掌握要领,从中细心观察,总结出规律性的

吴碧波在"樊戏"《邵巧云》中
的造型,1957 年摄

特点，努力做到心领神会，融会贯通，仿而有创。

我学习刻苦认真，陈老师很喜欢，毫无保留地将自己的艺术精心传授给我。她亲自为我排演了她的代表剧目《三上轿》《叶含嫣》《霄壤恨》《宇宙锋》等。排练中，陈老师从严要求，指点有方，通过和艺术大师的长期共同排练和演出，通过老师的精心传授，我逐步掌握了陈派的艺术特点，粗略地概括起来就是魅、美、甜、真。魅不魅在眼，眼睛是演员的窗口，眼睛不活不能传神，就不能

吴碧波（右）和恩师陈素真，1959 年于郑州

打动观众；美不美在身，常言道"九龙口（台口）一站，就知道演员的功夫有几年"；甜不甜在嘴，唱、念、白都要清、准、圆；真不真在心，演员对人物性格、处境要体会好，把握住内涵，尽可能准确表达出来。舞台上表演要宁欠勿过，不要为了换取廉价的掌声而故意卖弄。要有艺术的真实感，演龙像龙，演虎像虎，不要欺骗观众。我把老师多年的艺术体会和谆谆教诲，铭记在心，视为珍宝，在自己的艺术实践中身体力行，学以致用。

我不但认真学习陈老师的高超艺术，而且注意学习她刻苦好学、不断进取、忠于艺术的精神。我看到久负盛名的陈老师，每天早晨四五点钟起来练功，就是夜夜演出也不间断。陈老师演《柳绿云》中有踢大带的动作，女扮男装要穿高底靴。为了演好戏，她每天穿靴走路，反复练习。陈老师在艺术上精益求精、不断进取的精神，对我启发、教育很大，使我认识到人生有涯，艺海无边，忠于艺术是演员的天职。

吴碧波，1952 年摄

南下武汉

1949 年 10 月，经组织上决定，我们团随军南下，到许昌、漯河、武汉一带演出，这也是新中国成立后豫剧最早出省的演出之一。在当时，全国许多剧种的名流都云集武汉三镇，观摩了京剧名流尚小云、童芷玲、赵燕侠、李玉茹等人的精湛表演，使我深深感到豫剧"俗、土、粗"的弊端有待克服和改革，否则就不能适应戏剧事业飞速发展的需要。豫剧应该向京剧的"高、精、细"方面发展，同时，不应拘泥于豫剧流派的局限，应取各流派的精华，博采众长，为我所用。比如，我在电影舞台艺术片《花木兰》中塑造花木兰的形象时，就糅进了常派艺术的一些特点。我主张对前辈的艺术要采取学习、继承、创新三者有机结合的原则，既不生搬硬套，又不脱离传统，做到学而不死，仿而有创，从而形成自己独特的艺术风格。

1951 年，我在河南军区后勤联艺剧团，为了豫剧的革新和发展，在河南豫剧界又一次较早地演出了现代戏《白毛女》(饰演喜儿)、《刘胡兰》(饰演刘胡兰)。这次演出，化用古装戏程式表演所取得的成功，在我省文艺界影响较大，广受好评。在演《白毛女》时，我在唱腔与念白中运用陈派的颤音，准确地表达了喜儿凄楚、悲愤的情绪，感染力很强。

最使我难忘的有这么一件事。在一次演出中，当演到杨白劳被迫服毒死去，穆仁智等狗腿子要抢走喜儿，喜儿悲愤交加，令人肝肠寸断地呼喊着"爹——爹呀！"的时候，大幕突然闭上了，我当时不知道发生了什么事情，后来才知道，原来是一位战士看到此景，联想到自己亲人同样的悲惨遭遇，难过得昏了过去，为了抢救他才闭了幕。

　　还有一次，当我演到喜儿愤怒控诉恶霸地主黄世仁这场戏时，台上斗黄世仁，台下观众涕泪交加，高呼口号："打倒黄世仁！打倒地主阶级！"台上台下连成一体，分不清是在演出还是在开斗争会。这些事情也深刻地教育了我，使我对戏剧的认识有了巨大变化，实现了一次大的飞跃。我不再把演员看得低人一等，认识到戏剧艺术是党的一项重要而崇高的事业。而从事这项工作的演员，是党的文艺战士，是人类灵魂的工程师。

绽放

　　继《白毛女》成功演出之后，我又连续演出过一些现代戏，如《南海长城》《袁天成与能不够》《补锅》等。1957年，在郑州演出《袁天成与能不够》时，梅兰芳先生来看戏，演出结束后，他走上台来向大家祝贺演出成功，并说："这出戏是个喜剧，从剧场演出效果看非常成功……你们用传统戏曲手法来表现现代戏，身段、台步、传统的锣鼓点，运用得很是地方。在表演好吃懒做的能不够上场时，手里掂了个油瓶，用小锣、弦牌子、鼓调混合在一起，配合演员的动作，这个表演很好。能不够在担水中，听到袁天成猛喊一声，心怯地腿打了一个滑步，这个动作很好。你们在运用古装戏的手法来表演现代戏方面，取得了成功！"后来又修改演出了反封建礼教的传统戏《梁山伯与祝英台》(饰祝英台)，当时在中州舞台也引起了很大的轰动。

　　1953年，我随团由部队转到地方，团名改为"河南省人民剧团"，重新修改排演了《白蛇传》《张羽煮海》《克敌荣归》，又演出了《妇女代表》《小二黑

吴碧波(左)和梅兰芳大师，1958年5月于郑州

吴碧波,1953 年摄

结婚》。在《白蛇传》白素贞回忆西湖赠伞一折,我全部运用舞姿、表情传情,因为动作优美,表演细腻,加上舞美、音乐的改进和有力的配合,深受广大观众欢迎。此剧在群星舞台连演四十八场,场场座无虚席,轰动一时。观众为了购到戏票,从夜里 12 点就开始排长队,而且每场演完之后,舞台上就拥满了观众。1953 年 5 月,剧团带着这个剧目到开封演出,受到广大观众的喜爱,引起文艺界的瞩目。

而后我们又到商丘演出,这里的观众更是踊跃,演出前一周戏票便购买一空,地、市、县剧团全部停演,前来观摩、学习、座谈、讨论,对该地区的戏曲改革起了很大的推动作用。

从 1953 年起到"文化大革命"前,每年组织上都赋予重要的慰问演出任务,参加慰问人民解放军、边疆、老苏区,以及向重要会议、中央首长演出,很受欢迎。1954 年,我被评为河南省劳动模范,后又被推选为省青代会的代表。同年,我所在的河南人民剧团与整编后的歌舞团合并成立了河南省歌舞团。1956 年,河南省歌舞团与香玉剧社合并建立了河南豫剧院,下设一、二、三团,我被分配到河南豫剧院二团。

1955 年和 1959 年,组织上为了培养我,曾两次送我到中央戏曲研究讲习班学习。在此期间,著名戏曲表演艺术家、剧作家、音乐家、戏曲理论家、名导演,如梅兰芳、程砚秋、尚小云、晏甬、张登、马可等的授课和示范表演,使我在艺术上系统地学到了不少东西。这两期的学习,也使我有更多机会同全国艺术家一起研讨、学习、交流,在思想上、艺术上和戏曲理论上有了很大提高,为以后的艺术发展打下了坚实的基础。

继承创新

1956 年，我光荣地加入了中国共产党，多次被评为劳动模范、先进工作者。在 1956 年全省戏曲会演中饰演《打金枝》中的国母，荣获演员一等奖。在之后的时期内，要说我在艺术上取得一些新的成就，那就是集中表现在我的代表作《穆桂英下山》《香囊记》《宇宙锋》《唐知县审诰命》中。从唱腔上讲，我基本上以继承祥符调和陈派艺术为主，但也不拘一格，我总是根据剧情和人物的要求，恰到好处地运用戏剧的程式和声腔，真实、自然地表达人物的思想感情，使观众的感情与角色的感情产生共鸣，使之融为一体，收到良好的艺术效果，做到有继承、有创新。

另外，我还常和音乐工作者合作进行新的突破。如在省豫剧二团改编、排演的传统戏《穆桂英下山》(饰演穆桂英)中，在唱腔上我勇于探索，将陈派名剧《三上轿》中"崔家女……"这一段著名唱腔加以改进，加上点跳跃性的旋律，运用到穆桂英出场、占山冈两段唱腔之中，就显得高昂、奔放、喜悦动听，深受广大观众的喜爱。如穆桂英"风和日暖艳阳天……"这段唱腔，祥符调的淳厚韵味就比较浓，但"微风送香百花艳"的"微风"二字的唱腔，从节奏到旋律都有一些新的突破，更符合穆桂英当时的激越心情，同时也表现出微风和畅、春意盎然的风光。

在表演艺术上，我把陈派的武工绝技非常妥帖地糅进里面。如穆桂英乘马疾驰的圆场，表现攀山越岭的颠步、踏步等，不但靠旗不乱，

1956 年河南省首届戏曲观摩会演，吴碧波演出《打金枝》，饰演国母

而且层次分明,每逢演到此处都赢得观众的喝彩。再如,在"劝小将"一段唱中,既要表现她是位意志刚强、有抱负、有胆略的巾帼英雄,又要表现出她性格坦荡、柔和多情的一面。因而,我选用了传统唱法的花腔,恰如其分地表达了穆桂英爱慕忠良之后杨宗保的少女之心。虽是传统唱法,但合情合理,使人听了毫无做作、轻浮之感。

在表演程式上,我把刀马旦与花旦融为一体,使其性格泼辣、明快、洒脱、飘逸。通过生动、自然、细腻、真实的表演,恰如其分地体现了角色的独特性格。如"行围射猎"的出场,用了刀马旦的利索身段和刚健的亮相,以表现人物的英雄、健美;而下马采花时,就完全改用了轻柔多姿的花旦台步、身段,恰到好处地表现了穆桂英此刻触景生情的少女心情。此剧当时连演上百场,许多剧团学习排演了这个剧目。在1959年全省戏曲会演中,唯《穆桂英下山》一剧得到了剧本、导演、表演三个一等奖,还灌了唱片,拍了电视纪录片,至今还是一些戏曲学校的教材。

1962年春,在挖掘整理传统剧目时,由我提议,周奇之院长参加,赵籍身、郭文才同志执笔,杨兰春、盖韵秋同志执导,大家采取一边演、一边研究、一边修改的办法,经过三次大的修改,去其糟粕,取其精华,终于在1962年秋拿出了这部传统喜剧《香囊记》。过去的版本,简直把周凤莲演成了二百五,故意发疯、卖弄,换取廉价的掌声。而我们的版本,则把周凤莲塑造成一个活泼可爱、开朗奔放而又知晓大礼的大家闺秀,获得了极好的喜剧效果。同年在文化部的部署下,河南豫剧院二团到中南各省巡演。我们携带五个剧目赴汉口、武昌、衡阳、桂林、南宁、柳州、长沙等地演出,均以《香囊记》最受欢迎。通过出省演出,扩大了豫剧在省外的影响,为豫剧争取了观众,争得了荣誉。当时《长江日报》《湖南日报》《桂林日报》《广西日报》《湖北日报》等媒体均连

吴碧波(左)和杨兰春,1980年摄

《香囊记》剧照，吴碧波饰演周凤莲，1980 年代摄

续刊登了数十篇文章。在长沙演出时，田汉先生和他爱人安娥前去看戏，谢幕之后，田汉先生走上舞台高兴地和大家握手，他说："你们豫剧又搞出来一个好戏，演出非常成功！整个戏下来掌声不断，笑声不断，很受群众欢迎！演出归来请你们到北京演出，北京肯定欢迎你们！到北京后我推荐拍成电影，好让全国人民都能看上这出好戏！"田汉同志不仅鼓励了我们，而且对演出也做出了极大肯定。

在桂林演出时，碰到了中央戏曲研究院院长晏甬同志，谢幕之后，他高兴地走上台来接见演员，并说："我是河南人，过去看过《香囊记》，都不如你们演得好、演得这样成功，在戏曲传统戏的改革中，你们的路子走对了。周凤莲这个角色改得很准确，演得很成功。"

"活诰命"的由来

上世纪 70 年代末，历史剧修改本《唐知县审诰命》演出，后又拍成电影戏曲片《七品芝麻官》，我饰演诰命夫人。这是一个复杂而又有难度的角色，有人说她

《唐知县审诰命》剧照,吴碧波饰演诰命夫人,轩玉亭饰演知县,1979 年摄

是个彩旦,有人说她应该是个正旦,也有人说她应是个妖婆旦。为了塑造好这个崭新的角色——"混合旦",我仔细琢磨,将角色的表演分为三个大的单元:一表现她的"贵",二表现她的"恶",三表现她的"狂"。在表演情绪上,按照剧情发展和三个表演单元,也做了相应的安排:"贵"而喜,"恶"而怒,"狂"而泼。找到了这样内外两条线索,就为塑造好诰命夫人这个"混合旦"理出了路子。

　　诰命夫人这个角色的塑造,是在导演杨兰春、夏相林同志指导下和音乐工作者的通力合作下,以及广大演职员、观众的帮助下,不断修改、实践而渐趋成型的。1979 年新中国成立三十周年大庆,由国务院大庆筹备办公室和省委共同决定,选派河南省演出团赴京献礼演出豫剧《唐知县审诰命》,后荣获演出一等奖,中央台也做了录音、录像,不断播放。同年拍成电影戏曲片《七品芝麻官》后,又荣获了金鸡奖。

艺无止境

　　几十年来,我虽然演出过几十出古装戏和现代戏,在戏曲革新、艺术创造等方面也取得了一些成就,但是我体会更深的是,作为一个演员,不仅要有较高的艺术水平,还要有高尚的艺术情操,要有好的戏德和人品,才能成为一个受人尊敬的演员。

回想起来,我的艺术成长离不开启蒙老师赵清和、恩师陈素真等人的心血。上世纪 50 年代以来我所取得的成就,特别是在豫剧院时期,如果没有院领导常香玉、周奇之,团长盖韵秋,执笔赵籍身、郭文才、崔甲,导演杨兰春、盖韵秋,音乐设计姜鸿轩、王基笑、赵毅,舞美设计关鹏和全体演职员的通力合作,即使个人做出最大的努力,也不可能达到这个水平。

常言说"好花须有绿叶配",舞台上主角、配角都是一个有机整体,只有每个角色都演好了,这台戏才算成功了。所以我认为,只有小演员,没有小角色;把小配角也能演好,才是一个好演员。我在《三哭殿》中饰演的西宫詹妃戏不多,但是由于我的用心和一丝不苟,最终给观众留下了深刻的印象。

从艺四十年中,我曾演过几十出剧目,扮演过青衣、花旦、闺门旦、刀马旦、婆旦、帅旦、彩旦等不同行当,有古装戏和现代戏,有主角和配角,有正面人物和反面人物,而且曾带着这些剧目先后赴全国各地演出。

《桃花庵》剧照,吴碧波饰演窦氏,1962 年摄

陈素真大师诞辰八十八周年纪念演出,吴碧波(中)和师妹郭美金(左)、爱徒田敏(右)参加活动

创办祥符剧社

在传授艺术上,我认为要做到毫无保留地精心传授,对一招一式、一腔一调都要严格要求,对戏曲程式中的唱、念、做、打等高难度技术要反复教,使之运用自如。不要怕学生超过自己。经我辅导帮助的演员和徒弟荣获过省第一届戏曲会演三等奖,也有获省青年会演一等奖的,被省内外市、县、工矿剧团邀请辅导的就更多了。2002年,我和弟子杨春花自己出资在郑州二七纪念堂成立了祥符剧社,传承陈派艺术,传承豫剧祥符调,整理演出了《捡柴》《三上轿》《柳绿云》《女贞花》《巾帼侠》《梵王宫》《打金枝》《花为媒》《穆桂英下山》《桃花庵》《白莲花》等折子戏剧目,我的师妹郭美金也长期在祥符剧社参加排戏、辅导。

在祥符剧社的精心整理、排演下,在陈素真大师诞辰八十八周年、九十周年、九十五周年都成功举办了纪念演出晚会,聚集了陈派弟子关灵凤、牛淑贤、郭美金,义女赵吟秋、学生武惠敏等。还有众多陈派再传弟子,都到郑州来参加纪念演出,把一出出精美的陈派戏展现在了河南观众的眼前,推动了陈派艺术的传承和发展。

2012 年

刘沛执笔整理

张宝英 ·《秦香莲》

请扫码收听张宝英原声音频

张宝英(左)和月阳,于 2018 年 9 月

崔韵英姿
独树一帜

当今豫剧的百花园中,由悲剧大师崔兰田先生创立的豫剧旦行崔派艺术,堪称一朵娇艳靓丽的奇葩。崔派艺术的表演端庄含蓄,唱腔缠绵悱恻、耐人寻味。每当提起崔派艺术,我们就不得不提到一位在崔派艺术继承发展上集大成的艺术家——国家级非物质文化遗产豫剧代表性传承人张宝英。

上世纪 80 年代,媒体对传统戏曲文化的宣扬远没有今天多元。据我对传统戏曲文化的了解,大多是通过戏曲电影、广播和小人书及连环画。在那一阶段,只是停留在我认识张老师,而张老师并不认识我。机缘巧合,直至 2004 年,我才在当时红极一时、被郑州戏迷称为"戏窝"的英协剧院结识了神交已久、久负盛名的豫剧大家张宝英。

那时,张宝英老师虽然六十多岁了,但依然宝刀未老,经常到城乡演出。因为我的记者、主持人身份,日后便与张宝英老师有了更加频繁的接触,很多次我们同台演出,我为她报幕主持。而其中令我印象最为深刻的就是 2006 年 5 月,在爱心企业家、时任英协集团董事长罗林芳先生的积极倡议和注资运作下,豫剧明星版《三哭殿》在英协剧院成功上演,著名豫剧表演艺术家、唐派代表性传承人贾廷聚扮演唐王,常派传人芦玉琴扮演长孙皇后,崔派再传弟子范静扮演詹妃,崔派代表性传承人张宝英扮演银屏公主,几位艺术家的配合相得益彰、极其默契,现场演出效果非同一般,掌声喝彩声连成一片。尤其值得一提的是,当年逾花甲的张宝英老师所扮演的银屏公主一出场,观众就给了一个碰头彩。她扮演的银屏公主雍容华贵、端庄大气,人物的性格拿捏得恰到好处。"手捧着皇封酒跪在殿上,尊一声姨母娘细听衷肠。你外孙小秦英触犯法网,都怨我平日里教子无方。姨母娘多贤德人人敬仰,都夸你的心肠好量似海洋。姨母娘开大恩把奴才赦放,儿祝你在皇宫荣华常享、快乐逍遥、福寿无疆。"这段唱腔更博得了全场观众雷鸣般的掌声,至今我还记忆犹新。

正是这一次看戏、采访的经历,加深了我对张宝英老师的认识与了解。我想,但凡集大成的艺术家,都有着极强的人物驾驭能力,绝非仅仅是本流派的本工,哪怕是只有几句唱腔和道白的角色,好的演员总能展现得淋漓尽致、恰到好处,从而起到画龙点睛的作用。我想,这也许正是"没有小角色,只有小演员"的真正含义吧。

张宝英于 1940 年出生在许昌长葛一个普通的农民家庭,她七岁接触戏曲,从此与戏曲结下了不解之缘。"父亲本来希望我为家里分担一些农活,可我总是偷偷到戏园子听戏,所以父亲就很恼火。后来我母亲也从南阳回来了,我父亲就对她说,这妮子太疯了,小女孩看戏太丢人了,不能要,一会儿得治治她。"尽管遭到了父亲的强烈反对,但天生就有着一股子倔脾气的张宝英,还是再次背着父母偷偷看戏去了。当她看完夜场戏,战战兢兢回到家以后,见家里灯关着,她以为父母都已经睡觉了,刚走进屋,突然看到油灯一亮,只

十一岁的张宝英(杨奇供图)

见父亲掂着把刀往桌子上"啪"一放,年幼的她从未见过父亲发这么大的火,一时吓得魂飞魄散。后来经过母亲的再三劝说,才最终平息了这场风波。回忆起儿时爱戏看戏的经历,年逾花甲的张宝英老师依然显得心有余悸,但时过境迁,如今再次提及已为笑谈。

俗话说:"机会总是垂青那些有准备的人。"经过自己的不懈追求,1953 年张宝英考入长葛县豫剧团。两年后,她正式进入崔兰田大师创办的安阳市人民剧团(安阳市豫剧团的前身)。通过四年的潜心学习,以优异的成绩毕业,并于 1959 年3 月正式拜在了崔兰田先生的门下。张宝英追随崔兰田先生四十多年,可谓耳濡目染,吃透了崔派艺术的精华。在继承崔派艺术过程中,她追求神似,而不是单纯追求"像不像老师",经过长期的探索与实践,她创造性地发展了崔派艺术,把崔派艺术提升到了新的美学高度。这也正是当年拜师之初,恩师崔兰田先生对她的谆谆教诲:"跟我学戏,不要追求像不像我,要用我教你的方法,根据自己的条件去琢磨、去创造,我希望你将来能超过我。"

1962 年,艺术上从不保守的崔兰田先生为培养弟子张宝英,专门把她送到一代豫剧皇后陈素真大师身边,学习陈派看家戏——豫剧《宇宙锋》。"因为我老师跟陈老师的关系非常好,她们都是老姐妹。我的老师伟大就在这儿,她没有的东西她去向别人求教,把学生送到别的老师那里去学戏。我在艺术上如果说有一点成绩的话,是我恩师栽培的结果,我感恩我的师傅崔兰田先生。"

跟随陈素真大师学戏的半个月时间,使张宝英终生难忘。让她印象最为深刻的是,陈素真先生多次跟她

《宇宙锋》中"装疯"一场,张宝英(右)饰演赵艳蓉,渠永杰饰演赵高,1981 年摄

深谈,让她好好读书,注意文学修养的提高。因为《宇宙锋》中的赵艳蓉不是一般的闺门旦,而是一个官宦之家的女子,她是有文采的。陈先生教导她说,要想演好这一题材类型的戏,就必须多查史料,要懂点历史,要学点古文,这样对塑造人物大有益处。由于张宝英较为系统地学习、吸收了陈派的精华,使得她在日后的舞台艺术实践中如虎添翼。时至今日,每当看到"宇宙锋"三个字,张宝英都会流露出虔诚的崇敬与深切的怀念。豫剧大师陈素真教给她的不仅仅是一出戏,而是一种精神的传承,更是一位艺术家对职业的敬畏。这种对职业的敬畏精神也深深影响着张宝英的从艺和做人。

80年代初,张宝英的表演艺术逐渐进入了成熟期,她开始按照新的审美标准审视自己的唱腔、表演,注重使传统的演唱更加富有时代气息,以展现自己与众不同的艺术个性。她在电影和舞台剧《包青天》中的成功演绎,使这出崔派名剧成为近几十年来舞台上久演不衰的看家戏,她也因此被誉为"河南秦香莲"。

张宝英演出的《秦香莲》,是在老一代艺术家赵籍身、杨兰春、王基笑、崔兰田四位戏曲艺术家的指导帮助下,进行大胆创新、重新创作的剧目,她将秦香莲这一艺术形象塑造得更加丰满,更具光彩,并集中体现出了她个人的艺术风格。

继电影《包青天》之后,张宝英与剧作家、导演艺术家杨兰春和戏曲音乐家王基笑再次合作,整理排演了崔派"四大悲剧"之一的《卖苗郎》。从剧本、唱腔到表演,他们都进行了新的创造,使这出多年不演的名剧闪耀出新的光彩。该剧在河南、河北、山东、山西、陕西、安徽、深圳、北京等地演出后,风靡一时,被各地、市戏校视为青衣戏的教学典范。在北京演出时,中国戏曲音

在《卖苗郎》排演现场,崔兰田(右)和音乐设计王基笑(左)指导张宝英(中)唱腔,1983年摄

乐学会的专家们评价说"她的演唱有新意又不落俗套,既是纯豫剧,又有新的升发,从中能给人以感染和启迪","她发挥了我们民族戏曲的乡土特色,有中国气派";《北京日报》发表文章评价:"张宝英通过她创造性的艺术实践,推动了豫剧声腔艺术的发展。"

《秦香莲后传》是张宝英1985年新排并获得成功的一出代表剧目,没有随着第一届戏剧大赛的结束而在舞台上销声匿迹,这出戏的成功显示了张宝英敢于否定自己、不达目的誓不罢休的艺术追求和更加成熟的艺术才华。她在剧中的表演血肉丰满,其成功在于对角色吃得深透,敢于大破大立,她对这一人物的基调掌握得准确、表现得鲜明。为了表现沧桑岁月在秦香莲身上的印痕,她在青衣身段中糅进了老旦的步法。这是值得称赞的创造,这是对崔派艺术的发展,也是对豫剧的创新。

经过多年的舞台实践与艺术探索,张宝英形成了自己独特的艺术风格,拥有一大批观众群,在中原大地、在宝岛台湾、在香港和澳门均拥有众多的"张迷"。《包青天》《桃花庵》《卖苗郎》《秦香莲后传》《寻儿记》等一系列代表剧目,充分显示着她承前启后、继往开来的艺术风采。在豫剧界,她已经成为越来越多青年演员效法的楷模。她的徒弟活跃在中原大地,活跃在秦淮河畔和天山脚下,也活跃在宝岛台湾。从历届青年演员大赛到《梨园春》戏迷擂台赛,从专业演员到业余戏迷,以张宝英为样板,学她的戏,仿她的腔,后继者众多。今天的崔派艺术已经是以张宝英为主体,以她的声腔艺术为内涵,以她的传承为载体,在群众中享有极大的叫座能力。张宝英以绝对优势当选为中国豫剧十大名旦金奖第一名,就形象地说明了她在当代豫剧发展史上的价值和意义。

(本文参考了李永志编著的《张宝英舞台艺术漫议》、杨奇编著的《穿越甲子自雍容:写于张宝英从艺六十周年之际》,在此鸣谢。)

张宝英,1985年于太原

张
宝
英
自
述

　　上世纪50年代初抗美援朝的时候,我大哥十四岁,为了保家卫国,也因为家庭困难,他离开家去当兵了。1951年,十一岁的我经人介绍到烟厂当童工,具体工作就是封烟。也就是在当童工的这三年当中,我接受了党的教育,上了夜校。我们每天下午4点以后就下班了,下班以后就去上课,学文化,学唱歌,学演戏。从那以后,我就对戏曲产生了浓厚的兴趣。

　　那时新中国刚刚成立,百废待兴,国家要求私人烟厂和公家烟厂合并,就是要走社会主义道路了。我年龄最小,才十三岁,属于童工,正式工厂不要,只好回家了。后来,我们工会一个姓王的主席到我们家,他说我跟你说个事,咱县剧团要招收演员,你去不去?我说我去吧。那时候剧团比较乱,也不正规,没人管,我最早接触的老师就是现在许昌市豫剧团的吕兴旺,他是我的启蒙老师,当时他才二十多岁,人特别好,我们都喊他吕叔叔。他唱黑头、须生,还唱彩旦,嗓子特别好。大概在县剧团待了有将近两年的时候,突然听人说安阳团在郑州,可以考试。我一听可高兴,回家就跟我妈说要去安阳考试。我妈说你已经学戏,咱家的亲戚朋友都看不起,你还去外边学戏,将来你都不能入老坟。我说,闺女还入啥老坟,咱都快饿死了。当时我就跟我妈闹情绪,我说你不叫我去,我就不活了。我妈妈说,学戏可以,你得给我立个规矩,你要学,必须得学好,学好了再回来,学不好死到外边别回来,我不想丢这个人。我当时就发誓,学不好戏永远不进家门。

我记得父亲卖了二三十斤麦子,跟我一块儿到当时的郑州北下街参加了考试。当时崔兰田老师的团就在那个剧院演出。我记得是阳历 2 月份考试的,3 月 1 日以后才能确定谁留下。大概过了不到两个礼拜,通知下来了,我考上了。

加入剧团

我是 1955 年进的团,1959 年毕业。1958 年我就开始演戏,有时候给老师们演个丫鬟,大都是跑龙套。后来团里排现代戏《朝阳沟》,老师们叫我扮演银环。这时候崔兰田老师才三十二三岁,很年轻,既是主演,又是团长。《朝阳沟》她也看了,我是学生,吓得不敢看她,也不敢跟她照面。崔兰田老师特别和蔼,她亲自找到我,说领导叫我带学生,把你也列入重点学生里面,你有没有决心学习?我一听,恨不得趴到地上磕响头,说我一定要学好。她说只要你争气,我就有信心带你。那时候不让叫师傅,也不让叫老师,我就尊称她田姑。我说,田姑你放心,我一定好好争气、好好学。

四年后我毕业,正式拜崔兰田为老师,当时团里又给我找了一个武工教师,从此我的艺术生涯开始走向了正轨。我印象特别深的是,崔兰田老师的师傅——我们都喊他贾锁爷爷,每天早上召集我们,带着我们到河滩喊嗓子。因为他老了没牙了,我听不懂他说的啥。他教的是《王宝钏》中"彩楼"的一段唱,我学了好几天学不会。最后他就给我讲故事,说原来我给恁田姑教了四句

1958 年演出《朝阳沟》,崔兰田(左二)饰演拴保娘,张宝英(右一)饰演银环

唱,三天没学会,最后急得我把茶壶都摔了。当时恁田姑吓得跪那儿,说师傅你别急,我一定学会。我茶壶摔了,你师傅也学会戏了。当时我就想,我咋这么笨,就学不会。实际上我那时候武戏打得不赖。虽然正式拜了一个老师,但我有五个武工教师,他们几个就说,这闺女的嗓子不好,一定要把她教成个好刀马旦。当时还给我排了一个京剧的武戏,就是为了提高我的武工基础。可是,这时候崔兰田老师已经是我正式的师傅了,我就下决心跟崔老师学唱腔。

因材施教

崔老师教给我的第一个戏是《游龟山》中的"投衙"一折,当时老师一字一板地教我,说我怎么唱你就怎么唱。记得第一句是"扎跪在二堂上泪流满面,尊老爷和太太细听我言",大概学了有一个多月的时间,因为老师演出任务很重,演戏之外还得教我唱。一个多月以后,我学会了。突然有一天,老师要演《三上轿》,她说,叫宝英到前面垫戏。我就上场了,我记得是在安阳的一个老剧院演出,前台后台站满了人,可能是检验我学习的情况怎么样吧。唱完回到后台,我老师的母亲坐在化装桌旁边说,妮儿,你今天唱得真好,你田姑可高兴,可为你田姑争气了!你得好好学,以后你田姑教你才有劲儿呢!

《游龟山》剧照,张宝英饰演胡凤莲,王香芳饰演田玉川,王秀真饰演夫人,渠永杰饰演田云山,1959年摄

　　过了几天,老师又教我这个戏的"藏舟"一折。这一折学会以后,老师又让我在前面唱垫戏,后来老师又让我把"五堂会审"那一场也学了。这三折戏都学会以后,老师说,以后这个戏就你演。我很幸运,陪我演出的这些老师都是给我老师配戏的,我虽然是一个学生,却受到了老师们的爱护,我在他们身上学习了很多东西。这些曾给我配戏的老师如今都不在了,我非常怀念他们,他们为培养我付出了很多。渠永杰老师不但给我们排戏,还亲自为我们打鼓。王香芳老师陪我演出了《李慧娘》等几个戏。《李慧娘》是陕西秦腔的一个保留剧目,老师为什么让我学这个戏呢? 因为她最初是唱须生的,她的意思是让我在行当上拓宽一些。因为我的武工基础比较好,《李慧娘》这个戏有吹火等绝技绝活,于是就派我到山西学这个戏。当时渠永杰老师演贾似道,王香芳老师演裴舜卿,我演李慧娘,等于前辈专家陪一个学生演出。我非常感激他们这一代人对我的爱护与培养,我感觉我是站在巨人的肩膀上成长起来的。

　　老师看到我的进步很是高兴,就让我把《桃花庵》的妙善学一学。通过老师的悉心教导和我个人的努力,这个戏我就学会了。上演以后,基本上是我陪崔老师演出。老师说,你学戏不能光想着唱得像不像我,你和我嗓子不一样,你应该学我的方法,学我咋用气,千万别模仿我。我当时还不能领会老师的意思,以为她是谦

左:1962 年在天津演出《桃花庵》,崔兰田(右)饰演窦氏,张宝英饰演妙善
右:1980 年在河南省豫剧流派调演大会上演出《桃花庵》,张宝英(右)饰演窦氏

虚,不管老师怎么说,反正我只管模仿,老师咋教我就咋学。

1960 年前后,是歌剧《洪湖赤卫队》正红火的时候,我们从上海演戏回来以后,老师就跟导演高连山商量,让我把《洪湖赤卫队》排出来。按说当时根本不应该叫我演,因为从年龄和艺术造诣上说,崔兰田老师演是最合适的。但老师说她的戏太多,要培养年轻人,一定要叫宝英演。这个戏演了以后,在郑州管城剧院一口气演了二十多场,受到了观众的好评。

老师大胆培养年轻人的做法使我终生难忘,更令我感激不尽。这两个大戏打好基础以后,老师对我基本上就放心了,有些戏就大胆地往我身上放。基本上那时出省演出,四台戏里面有一台必是我的戏,特别是《李慧娘》,我的第一张唱片《李慧娘》就是在上海灌制的。

记得我当时梳了两条辫子,每次演戏,老师总是亲自为我梳头。我觉得太麻烦,就不吭气把头发剪了。第二天老师进门就吵我,谁让你把头发剪了?小女孩家留俩辫子多好。老师那时候对我的爱护真是无微不至。我记得就在那一年,快过年了,老师还给我买了一块布,让我春节做一件花褂子,因为我们学生队都是清一色的蓝制服。对我来说,老师既是老师又是母亲。

1981 年,张宝英在西安演出《秦香莲》

豫剧《秦香莲》搬上银幕

1979 年底,河南下了一个文件,说要拍一部彩色宽银幕戏曲电影,在全省挑选演员。在选演员的过程中,省文化厅通知我们准备演出《秦香莲》这个戏。很巧,那时候我刚刚开始演秦香莲这个角色,老师那时候身体出现点小问题,有时需要我接替她一些戏,我刚刚接演了不到两三场,就接到这样的任务,很忐忑。领导研究了以后,决定由崔兰田老师和我一起演。记得当时省文化厅还去了一位领导,香港来了两个人,其中一个导演叫李铁,还有河南省演出公司的经理尹涛先生(高洁老师的老伴儿)。这个戏是崔老师的拿手戏,在河南甚至全国演出已很有影响,所以由老师演前边,我演后边。当时我是从"杀庙"开始演的。演完领导们就开会说,秦香莲这一角色由我来演。因为我当时很瘦,导演说看这么多演员,只有张宝英这个形象很接近广东粤剧的红线女,瘦瘦的。但我从心里头感到特别不舒服,我总觉得

在戏曲电影《包青天》拍摄现场,张宝英(左)聆听恩师崔兰田说戏,1979年摄

老师这一生应该给观众留下一个银幕形象,何况这个戏又是老师的拿手戏。但是我老师由于发胖,身体也出现了些状况,最终没有出演这个角色。

1979年10月,电影《包青天》进入筹备拍摄阶段。由于是第一次接触电影,我就跟老师商量,请她在现场帮我把关,她老人家就在"闯宫""抱琵琶"等几个重场戏中给我一一把关。拍摄是在年底,气温零下十几度,老师拖着病体,不厌其烦地给我现场说戏,就这样边说戏边拍。

《秦香莲》原来唱腔的唱法和现在不大一样,在电影拍摄过程中王基笑先生进行了改编。在拍摄过程中,我每天上午8点至10点学唱腔,10点进录音棚,所以现在对银幕上唱的我感觉还不是太自然。我们用了三个月的时间,把电影拍完了。在这个过程当中,我很幸运地遇到声腔艺术上的导师王基笑先生。王基笑先生经常把我叫到他跟前,让我谈一谈是如何继承流派唱腔的,鼓励我要边学习边提高,进而去发扬和创新。我说我现在正在继承,怎么有那个创新的能力?他说你毕竟不是崔兰田老师那一副嗓子,应该根据你自己的声腔特点,用一种跟上时代

的唱法来进行演唱。我说我不敢那样做,那样做怕对不住老师。他说,你不超越,你唱得又不像崔兰田,崔兰田不答应,观众不答应,那就没什么意思了。你张宝英也有特点,崔兰田的特点你一定要把它唱出来,而且毫无顾忌,就是说你一定要唱准,要唱好,但是你张宝英的特点是什么?经他这么一说,我就开窍了,他这一点化,我就知道为什么老师的唱腔是那种唱法,因为老师的嗓子很宽,声音浑厚,我的嗓音比较高昂一些,力度也比较强,在高音区方面可以发挥一些真假声混合的唱法。

老师也曾经跟我谈过一次,她说,高音区我没有你好,你一定要发扬自己的优势。后来我才慢慢尝试着在继承的基础上进行了一些探索与创新。

守正创新

1983 年,杨兰春又改编了崔派名剧《卖苗郎》,由我饰演柳迎春。但这个戏的声腔跟秦香莲又有不同。比如,大家现在最爱唱的"老公爹你消消气"这段戏,唱腔就是我如今的唱法,比较高昂。当时我学这个戏的唱腔时,王基笑老师一字一句地抠。一切从人物出发,再加上发音位置,有些地方该到胸腔部位就到胸腔部位,该高的音叫它高上去,这样唱出来就有新意,与众不同了。在声腔艺术上我也借鉴了一些科学用声,在崔兰田老师传统经典唱法的基础上,再根据流派的特点,进行了一些革新。

杨兰春(右一)、王基笑(右二)在《卖苗郎》排练现场,给张宝英、崔少奎说戏,1983 年摄

通过《秦香莲》《卖苗郎》这两出大戏,我

在声腔艺术上有了一个大的飞跃，在我的艺术生涯中是一个大的转折点。我非常感激豫剧音乐家王基笑先生对我声腔艺术上的指导。

我和王基笑先生合作的第三部戏是《秦香莲后传》。这个戏1985年参加了河南省第一届戏剧大赛。我们团当时有一个导演叫高连山，在我演出的电影《秦香莲》的基础上进行了重新构思与整理。在前部里面改的有"闯宫""抱琵琶"，在后部(后传)里他重新写了一个送儿参军、后进京寻子的情节，前后相应。因为《秦香莲》前部和后部发生的故事时

《卖苗郎》剧照，张宝英(右)饰演柳迎春，崔少奎饰演周云太

隔十八年之久，五十多岁的秦香莲在表演方面就要一定区别于前部。该怎样去塑造这个秦香莲，也给我提出了一个难点。经过老师的指导和我本人对人物的理解，我下决心后半部要演出一个稳重成熟的秦香莲。

《秦香莲后传》里，秦香莲此时已经人到中年，望子成龙心切，期盼儿子为国家效劳，没承想儿子建立功业后步了父亲后尘，也进了宫，要跟皇帝的女儿成亲，这个事情打乱了秦香莲平静的内心，因为过往的事情重现，一下子又把秦香莲的怒火点起来了。我特别喜欢这个角色，好像我就是秦香莲，我就想着假如我就是秦香莲，怎样去处理它。我对儿子那种爱，我对皇宫那种恨，都是发自内心的，当我一巴掌打在儿子脸上的时候，我甚至就像怒发冲冠一样。

当秦香莲走到庙前，看到门上写着"韩琦庙"三个字，内心一惊，疾步进到庙里，左右一看，就像看到了恩人，内心感慨万千。同时又联想到自己儿子走的这条路，可以说是悲痛欲绝，禁不住对恩人的塑像诉说。这里秦香莲有一段唱，唱腔原稿是我的音乐老师邢宝俊搞的，后来参加比赛，王基笑先生画龙点睛，又精心地

《秦香莲后传》剧照，1985 年摄

设计了一下。《秦香莲后传》的唱腔和《秦香莲》的不同点，就在于"哭庙"这一段唱，它唱出了秦香莲悲愤的诉说，特别是有些地方用轻声唱，而且以咬字为主，在气息和声音的控制处理上，一般戏里是没有的。比如，头两句"见神像拜恩人我难忍悲痛，将军啊将军啊我连叫几声"，接下来两句"昔日你为救俺母子殉命，拔钢刀刎自身血染刀红"，是在回忆当中唱的，气息要控制住。唱这段戏我内在感觉到很累，实际上就是人物回忆起以往，内心十分伤痛，但不能让观众感觉到累，还得把气息控制住，还得用技巧，以咬住字为准。

作为一个演员，在声腔艺术上应该跟上时代，我希望能跟着时代走，让观众永远听着有新鲜感。比如，《秦香莲后传》当中有一句唱，"今日你可知我当年的苦"，就使用了一种新的唱法。

艺术体悟

一个演员塑造人物要抓住观众的心理，我觉得在声腔艺术上是很关键的。唱腔要有高有低、有强有弱，轻的地方要特别轻，但还必须听到字；重的地方就像一锤定音一样，要起到这样的作用，要把唱腔的节奏感和轻重缓急处理好。《秦香莲后传》的唱腔我是比较欣赏的。为啥一些年轻的戏剧爱好者喜欢这个唱腔，但是唱的时候把握不住呢？就是因为里面的技巧比较多。所以，我也希望朋友们在学习这段唱腔时，首先要把握好这个人物，不要流于表面。比如，刚才的"苦"字，在"苦"字上做文章，在"苦"字上加旋律，作为演员是不太好控制的。因为秦香莲的苦太多了，不是苦在心里、泪流在脸上，实际上秦香莲的泪是流在心里了，她特别痛特别痛。所以能达到这样的境界，这个人物才能让人感动，让人受到启发。

　　豫剧《寻儿记》的唱腔也有自己的特点,这是邢宝俊先生设计的。他很注重崔派的唱法,以崔老师的流派特点为基础,也融入了他自己的特点。比如,孙淑林训子的时候,唱"八月十五月儿圆,娘抱儿夜空赏月玩",唱腔非常朴实,非常优美,透着一个母亲对儿子的呵护与爱。大家可以想象,八月十五中秋夜,皓月当空,一位母亲拿着扇子为儿驱蚊打扇,这是一个多么温馨的画面。所以这一段戏一定要唱得亲切。

　　这个戏比较通俗易懂一些,也很朴实,角色属于老旦行当。我也是想挑战一下之前常演的青衣行当,也是一个大胆的尝试。其实我以前也演过老旦,比如《对花枪》中的姜桂枝。为什么我没有保留下来这个老旦艺术形象呢?主要是因为我的形象太瘦了。《寻儿记》中的孙淑林跟我的体形有点接近,她带有一点沧桑。所以就《寻儿记》这出戏而言,我认为它拓宽了我的戏路。

　　《寻儿记》中的一些唱段大家都很熟悉,比如"众衙役声声请声如雷震",这时孙淑林是苦尽甘来的感觉,因为她此前受到了那样的虐待,后来也找到了丈夫、儿子,举家团圆,感到很欣慰。所以这一段唱腔比较抒情,比较刚,也比较脆。这也

1982 年,张宝英(前排左四)和恩师崔兰田(前排左三)等剧团一行人在少林寺

是我艺术生涯中很有代表性的一个唱段。

上世纪 70 年代我演出了《红楼梦》，当时刚刚恢复演传统戏，观众的看戏劲头特别大。当时安阳剧院白天播出电影《红楼梦》，晚上我再演一场豫剧舞台版的《红楼梦》。有一件事我现在还记忆犹新，我的一位老师买不到票，就搬了一把凳子坐到卖票口等着。后来市委、文化局都知道了，从那天开始每天给老太太送票。

我那时候三十多岁了，而剧中林黛玉大概就是十二三岁，到最后也就是十五六岁。声腔上的重点就是把少女林黛玉那种病态表现出来。林黛玉是一个很冷的人物，似乎从来没有真正高兴过，悲的多，忧的也多。我记得"葬花"那场戏十分凄凉，仅仅第一场上场有几句唱稍微喜悦一点，

《红楼梦》剧照，张宝英（左）饰演林黛玉，王香芳饰演贾宝玉，1979 年摄

"但只见侯门公府果然不寻常，甲第连云满庭芳"，下边其他唱腔就显得忧郁凄凉。让我感觉最难受的就是到"焚稿"那场戏，哭得我肝肠寸断，这场戏演下来特别累，下场以后好半天情绪还过不来。

在以上几个大戏中，我演唱的风格各有不同，就是做到一个戏有一个戏的唱法，秦香莲就是秦香莲，柳迎春就是柳迎春，林黛玉就是林黛玉，不能混淆和雷同。这就是我自己的特点。在唱腔技巧方面，我根据音乐设计的意图，掌握音乐中的人物形象，再加上自己的体会，运用声腔的技巧，通过我的再创造，让观众听起来不腻。

2007 年

月阳录音整理

张梅贞·《秦雪梅》

请扫码收听张梅贞原声音频

张梅贞(左)和月阳,于 2018 年夏

情深雅健
阎派松贞

　　在河南戏曲界,提起梨园伉俪张梅贞、郭健民夫妇可谓如雷贯耳、美名远扬。我与两位艺术家相识于 2002 年仲夏,我应邀前去主持洛阳牡丹戏曲艺术学校开学典礼,郭健民老师与豫剧名家李金枝、马派弟子柏青等作为助演嘉宾一同前往。在路上我和郭健民老师攀谈起来,快人快语的郭老师不仅为我讲了很多梨园逸事,还回顾了自己近半个世纪的艺术职业生涯,使我受益匪浅。在偃师的两天时间短暂而充实,除了隆重的开学典礼外,主办方还在当晚举行了庆典演出。作为主持人的我第一次近距离感受了郭健民老师的艺术魅力,他的代表作品《儿大不由爹》中"刘东海我真想喝一包老鼠药"的唱腔情真意切、酣畅淋漓,尤其是他在现场全情投入的大幅度表演身段更是入情入理,深深打动了现场观众,掌声经久不息。在郭老师演唱前,他还特意交给了我一个任务——在他演唱时为他进行录像。熟悉郭健民老师的人都知道,郭老师除了演戏之外,DV 摄像是他的最爱。豫剧大师阎立品先生的很多音像资料就是他录制的。他常帮梨园同行录像,再把视频资料剪辑好制成光盘予以赠送。

　　说到豫剧名家郭健民老师的成长及从艺经历,充满着戏剧色彩。1941 年,郭

二十岁的张梅贞

健民出生在风沙肆虐、灾害频仍的兰考县的一个回民家庭，他自幼跟着爷爷在荒郊原野放羊。上世纪50年代初，安阳市豫剧团来郑州演出，郭健民前去考试，考官以他的头小不能戴纱帽为由没有录取，但他并没有灰心，随后在郑州铁路文工团孟照修老师的栽培下学了很多戏。1955年，郭健民以优异的成绩考入漯河剧团。在这里，他被沙河调名老艺人李顺相中，也有了正式的师傅，进团当晚，他就登台演出《敬德打虎》，赢得了满堂彩。

1956年，河南省第一届戏曲观摩会演，郭健民作为特邀小演员代表，在大会上演出了《铡美案》中"见皇姑"一折，饰演包拯，一声帘内叫板："哎——晓得了啊！"声震瓦屋，炸响了剧场，从此，"小老包"郭健民在省城声名鹊起。

1967年，郭健民与长期合作的搭档张梅贞结为伉俪。婚后，他们志趣相投，共同钻研戏曲艺术。豫剧《跪韩铺》是他们夫妻合作的一出代表剧目。这出戏由郭健民担任唱腔设计，陈宪章编剧。这出戏演出后得到了专家的高度评价，并由中央人民广播电台录制播出，反响强烈。剧中郭健民饰演的包公唱腔充分利用了男声的自然音区，借鉴了京剧、评剧、吉剧的唱法，使人听起来耳目一新。

由于结缘郭健民老师，我有幸与豫剧阎派大家、国家级非物质文化遗产豫剧（阎派）代表性传承人张梅贞老师相识。作为豫剧大师阎立品先生的得意门生，张梅贞多年来致力于阎派艺术的传承，为豫剧艺术的薪火相传与推广做出了突出贡献。

张梅贞十岁从艺，是漯河市豫剧团成立时招收的年龄较小的演员。她虽然年龄不大，却是当时剧团公认的最具发展潜力的演员之一。1956年，河南省第一届戏曲观摩会演，她和郭健民合作演出《铡美案》中"见皇姑"一折，她饰演皇姑，获得物质奖。也正是通过此次演出，张梅贞开始在河南戏曲界崭露头角。

张梅贞(左)、王清芬(右)和老艺术家唐喜成(中)，1980年代摄

出身教师家庭、书香门第的张梅贞自幼受家庭氛围的熏陶，饱读诗书，因此也被戏曲界冠以"梨园女秀才"的美名。文化素养不仅拓宽了她的认知，更有助于她对艺术的理解，帮助她塑造角色，她的恩师阎立品先生曾以"梅贞就是一个戏曲电脑，过目不忘"来表达对这位爱徒的喜爱与肯定。

1978年，张梅贞正式调入河南豫剧院二团。到省团后，她如饥似渴地学习，汲取众家之长，演出了《秦雪梅》《盘夫索夫》《蝴蝶杯》《三夫人》等剧目，深受戏曲界同行和广大戏迷爱好者的称赞。1980年，张梅贞正式拜在阎立品先生门下，潜心学习豫剧阎派艺术，出色地继承了阎派名剧《秦雪梅》《盘夫索夫》《藏舟》《西厢记》等剧目。作为阎派艺术的传人，张梅贞较好地继承了豫剧阎派艺术的精华，得到了戏曲界专家和广大戏迷观众的赞扬。

2022年6月24日，张梅贞老师因突发疾病与世长辞，享年八十岁。

（本文部分内容摘自张福祥编著的《老漯河说漯河》，在此鸣谢。）

张梅贞,于 1970 年代

张梅贞自述

初入戏门

我的童年是在漯河度过的,1941 年因为战乱,我们举家逃难到了汝南县罗庄村,住在父亲的朋友家。母亲生我的时候,被安排在了父亲朋友家的一间菜园里。我现在七十八岁了,每天都给我父母的照片上香,我感谢他们的养育之恩,感谢他们在那么艰苦的条件下生养了我,更感谢他们给了我一个天生的好嗓子。

1951 年,我正式进入漯河市豫剧团学戏,但父母说没有文化未来无法立足,在父母的坚持下我回到了学校,直至小学毕业,我再次回到了剧团。我记得演出的第一个戏是《小二黑结婚》,我扮演里面的童养媳;《桃花庵》中我扮演了苏宝玉;小折子《毛红跳花园》中演小丫鬟春红。

在学校,我就是一个文艺积极分子,又是跳舞,又是唱歌,又是唱戏,又是当讲解员,反正非常活跃。我的语文老师李腾龙原来在西安香玉剧社工作过,后来他告诉我,要是想学戏就给我写一封信,让我带着信去郑州找常香玉。我就搭着火车来郑州了,到了郑州,我见到了陈宪章先生,他看了信说,现在我们不招生啦,你回当地吧,当地剧团也可以。我只好又回去了,从此在漯河剧团踏踏实实地学习戏曲基本功。1957 年,我又被保送到许昌地区戏曲学校学习深造。

回忆恩师阎立品

我是 1984 年 1 月 19 日那一天拜师的。

说起来,我拜师的过程也挺曲折的。老师的第一个徒弟是李喜华,她是湖北的,自身条件很好,个头、形象、嗓子都很好,在湖北很受领导重视,他们的宣传部长把阎老师请过去给她排戏,在那里就收了弟子。阎老师回来以后很高兴,言谈话语之中常说俺的喜华怎么怎么的。我听着可眼气,心里想啥时候我也能成为阎老师的徒弟,她就该说俺的梅贞怎样怎样了。但想归想,我却不敢跟阎老师说。就这样默默跟着老师又过了很长时间,老师演戏我就给她赶装,需要配角我就上,她演出的时候我就在下面打字幕……

终于有一天,阎老师主动说:"你请请文化厅的有关领导,还有报社的、宣传机构的,咱一杯清茶,去除这个'硌硬'。"于是就请了当时文化厅副厅长侯彦斌及导演杨兰春先生,画报社的贺永保先生,我跪在那儿给阎老师磕了个头,简单地完成了拜师仪式。我当时送给恩师的是一幅画,请漯河的一个画家陈德州画的荷花,她送给我的是她的唱腔集锦。

拜师之后,老师很认真地教我。她每天早上很早就起来了,从我家到老师家五分钟的路,我一上楼,一喊"先生",她就知

张梅贞(左)跟恩师阎立品学戏

左:《秦雪梅》剧照,张梅贞饰演秦雪梅

右:《藏舟》剧照,张梅贞饰演胡凤莲

道是我到了。那时候老师常常在家抄经,有时著名国画家、书法家、教育家谢瑞阶爷爷会来做客,他们当年在西华农场的时候一块儿劳动过,彼此关系亲近,每次老师都派我去谢爷爷家里接他,搀扶着谢爷爷从干休所到老师的小楼里。每次谢爷爷来,老师就包素饺子给他吃,吃完饭,我再把谢爷爷送回去。

老师排戏认真,看戏也很独到。有一件事我印象很深刻。在二团的时候,先生移植了越剧的《盘夫索夫》以后,先在团里排练好后才去上海观摩越剧演出。她说:"我不能在没有排好的时候去看,那样就框着我了,无形当中就按他们的路子走了,那就不行了。等我的戏路拉好了,已经成型了,再去看他们的,那就无所谓了。"排完戏,她带着我和玉英、梁济川等一行十来人到上海去看金彩凤的《盘夫索夫》,看完戏以后,先生沉默了一会儿,说主角不出奇。我很惊讶,看着金彩凤演恁好,咋不出奇啊?她说你看这个小丫鬟飘香,她虽然是个小人物,也不夺戏,该她表演的时候她很认真,满台都是她的戏,很好。这下我才知道,看戏的时候老师看的是门道,我们看的是热闹。

从上海回来以后，豫剧《盘夫索夫》很快上演了，我在剧中扮演的是妹妹婉贞。后来我也接了这个戏，1983 年全剧录了像。老师的戏中，我有幸参加了《秦雪梅》《盘夫索夫》《西厢记》《藏舟》等多出戏的演出，也给她配过《投衙》中的夫人、《西厢记》中的张生、《蝴蝶杯》中的田玉川，我知道这是她对我的栽培。

痛别恩师

党的十一届三中全会以后，先生在很短的时间里恢复了六七出戏，有《蝴蝶杯》《秦雪梅》《碧玉簪》《西厢记》《盘夫索夫》等。后来，老师又组织了一个立品剧社，有些师妹也跟着去了，当时我在二团走不开，没有参加。在立品剧社，有一两年的时间，先生带着她们排了《凤还巢》《蝴蝶杯》。老师就是这样，永远追求艺术的至境，永远都不停步，如今广为流传的清丽婉转、含蓄细腻的祥符调唱腔无不饱含着老师辛勤的汗水。

先生后来得了胰腺癌，在医学院开刀做了手术，光手术就花了十三小时，我一直站在门外等着。她从手术室出来，身上插满了管子，在病床上躺了一个月不能翻身。她对我说，这次遭罪大了，现在想想心里还是十分难受。后来，喜华得了

左：阎立品（右）让张梅贞看她种的菜长得多好，1994 年摄

右：郭健民、张梅贞夫妇和恩师阎立品（中），1990 年代摄

梅花奖，来到病房给先生报喜，老师听到这个消息，很微弱地说了三个字"比我强"，欣慰地笑了。虽然老师病重，等病情稍好一些，她又开始哼唱腔、研究人物、研究剧本的修改问题。我想，我的老师就是为戏而生的吧！

老师后来活到七十多岁，病重的时候，她仍然坚持一早起来抄经，那时候她身体已经很瘦弱了，我们有时候用轮椅推着她出去转转，但老师只要有一丝精神，还是要研究唱腔，只要一说戏，她的精神就来了。在生命的最后时刻，她给领导写了一封信，请求回家陪伴自己孤单的母亲，信的最后署名是"孤哀女——阎立品"，我看到"孤哀女"这三个字，心里猛一酸，直想流泪。

后来，医生说先生没有多少天了，我们就陪着先生回了她的老家。结果回去以后，先生又活了四十多天，一直在她老家的房子里，走完了她的一生。

志同道合的伴侣

下面说说我的老伴儿郭健民。因为他已经过世了，那我就替他讲讲吧。

郭健民这个人事业心非常强。他出生在兰考，小时候跟着爷爷放羊，他爷爷喜欢唱，他就跟着唱。老先生不吸烟不喝酒，对吸烟的人深恶痛绝，在现实生活中，郭健民并没有像他的爷爷那样。

左：郭健民、张梅贞夫妇，1960 年代末摄
右：全家福，1970 年代末摄

《跪韩铺》剧照，张梅贞饰演吴月英，郭健民饰演包拯

　　他演《张灯结彩》的时候已经四十多岁了，为了塑造人物，他弄个牙垫把两边的腮帮子鼓起来，又戴个头套，穿个高底鞋，这一下看起来人很年轻，也更接近了人物。他这个人就是这样，是个戏痴，会演的时候准备《竹藤之花》，有一天他在街上看到一个青年穿一件白底红方格的衣服，跟着人家走了两道街，拦着人家说，同志，我跟你商量一件事吧。那个人说啥事，他说我在这儿演戏呢，看中你这件布衫了，你借给我穿一个晚上中不中。人家说中啊，当时就脱下来给他了。把这件衣服一穿，形象的确更好了，那次会演拿了优秀演员奖。他也是通过这个《竹藤之花》的演出调到了省团，调到省团以后拜李斯忠为师。

　　他在三团演了很多戏。《儿大不由爹》他参与了创作，当时是封闭排练，他拿个窝窝头蹲在麦秸堆上，边啃着窝头，边哼着唱腔，"我真想喝一包老鼠药"就是他自己哼的唱腔。那时候他在家吃饭也唱，甚至上卫生间也唱，后来我听得都会唱了。再后来他又独立完成了《跪韩铺》的唱腔设计。这人一琢磨起来就入迷，天天趴到床铺上抄谱子。我很佩服他，他算是我的良师益友，对我也有很大的帮助。

　　郭健民有个好嗓子，从来不哑，在三团的时候，有时团到哪里演出被拍了倒

郭健民下乡演出，受到戏迷的欢迎，1980 年代摄

好，赶紧让郭健民上台加一段清唱，就把场面又扳回来了。在扬州会演时，他的《儿大不由爹》拿了七项大奖，当地观众说他不是扬州人，若是扬州人就是"扬州九怪"，这是专家对他的褒奖。

郭健民一生演了很多现代戏与古装戏，最后因为他的身体状况不太好，得了脑溢血，终年卧床不起。我一直期盼奇迹能够出现，但四年多过去了，奇迹没有出现。

2008 年他过世了，到目前已经十余年了，去年还按照回民的风俗给他办了十周年，阿訇给他开的经，也很隆重，他在天之灵知道的话也会很高兴的。他总觉得肝脑涂地也报不完党的恩情，是共产党把他从穷泥坑里拉出来的，他一辈子都感念在心，所以自己吃多少苦从来不在乎。他的生活习惯很简单，演戏再累都是弄两块豆腐乳就着大米饭吃。

我作为他的另一半，是非常佩服他的。如果有来生，还叫他演戏吧。一个好演员，一辈子的时间不够用，得两辈子；这一辈子，艺术刚开窍，人就老了……

2019 年 5 月

月阳录音整理

张月荣 · 《小白鞋说媒》

请扫码收听张月荣原声音频

月盈花香
德荣兼备

张月荣(左)和月阳,于 2019 年 8 月

　　在河南戏曲界,提起豫剧《小白鞋说媒》,大家就会自然而然地想起张月荣,而提起张月荣,相信大家脑海中第一时间浮现的也一定是她所扮演的那个爱吃懒做、生性刁钻、游手好闲、油嘴滑舌的"小白鞋"的艺术形象。可以说,张月荣把"小白鞋"这个人物演活了。时至今日,年逾八旬的张月荣老师上街买菜,还有许多观众能一眼将她认出,并且依然亲切地称她为"小白鞋"老师。

　　出生在豫东商丘的我,可以说是从小耳濡目染,听着张月荣老师的戏长大的。上世纪 80 年代初,中国戏曲在经历了十年禁锢后,终于迎来了冰雪消融的又一个春天,古装戏恢复,同时一大批现代戏也如雨后春笋般应运而生,涌现出了许昌市豫剧团的《倒霉大叔的婚事》、原商丘地区豫剧团的《小白鞋说媒》等一大批优秀现代戏,深受老百姓的喜爱。从未演过喜剧的张月荣因成功塑造了媒婆刘翠花,个人艺术上走向巅峰,同一剧目在较短时间内接连排演了电视艺术片、舞台剧、电影三个版本,这在戏曲界也是少有的现象。最终,既出乎意料,又在情理之中,"刘翠花"火了,"小白鞋"也妥妥地成了张月荣身上的标签。

　　如今三十多年过去了,不管顺境逆境几何,古稀年华的张月荣老师仍然时时发出爽朗的笑声。世事沧桑，没有一颗豁达的心，怎抵得过生活的洪流。回首她的艺术经历，我们无比惊讶地发现，除了她所饰演的符号式人物"小白鞋"外，由她塑造的一系列小花旦、大青衣也是令人称道的。

1952年，十三岁的张月荣凭着天生的一副好嗓子，进入东明县豫剧团。当时大喇叭里经常放常香玉大师的《拷红》，她就靠着电线杆如醉如痴地聆听、学唱。不久之后，便能演出《拷红》《断桥》等常派剧目，豫东观众称她"小常香玉"。1962年，在河南省文化局举行的收徒大会上，张月荣如愿成为常香玉的第一批弟子。1979年，豫剧电影《包青天》筹拍，集结了商丘、安阳、开封三地的演员，由安阳的崔派名家张宝英担任秦香莲一角。光影的力量影响了悠悠数载，人们几乎淡忘了曾经火遍豫东大地的"秦香莲"——张月荣。

张月荣饰演的秦香莲有着豫东大地的质朴与刚毅，与以往塑造的小花旦和样板戏里的英雄人物相比，秦香莲这个大青衣更注重人物内化的表演，唱腔上既借鉴了崔兰田先生的鼻音共鸣，又保留了豫剧老腔，唱得观众也跟着流泪。从留下的音像资料和四叶屏年画，我们就可窥到当年的受欢迎程度。

上世纪80年代中期，张月荣调至郑州市豫剧团，除了带过来的《秦香莲后传》，她再也没有属于自己的作品，仅从《狱卒平冤》中的靳氏、《风流才子》中的春鸠、《都市风铃声》中的周妈妈这些小角色来看，这位性格演员本应在舞台上有更加多彩的表演。

作为豫剧大师常香玉先生的早期弟子，张月荣的声音酷似常香玉，她传承了常老师的演唱技巧后，结合自己的声音条件和豫东

张月荣(左)和恩师常香玉(中)、师妹孙玉菊(右)，1980年代于商丘

调的韵味，形成了个人
的独特风格。每次接到
一个新角色，她第一时
间都是琢磨人物性格及
唱腔的运用，哪怕是再
不好唱的唱段，经过她
的二次创作，声音出来
总是那么贴切好听、收
放自如。

《狱卒平冤》剧照，1982 年摄

　　作为豫剧常派传
人，张月荣始终将恩师的"戏比天大"记在心间。半个多世纪的舞台艺术实践，她
曾在多部传统戏和现代戏中扮演主要角色，如《小白鞋说媒》中的小白鞋、《秦香
莲》及《秦香莲后传》中的秦香莲、《白蛇传》中的白蛇、《锦袍记》中的祁贵妃、《拷
红》中的红娘、《春暖花开》中的大嫂、《社长的女儿》中的大秀、《朝阳沟》中的拴保
娘、《家里家外》中的红烙铁、《红云岗》中的红嫂、《红岩》中的江姐、《海港》中的方
海珍、《龙江颂》中的江水英、《刘胡兰》中的刘胡兰、《霓虹灯下的哨兵》中的阿香
等，受到广大观众的一致好评。

　　回首过往，皆是云淡风轻，耄耋之年的张月荣快乐如初，清脆悦耳的笑声沁
人心脾。

张月荣,2011 年于郑州

张月荣自述

  我叫张月荣,1939 年出生在上海。大家可能觉得奇怪,你怎么是上海的?这还得从我的舅舅说起。我舅舅老早家庭很穷,逃难逃到上海,后来他开了家木材厂,谁家里头都要用劈柴,要做饭,都到我舅舅那儿去买,因为开这个木材厂他才站住脚。后来,我母亲就去投靠我舅舅了,她那时候十五岁多点。后来我母亲长大了,我舅舅就给她说了一个婆家,是上海人,人很老实、很勤快、很善良,脾气也好,我母亲就相中了,两个人就成家了,后来我出生了。

  我姊妹五个,大姐、二姐,还有我和两个哥哥。上海那时候正是战乱的时候,成天打仗,一说飞机撂炸弹,就把我们藏到桌子底下,成天吓得不得了。我记得大概八岁的时候,家里生活不好,我就跟着一群孩子去挖野菜,回来掺一点大米,就煮那个菜饭,光靠纯米不够吃。去挖野菜,要过独木桥,那个桥特别窄,人家都过去了,我吓得不敢过,尤其是刮风天气。没办法了,就蹲到那儿,菜篮子搁到前面,我就慢慢往前挪,不敢站,有风啊!一站怕掉沟里了。

入科学戏

后来解放了,我父亲身体不好,病故了,母亲领着一群孩子顾不了,怎么办?就把我们家的两间房卖了当路费,回老家投靠亲戚了。来到北方以后,终于能吃上饱饭了,还有两个姨妈,对我们非常亲。我爱看戏,每次看罢戏以后,我白天没什么事,就把门一关,自己瞎胡唱,过了一段时间,邻居们都跟我姨妈说,这个小妞的嗓子这么好,你咋不叫她去学戏呢?那时候很穷,哪有钱交学费,结果我姨妈准备了一布袋粮食,我去考了小窝班,就这样我正式走上了戏曲之路。

我进入小窝班就开始练功、学唱。有的老师很严厉,哪里做不好了,就踢一脚、拍一巴掌。我们就住在大庙里头,哪跟现在一样,练功房啥都有,那个时候冬天雪一扫,就地练劈叉;顺着墙边拿顶,老师不说下来就不能下来,下来还得挨揍。我脸上为什么那么多伤疤?都是练功磕的。我在小窝班学习两年多,经常参加实践演出。别看我人小,我的嗓子好,尽管表演还没有技巧,啥也不懂,但时间长了,也惊动了县里头了。县文化馆一个干部上我们村去了,说这小妞嗓子不错,想把我调到县里头。这是个好事,我母亲也很喜欢,为了孩子前途,她愿意叫我去。可是小窝班的领导十分不乐意,好不容易培养一个苗子,不想叫人家给挖走了。我母亲就跟县文化馆的领导说,你看我们家孩子一走,俺成了老大难了,井里的水都不让喝,你得想个办法帮帮俺。于是,县文化馆的领导就去跟俺村领导做工作,说是为了孩子的前途,县里头也需要培养人才,还不错,他们没有再难为我母亲。

梅花香自苦寒来

结果到县里头,也没有什么大的角色演,先穿把子、演丫鬟等,我就先跟小伙伴学了一个《断桥》。那时候《断桥》也不是常老师这一路,他们怎么排我们怎么演,结果领导看罢,说这个小妞有嗓子,有培养前途,就这,我在县剧团磨炼了几年。那几年我也得到了很多实践的机会，除了老包没演过，啥都演过，小丑、老旦、小旦、丫鬟，得到了很好的锻炼。我演过《十二寡妇征西》，那是个老旦，还演过《刘胡兰》，那是个时装戏。我年轻时候嗓子很好，戏深浅不说，但一腔遮百丑，他们都挺喜欢。

后来，因为剧团发生变动，一分为二，我就到了开封单绍莲老师那个团，后来又到了商丘。因为县剧团几年的磨砺，我的唱腔和表演也都趋于成熟了些，嗓子应用自如，知道怎么唱戏了。我到商丘豫剧团演了很多角色，还演过《江姐》，记得有一次中南区会演，跟许昌剧团的几个同行坐到一块儿了，他们问，你们那个演江姐的来了没有啊？我说我就是。他们说，你怎么跟台上不一样啊，舞台上那么洋气，下面怎么这么土啊！我那时演江姐穿的旗袍，打扮得很洋气，可平常我们的生活条件很差，能穿暖就不错了，哪有条件讲究。别说洋气了，我从来没有买过成瓶的雪花膏，那多贵啊！都是骑一辆自行车，带一个瓶子，掂两毛钱的雪花膏。

在商丘剧团，我演过很戏，如现代戏《红嫂》《海港》等。那时我最拿手的还是《拷红》，无论到哪儿演出，前面都是垫《拷红》一折，所以落了个"小常香玉"的雅号。那时候也年轻，模仿能力特别强。年轻时靠在电线杆上听大喇叭唱戏是最难忘的记忆，只要一放常老师的唱腔，《拷红》《花木兰》《白蛇传》《大祭桩》，我就不走了，她唱多大会儿，我站多大会儿；大喇叭唱完以后，我就跑到那舞台前厅去练，一练就是一晌，人家都吃罢饭了，我都不知道。我可迷常老师的唱腔，所以后来就拜了常老师。

后来有一个机会，是虞城县的文化馆馆长写了个剧本，叫《山猫嘴说媒》，后来又改成《小白鞋说媒》，要叫俺们商

张月荣（左一）在《小白鞋说媒》排练现场，1981 年摄

《小白鞋说媒》剧照

丘地区豫剧团排,这个女主角就是媒婆刘翠花,叫我演。当时我想,我过去演的都是李奶奶、方海珍、江水英、红嫂这类角色,从来没有演过油腔滑调的人物,还是个主演,我就给导演说,不行不行,这个角色我不演,我没有这个能力。不是说光我自己发愁,年轻人看见我都说,张老师,俺都替你发愁,这个角色不好演啊!结果导演把我说了一顿,下任务,七天连词带唱都要学会。

我几夜都没好好休息,都是熬到凌晨三四点,背词啊,中午做饭的时候也在琢磨。那真是作了大难。记得先期录音的时候,实在记不住了,我就拿着词录,没办法,那词太多了,真是赶着鸭子上架。还有"猜枚"那一场,我从来不会喝酒,导演就把词写在一张纸上,什么哥儿俩好、六六顺、七星灶啊,叫我背了一晚上。还有人物要吸烟,我不会,就自己买一盒烟,学人家那姿势,练磕烟的动作,还试着吸,吸了一盒烟,结果吸得头晕。拍"月下对象"那一场戏,是在野外桃园里拍的,也是晚上拍的,打灯的人都穿着军大衣,我穿一件秋衣和一条毛裤,手感觉已经冻僵了,不当家,掏手绢都掏不出来。冻得我到家暖半天都没暖热。我当时就说,这个拍电影、拍电视怎么那么受罪,以后我再也不拍了。我拍到最后那一场的时候,有个场记还有打灯的剧务人员都说,张老师,你快出名了。我说还没拍完呢。他们说,你看吧,这个拍出来你就火了!我说希望是这样,可觉得也不大可能,因为有时候连词都还不熟,怎么会拍好啊!

没想到这个戏一播放出来,你都不知道俺收了多少封信。因为那个年代喜剧很少很少,我也是沾了题材的光,抢先了一步,所以才有这个效果。要是搁到现在,就不一定有这效果了,因为这样的作品太多了。

后来我们又上郑州演出,在中州影院演出了三天,结果俺要回去巡演了,剧院经理说,你不能走,观众要求再演三天。我们说,俺们都定好剧场了,怕违约了,不能不走啊!他正说要延长呢,电影制片厂来人了,来跟俺领导协商,说要拍电影,后来把我们定好的演出一概拒绝了。又在郑州多演了几天,那个效果是真好,剧场笑声不断。演完以后,接着就拍电影。在公园里头试了两场,试完以后就上禹州神垕拍外景了,内景是在北京电影学院拍的。

调离商丘

结婚有了孩子后,我经常出去演出,孩子爸爸要上班,家里很难顾得上。母亲去世后,孩子没人管,没办法了,就想起来在郑州黄委会退休的孩子爷爷奶奶,希望他们能照顾一下,二老满口答应。后来,俩孩子就在郑州黄委会上了小学,我每月给他们寄生活费。可老见不着孩子也不是法儿,就想着调去郑州。孩子爸爸说,你说得容易,那不是一句话的事,职工、技术员倒是挺方便的,没几天就调过来了,角色都在你身上呢,咋走?果然,剧团领导、商丘领导都不同意。说实在的,他们对我相当不错,我很作难,就跟局长说。局长说,上级领导不愿意,你的角色很重,当然还有很多 B 角,演得也不错,但还有一定距离,剧团也需要名角带领啊。那个部长也这样说,上级领导不同意俺也没办法。我真是走投无路了,说不中,我今天找到黑,也得找到商丘的第一把手。刘玉杰书记是俺商丘的第一把手,是个女干部,非常好的一个老大姐,我找了半天,算问到刘书记家了。我说,刘书记,你看看我母亲不在了,孩子跟着爷爷奶奶在郑州已经四五年了,他们年龄大了,照顾俩孩子上学可费劲,能不能放了我。我今年都四十六岁了,要是团里再不放我,人家都不要我了。你一定得帮帮我。

她说,那郑州是不是同等待遇啊?我不理解啥意思。她说,到那儿了你还是不是团长?要是同等待遇咱可以考虑。我赶紧说是,当时联系的就这样说的。刘书记就给我写了一个条子。老伴儿很快就联系到了郑州市豫剧团的张修身书记,没有几天就把我的关系调到郑州来了。

没想到,我调到郑州后,剧团里头也比较紧张,大部分演员都去拍电影了,家里剩下一半年轻人。剧团的曹会计说,连买蜡、买扫把的钱都没有。正好我去的时候带了《秦香莲后传》这出戏,我们用十一天排出来了,服装啥的都是能凑合就凑合,什么都没有添,在东方红剧场一演就是两个半月。别说观众了,连俺剧团的人都是排队买票,我说这上帝真是帮我,这是我的幸运。那个票简直是不够卖的,我记得高价票卖到八毛。后来,省电台还叫我去录音,整个全剧都录了,还有好多记者写的文章。

因为演出效果好,收入也可观,领导特别高兴,也很关心我,说月荣,你光晚上来演出,白天不要来上班,把嗓子养好就行了。因为那时就我自己演,还没有安排 B 角。心想,这领导真好,对我真关心。记得头一个月剧团奖励我,给了我两个月的工资,我说,我拍电影也没有给我两个月工资,我非常感动。

张月荣怀抱二女儿刘思祺,1966 年摄

张月荣,1982 年摄

省城绽异彩

调到郑州后，不管是大小角色，还是其他工作,我都尽力干。有一次,俺那管化装的老师有事了,没在家,需要找人,正好我闲着了,我就对团长说,别找人了,我管两个月吧。还有一次演《风流才子》,俺团一个演傻丫鬟的女学生有事,请假了,结果没法了,我说我上。剧团里人都知道,干点活儿,你不闲着,大家都不说啥,闲着每月拿工资,你自己也难受,我就是这,不管大小活儿,只要是团里的事,我都干。我在团里被评过两次先进,大家关系都非常好。我在市豫剧团这几年非常愉快,演员多,名家多,都有自己的戏。

我调到郑州后,好多人说,你把《小白鞋说媒》这个戏拾起来吧。我不想拾,因为那时候经常在下边演出,一天三场,感觉太累,所以我光找理由,说本子已经找不见了,啥也找不到了,最后就没有排。后来,我还参加了《家里家外》的排演,杨兰春老师给俺排的;1996 年又排了一个《都市风铃声》,我演周妈妈。

我欣赏常老师的唱腔,又喜欢常老师的为人。1962 年,我记得当时的郑州市文化局庄处长到商丘跟俺领导联系了,说常老师要收几个学生,其中有我,几月几号上郑州正式拜师。赶得不巧,我那时候正怀着俺大妞,都六七个月了,所以常老师收了俺几个学生,她们都演了节目,我没演。老师教了一个《大祭桩》,学唱腔我都参加了,排练我光坐那儿看了,没参加演出。常老师的唱,那技巧和韵味真是特别特别的细腻好听。当时我都听得入迷惊住了。原来光听个大概,她这一指点,才知道她这个唱腔的功底深得很。所以,通过常老师的亲口传授,我在唱腔上有了很大进步,就是演员不能傻唱,还要有情入味儿。你要唱着没味儿,能吸引住观众吗？观众会排队买票吗？《秦香莲后传》我唱那大板戏的时候，观众连个咳嗽的声音都没有，因为啥？观众在仔细欣赏你的唱。如果你唱着戏，底下乱哄哄的，那是没有吸引住观众。所以要把戏唱出味儿来。

夕阳无限美

1990年我退休了，当时退休的有华翰磊老师、我，还有一个老师。退休后的生活非常愉快。当演员的都知道，不管刮风下雨，严寒酷暑，常年在外奔波，饿一顿、饱一顿，没过上几天安稳日子。这一退休，生活轻松了，家里孩子们也能照顾到了，给他们一天三餐按时做，孩子们一好，我也高兴了。没事的时候，掂上菜篮去买菜，在院里头唱唱，心情愉快，人家可羡慕了。

现在我的负担小了，连我大女儿都退休了，我也算熬出来了。我今年都八十岁了，闺女、孙女他们都很孝顺，经常带我出去旅游。我现在非常幸福，请戏迷朋友、我的好朋友们都不要挂念，不要操心。年轻的时候是福不算福，现在老了有福，那才叫福。

我和戏曲广播是多年的老朋友了，我们之间就是鱼水的关系和情谊。你们这么多年办了很多活动，和戏迷朋友们在一块儿娱乐、演唱，很开心。希望大家继续关注支持！

我小时候练功的条件不好，关节留下了后遗症，现在右腿有时候有点疼，所以没事我就多走路，锻炼锻炼。我现在搬了个新家，环境不错，住二十八层，阳台就朝着东区方向，视野很开阔。王

2016年，张月荣参加豫剧祥符调寻根演唱会

左：2015 年，张月荣在澳门

右：张月荣（前排中）过生日，和儿子一家欢聚

素君老师到我家一看，很羡慕，说，月荣，你这个地方怎么这么得劲，到你家我算开心了。我吃的东西有时候也可简单，但是也不是省，就是注重养生。

　　人总会老的，但晚年生活你自己得想办法打理，因为儿女们太忙了，他们没办法时时刻刻陪在你身边，所以你自己就要想办法调节，把身体照顾好、生活安排好。希望老年朋友们也要把自己的生活管理好，有事别往心里搁，希望大家每一天都开开心心，这比啥都好。

2019 年

月阳录音整理

第五章

郑州三玲　遐迩闻名

刘伯玲 · 《程咬金照镜子》

请扫码收听刘伯玲原声音频

桑韵玲姿淡亦真
苍柏茂茂不争春

刘伯玲(左)和月阳,于 2019 年 8 月

　　纵观著名豫剧表演艺术家刘伯玲老师的艺术人生，就触摸到了郑州市豫剧团的发展历程，以及当年闻名梨园的"豫剧三玲"的风云际会。很多人记忆深刻的是，当年红遍大河南北的《程咬金照镜子》，让剧中"七奶奶"的扮演者刘伯玲走上了艺术的新境界。

　　1963 年，著名豫剧表演艺术家桑振君调至郑州市豫剧团，正当青春的刘伯玲有幸与其同台演出了《桃花庵》《打金枝》《观文》等剧目，长期的耳濡目染和她本身的颖悟聪慧、勤学苦练，桑派艺术的很多东西都潜移默化地融会到了她身上，也因此夯实了她较多继承桑派艺术早期审美特质的根基。

　　在那些风云起伏的岁月里，刘伯玲抓住一切机会向桑先生求教。1977 年，为了学习桑派代表剧目《姐妹告状》，她远赴邯郸，在桑先生的家里，用了很长一段时间潜心磨炼。诲人不倦的桑先生怜她的虔诚与天分，不仅教她唱腔规整、动作规范，更重要的是引导她如何悟到内在精髓。

　　刘伯玲对于桑派艺术是忠诚敬畏的，但她没有执迷于一腔一式的亦步亦趋，而是以敏锐的艺术直觉，考量时代审美的需求，在保持桑派韵致的前提下，结合自身条件灵活地调整人物的内心活动与思想情感。

除了悉心研究桑派艺术，刘伯玲还与陈素真、常香玉一起演出过《梵王宫》《柳河湾》，亦曾追随阎立品潜修《秦雪梅》。也恰是因为有了这样采风撷英、互为交融的艺术素养，才使得她对桑派艺术的把控既可深切入微，又能走向破格。

1981年，郑州市评剧团在原有基础上组建了郑州市实验豫剧团，时年四十岁的刘伯玲调至该团任领衔主演，作为建团造势的开炮戏，新编豫剧《程咬金照镜子》应运而生，选定由刘伯玲担纲饰演程七奶奶。《程咬金照镜子》剧中的七奶奶于粗狂中见娇媚，泼野中见娴静。这既不属于刘伯玲惯常扮演的花旦、闺门旦、青衣，也不属于老旦、彩旦行当，而是糅合了多个行当色彩的人物。

刘伯玲紧紧抓住七奶奶"漂、帅、脆"特定的性格基调，以独立思考和审美方式进行创造，内化桑派唱腔的核心特色，穿行于花脸、武生、刀马旦的表现手段，甚至吸收了京剧荀派的某些特点，大胆采用撕水袖露肘的表演。她塑造的七奶奶成趣天然，很接地气，散发出个人灵性的光辉，形成独具一格的个性化表达。该剧在郑州一举打破了连演一百五十余场的纪录。2016年8月，她将《程咬金照镜子》传授给了河南素雅青年豫剧团，并在郑州成功首演，广受群众欢迎。

左：《大河奔流》剧照，刘伯玲饰演晚晴，1970年代摄
右：《柳河湾》剧照，刘伯玲、赵小毛、常香玉、虎美玲（左起）同台演出，1970年代摄

郑州市豫剧团"三玲"刘伯玲(右二)、虎美玲(右四)、王希玲(左二)和市委老领导合影,1979年摄

纵观刘伯玲的艺术历程，她以承自桑振君的艺术胸怀，通过丰富的舞台实践，形成了兼收并蓄、触类旁通的艺术理念。其唱腔中既有桑派的吐字乖巧、韵味醇厚绵长，又兼具阎派的典雅细腻和马派的脆媚泼辣。

时光荏苒，如今刘伯玲从艺已逾六秩春秋，无论辉煌抑或寂寥，无论生活曾给予多少磨难，她都风轻云淡地一笑而过。回首往昔，她淡然地说："人生就是这样，你自己的苦难自己解决，不能带到人前，无论啥时候都要给人一个微笑。"令人感动，也发人沉思。

刘伯玲自述

刘伯玲，于 1980 年代

　　我于 1941 年 10 月 27 日出生，祖籍河南安阳。父母年轻时到许昌做生意，所以我出生在许昌。我有两个哥哥，共姊妹三人。我 1955 年正式进入郑州市豫剧团学戏，那个时代，全国的戏曲演员都是一个训练模式，就是从基功练起。1955 年，郑州市豫剧团正式进入国营。我们一起进团的时候有五个人，我、王希玲，还有省戏校的李尚英，还有两个已经不搞这个行业了。进团以后，头一天老师们就给我化装，叫我穿兵上场。

　　当时，河南人民剧院前的十字口电线杆上立了一个大喇叭，里面经常播常香玉、马金凤、桑振君、崔兰田、阎立品等名家的唱段。那时候我年龄小，上学功课也不重，晚上吃了饭没事就到十字路口那儿听戏。

　　团里有基功老师，每天监督我们压腿、踢腿、下腰、上顶，每天都要练好几小时，就是下雨下雪也不能停止。我捏腰时都晕过去两次，当时什么也不知道了，直到现在我的腰还有毛病。练功很苦，参加剧团一年多的时候也有过动摇，但还是没舍得离开。

　　那时候，剧团里只派了一个教练基功的老师，其他的身段、表演、唱腔等根本没人教,都要自己去学、自己去练。那个时候没有剧本,也没有音乐设计,都是老师一句句地教,我就想着,老师那么辛苦地教我们,若是半途而废实在对不起老师。也许老师看出了我的思想波动,多次鼓励我,说我是这个材料,将来一定会成功的。我记得当时老师给我举了很多名演员的例子,说一当上名演员,就能养活一家了。我一想,反正干啥行当都是干,况且我又酷爱戏曲,就这样坚持了下来。

那时候没有电视,电影也很少看到,人们的精神娱乐就以看戏为主。我们下农村演出,有时候一天演两场,甚至三场。那时候赶场都是夜里,一说赶场老师们都坐着马车走了,因为她第二天还得去演出呢,我们这些小学生,都是跟着老师的马车走路,走一路睡一路。有人问睡着怎么走路?我确实有体会,睡着真的能走路。刚解放的时候,飞机场那边的大路比较宽,有时候我们到飞机场附近的祭城演出,演出完回来,没有交通工具都是步行。我们都是走台步,跑圆场,翻跟头,打虎跳,走前桥,一路练着走过来。那时我们的演出非常频繁,郑州市里面这几个剧场,群众剧院、南关剧院、管城剧院,都跑过来了。

"偷戏"成才

因为没有固定的专业老师给我们排戏,我们学戏都是在场门上看老师们演,用行话说叫"偷戏"。有时候老师们有个头疼脑热的,或者谁家里有啥事,戏临时没人演了,我们这批学员就得顶上,救场如救火。我比他们四个人年龄大一点,老师们就让我上旦角。那时候年轻,精力充沛,一场戏演完就觉得像玩一样,下来一洗脸就又跑出去玩了,那时候我十六岁。

就这样,剧团的老师们看我还可以,慢慢就让我多学一些,《救风尘》《沉香扇》

《三拜花堂》剧照,刘伯玲饰演张月娘,1950年代末摄

也会了,《救风尘》是一个闺门旦戏,《沉香扇》是小旦戏,闺门旦同时扮小生,我小生的功底就是那个时候打下的。因为华翰磊老师经常演男扮女装、女扮男装这一类的戏,我们跟着她演了好多这样的戏,像《沉香扇》《谢瑶环》等。

我刚进团的时候,团里演出《红楼梦》,老师们都是主演,学生演丫鬟,我演的是紫鹃,演到"黛玉焚稿"这一场,我在台上已经快睡着了,黛玉一说要诗稿,我就迷迷糊糊起来,一扭一扭把那纸、火盆拿过去了,演得像做梦一样。小时候我瞌睡多,不知道咋回事,整天在后台睡觉,也老是因为这个受批评。不过受批评也好,慢慢培养了我的责任心。

我小时候还有个毛病,就是老笑场。有时候老师们唱《老羊山》,我演的是个旦角,又叫我戴胡子,我一看那个样儿感觉很好笑,到前台了,还得演花脸的程式,我忍不住笑开了,下来开总结会就得挨老师们的批评。演出《海防线》的时候受批评,也是因为笑场,我演小特务,这个人物装哑巴到海防上联系特务头子,演特务的演员胖,他那个脚一下子踩到布景缝里了,我又在前台笑开了。

有一年,我们团在东方红剧院演出《白奶奶醉酒》,希玲演白奶奶,美玲演傻妞娘,我是傻孩娘。美玲从下场门上,我从上场门上, 那次笑场笑得最厉害了。俺俩对着脸一起上场,我一看见她的脸就想笑。还有俺俩在台上争辩,"你看看恁妞儿长这样","你看看恁孩儿长啥样",又憋不住笑。结果那场戏满场都在笑,笑得俺俩台词也说不成了,观众在台下也笑。下来以后挨了好一顿批评。二十岁以后就改掉这个毛病了,因为知道了演员的职业规定和要求。

后来老师们看着我们进步不小,就开始给我们排戏。我们排的第一个戏是《空印盒》,当时我们团到河北演出,河

《白奶奶醉酒》剧照,1970 年代摄

北四弦剧团有这个戏，所以到石家庄后我们就移植了这个戏，我演青衣。第二个戏是《王老虎抢亲》，希玲演的小生，我演的王老虎的妹妹，属于闺门旦。我就是从那个时候开始走上闺门旦道路的。因为华翰磊老师是演花旦的，我小时候学戏学的大部分是花旦，我接她的戏接得多一点。后来我不仅演闺门旦，也演花旦。通过演出这几个戏，我们也算是有了一些小名气，算是正式演员了。在《两条战线》《社长的女儿》《东风解冻》《祝你健康》等现代戏中，已经开始领衔主演了。

跟随桑振君学艺

从 1955 年到 1963 年，这个阶段我演了很多大戏。1963 年，桑振君老师就到我们豫剧团了，桑老师之前演出的《桃花庵》《观文》《打金枝》《游龟山》我们早就熟悉了，除这些之外，《东风解冻》《社长的女儿》《祝你健康》等这些现代戏都是她自己设计的唱腔。《东风解冻》她还参与演出了。《祝你健康》中她演的闺女她妈，我演她的女儿。因为当时没有音乐设计，都是桑老师给我们哼一遍，我们跟着学。所以说每天都是她教我们，她在郑州这几年又要创排剧目，又要教戏，真的很辛

1978 年，刘伯玲（后排中）和恩师桑振君（前排左二）、华翰磊（前排左一）、孙长江（后排左一）等人相聚

左:《断桥》剧照,刘伯玲饰演白素贞,1963 年摄

右:《杨门女将》剧照,刘伯玲饰演柴郡主,1965 年摄

苦。

　　60 年代以后,我跟桑振君老师学习了几个戏:《打金枝》里我演的金枝;《桃花庵》里她演窦氏,我演小尼姑;《观文》里她演秦雪梅,我演丫鬟。她的唱腔我非常喜欢,感觉非常与众不同,那时候就决心学她的风格,也格外用心,她在这时演出的几个戏我都学会了。《对绣鞋》是她 70 年代重新排的。《游龟山》是 80 年代演出的时候我才学的,后来由于剧团任务繁重,这个戏没有公演。

　　正式拜在桑老师门下以后,老师就一招一式地教我了。当时那个教育方法很像是家庭教育的模式,跟现在戏校学生上课不一样。现在每一节课四十五分钟,课上我把东西都讲给你,下课就算拉倒了。跟桑老师学戏是常态的,因为 1963 年她来以后,都在团里住,我也在团里住,没事就到她屋里学,桑老师从唱腔到动作,都很详细地教我,所以,这个阶段使我终生受益。

　　现在回想起来,桑老师也是看我是这个材料,我又比较喜欢她的戏,所以她也愿意教我。我年轻时候和老师的嗓音还是比较接近的。那时候每次演出都要吊弦,比如晚上有演出,上午必须吊一遍,为了节约嗓子,保证晚上演出,都是让我替她吊弦,那个时候团里很多同事都说我已经到了以假乱真的地步了,如果不见人,都以为是桑振君老师唱的。后来演《程咬金照镜子》又用的大嗓,加上年龄大了,声带整个都变厚,声腔就没之前细腻了。

　　桑老师这个人确实很了不起,上世纪 50 年代她就能把唱腔研究到这个程度,我觉得确实不错。她演出的《打金枝》我记得第一次听是在 50 年代,现在再听,依然没有落后过时的感觉,这就是桑派艺术的魅力。

　　因为过去的戏曲创作没有音乐设计,很多有成就的艺术家完全是靠自己琢磨,最后形成了流派。如今时代不同了,虽然说唱腔设计有了专业人员,但是演员如果有能力,能发挥出自己的创造性,和音乐设计结合到一块儿,还是会出流派的。

学艺更学做人

　　我的恩师桑振君先生不仅艺术高超,而且平易近人。我的人生和艺术都受到了她的熏陶。她说,作为一个演员,只是与其他行业不同,你下来还是平民老百姓,不能高高在上。那时候,演员的工资要比一般行业稍高一些,不能觉得你工资高就是个人物了。现在有时候我在公园玩,他们都说,刘老师,你咋跟俺老百姓一样?我说我就是个老百姓。演员不要把自己抬得太高了,大家只是职业不同,你除

左:刘伯玲(左)跟恩师桑振君学戏,1982 年于郑州
右:刘伯玲(左二)和恩师桑振君(左三)、琴师刘福庆(右一)

了会唱戏,其他方面说不定还不如人家呢。

桑振君老师的《桃花庵》我也接了,后来由于演出任务重,关键是团里还有其他不少好演员,你不能总是自己演,所以后来就不演了。桑老师经常教导我们,饭不能一个人吃。后来我一般都是演折子戏,比如《对花枪》《对绣鞋》等。

过去常演的剧目有《程咬金照镜子》《对花枪》《唐宫娇女》等,《对花枪》的唱腔是以马金凤老师的唱腔为基础,但是稍微有点不同,里面也有我自己对人物的理解。因为我唱桑派时间长了,可能也习惯成自然了。主要唱词还是一样,但是韵味不太一样。"小丫鬟上楼去对我说,我的姑娘啊你不知晓啊,咱的客厅内来了一位俊公子,只长得那个又白又胖相貌齐。老身听此言我的心欢喜,一心想到客厅看看去",类似这些唱段,我就继承了老艺术家的唱法,因为小时候我就好学唱这些段子。

同样一段戏,反正是各有各的唱法,对唱腔的把握也要根据剧情和人物需要自己进行处理,轻重缓急一定要控制好。当然要做到收放自如也是需要功力的,尤其对于年轻演员,需要长年坚持不懈地苦练。你不能脱离剧情去唱,要用心,一

《龙江颂》剧照,1970 年代摄

《朝阳沟》剧照,1976 年摄

且走心,你会创造出来很多东西。

　　"文革"期间,我们演出了很多现代戏,如《杜鹃山》《红灯记》《龙江颂》等。《红灯记》中我演慧莲,这个角色只四句词,也没人重视,当时音乐设计说,那你随便唱吧,也不给你设计了,让我根据剧情自己发挥。这四句戏词连一个过门也没有,但每次演出,我唱完这四句以后,台下的掌声齐刷刷地就响起来了。当时的郑州市委书记王辉还曾专门对我的演唱给予称赞,我也挺受鼓励的。后来他又要求全团停演,共同研究唱腔。大家就分成小组集体研究,又专门根据李铁梅这个人物重新设计唱腔。我们现在听到的唱腔可以说是音乐家和全团同志集体智慧的结晶。

淡泊人生,清白艺术

　　1987 年,由于种种原因我离开了郑州市豫剧团。离开剧团后,山西阳泉豫剧团的领导邀请我去,所以到阳泉是第一次搭班。阳泉的同志对我都不错,在那儿待了半年,排了一个《狐仙女》,可是山西的饮食我一直不适应,这个戏演完以后我就回来了。

　　回来后,新蔡豫剧团的书记、团长又来请我,让我帮忙去带带他们的剧团。新蔡在河南省驻马店市的东边,紧挨着安徽省,这个县是贫困县,这个豫剧团演员的嗓子都相当好,经常下乡演出,就是不太规范。我到那儿之后给他们排了《四姐下凡》《程咬金照镜子》《唐宫娇女》三个戏。《唐宫娇女》角色多,人人都有唱,人人都是主角,每个演员都能显示出自己的水平。后来,我又把他们带到河北演出,反正这一年多排戏、演出都没有停过。

　　后来由于身体原因,我就离开了新蔡豫剧团,又被巩县豫剧团请过去了。当时,先是当地一个比较有名望的医生杨天祥来的,后来巩县豫剧团的书记、团长都来了,盛情难却,我就去了。在巩县豫剧团先后排了《对花枪》《程咬金照镜子》等,后来剧团带着这几个戏到山西演出,观众反响还是不错的。从巩县豫剧团回来之后,又带过宝丰豫剧团几个月。

演员的天职就是给老百姓演出。作为主要演员,你到哪儿都得演出,所以,我有时候到剧团就不排那么多戏,因为观众喜欢,必须得叫你亲自演出,有时候身体有病了,观众也要求演。我那时候已经有糖尿病了,但是自己不知道,演完戏经常发烧,身体实在受不了,只能咬牙硬撑。《程咬金照镜子》这个戏非常吃功费力,尤其是"坐轿"那整整一大段唱,一场接一场,赶得特别紧,也特别累。

和"七奶奶"的缘分

豫剧《程咬金照镜子》是郑州市实验豫剧团的第一个戏,当时豫剧团刚成立,大家充满雄心壮志。张同春把这个本子送去以后,我们提提意见,修改修改,就开始排了。我是唱闺门旦和青衣行当的,当时也不敢接这个戏,因为我不唱泼旦戏,剧中"七奶奶"有三百多句唱。后来大家都劝我接下来,我也只好接了。

这部戏的编剧是张同春,音乐设计是范立方。我希望音乐设计能够根据演员条件设计唱腔,也就是因人设戏,我和范老师在音乐创作上配合得很好,他非常尊重演员的想法,到现在我俩关系还是不错的。看了剧本以后,他首先肯定我的

《程咬金照镜子》剧照

想法,当然他也有他的想法。他先让我自己唱,他也唱。演员在唱腔创作上是有一定局限的,还要依靠音乐设计来弥补、调和。当时范老师就拿个录音机往那儿一放,我就凭自己的理解随意唱,我唱完以后,他再进行调整、创作。我觉得这个戏的音乐设计走这个路子是正确的。

戏曲电影《程咬金照镜子》剧照,刘伯玲(左)饰演程七奶奶,李长安饰演程咬金,1982 年摄

那时演出都是包场的,在东方红剧场就演了 50 多场,文化宫演了近 30 场。这个戏当时一共演了 150 多场。后来电影制片厂主动找我们,说想拍个电影,电影一共拍了四个月。我也是头一次拍电影,最开始也不懂,当时也确实作难了,因为戏曲舞台毕竟跟电影艺术不一样,总之克服了种种困难,总算拍完了。拍完以后,我一直不敢看样片,一看我就先捂住脸,不适应电视妆。

拍的时候我们简直就像木偶一样,很不适应镜头。因为咱演一辈子戏,都是连贯着演的,只有连贯着才有激情,但拍电影就不是。骑毛驴那场戏是最后拍的,那时拍着拍着我的脸突然肿了,眼肿得双眼皮也粘不上,没办法就躺了一上午。电影播出后反响还是不错的,当时这个片子在东南亚发行得多一点,还有外国人给我写信、寄明信片。

幸福之家

我的爱人孙长江原来是郑州话剧团的,团址就在郑州市人民公园。当时郑州文化系统开会是经常的事,所以我们很早就认识。其实,最初我们两个都没有这

刘伯玲(左)和爱人孙长江,1970 年代摄

个意思,到公园里总是碰见,就站那儿说几句话,去喊嗓子也在一起。我觉得他脑子很聪明,演戏还是可以的。其实这种交往放在今天不是啥稀罕事,但是那时候人比较封建。不多久,我们两个交往的事就传到桑老师耳朵里了,桑老师追问此事,吵我一顿,我也不敢再跟他来往了。

有一天我们演出《打金枝》,我不知道他去看戏了,恰巧我也忘词了,演出后就有人说孙长江来看你的戏了,你忘词是因为看到孙长江了吧?实际上我真不知道,真是冤枉死了。但从那时候起我再也不敢见他了,但是越是不见越是老想着这个事。他后来就给我写信,出于礼貌我也给他回信,就这样随着交往的深入和彼此的了解,我们正式确立了恋爱关系。1966 年 1 月,我和孙长江举行了结婚典礼。

1966 年 11 月,我的大儿子出生了。老二出生后赶上"文革",就随我们下到农村去了。两个儿子都没有学戏,因为我在剧团待的年数多了,觉得男演员唱戏不容易,男孩子到十五六岁就要变嗓,如果变得好,你就能当一个好演员,如果变不好,就得一辈子混武行。两个儿子已经成家立业,他们很孝顺,我们两口很知足。

我现在年纪大了,一切顺其自然地过。我的口头语就是哪儿好玩上哪儿玩,哪儿开心去哪儿玩!反正我与世无争,退休了啥也不想了,能安享晚年就知足,只要顾住身体，不给儿女们找麻烦，就是最大的福气。

我在家没事，有些戏迷朋友愿意跟我学戏我就教。我前年收了两个戏迷朋友——石玉霞和胡春梅，她们非常喜欢桑派，唱得也不错。学桑派的年轻人现在特别多，比如全玉杰、韩飙、孙龙存等，都非常优秀。我觉得这些年轻演员多学点没什么坏处，最好各个流派都学一点，也就是汲取各家之长为我所用。将来自己有什么新的作品，就可以发挥之前的所学，从而厚积薄发。

七十八岁的刘伯玲在《桃花庵》中的扮相

河南戏曲繁盛，戏迷群体庞大，而且有很多戏迷朋友确实唱得非常好。有的愿意拜师学习，我就认真地教他们。因为戏曲演员必须有戏迷支持，没有戏迷喜欢算不得真正的好演员。只有大批学生、戏迷愿意来学习，桑派艺术的继承才有希望。

2007 年

月阳录音整理

王希玲·《风流才子》

请扫码收听王希玲原声音频

生旦不挡技一流
风流儒雅写春秋

王希玲(右)和月阳,于2018年夏

从事戏剧艺术文化传播与坚守的二十年,每每见到著名豫剧表演艺术家王希玲,我的脑海中都会蹦出一个叫"魅力"的词汇。那么究竟何为魅力?我想,一个人真正的魅力绝不是靠外表,因为那只是短暂的、暂时的。一个人真正的魅力是来自内心坚守的那份力量,是专注于一件事的表情和对梦想的执着追求。那份魅力是岁月沉淀下的优雅,是与世无争的从容,是面对惊涛骇浪的淡定,是内心的坚定与笃定,是内心永不褪色的激情,是面对任何人和事物的宽容。

王希玲老师作为一位杰出的豫剧表演艺术家,她对我的影响不仅仅是她那平易近人、熠熠生辉的人格魅力,还有她那令人心驰神往、勾魂摄魄的艺术魅力。

8月的郑州已迎来秋的气息,硕果累累的秋色透着丰收的喜悦。窗外天高云淡,秋高气爽。当我几乎是一口气将《风流儒雅写春秋》这本书读完的时候,禁不住被书中的主人公——享有"当代中原第一小生"美誉的著名豫剧表演艺术家王希玲老师那"腹有诗书气自华"的非凡气度及高深艺术造诣所折服。

最初听到王希玲老师的名字,是在上世纪90年代末。那时还没有毕业的我,为了圆自己的一个演员梦,背着家人用借来的学费报名参加了由河南电视台电视剧部开办的暑期演员培训班。而这个培训班的创办人之一、戏曲剧作家张新秋老师，恰巧就是《风流才子》这部经典豫剧的编剧。那时，还没入媒体行的我，只知道河南有档名牌电视栏目《梨园春》，以及河南的三大剧种：豫剧、曲剧和越调。而对于河南本土的戏曲演员就知之甚少了。那个阶段，除了上课之外，听张新秋老师等谈论最多的便是当时正处于低谷时期的戏曲创作。言语之间当然还有他的得意之作豫剧《风流才子》。而该剧的领衔主演、剧中唐伯虎的扮演者，就是红极一时的戏曲名角王希玲。

王希玲，祖籍山东滕县(今滕州市)南沙河镇，1944年2月出生于上海。家中排行老大，下面有三个弟弟。母亲崔毓英是河南开封人，她文雅、善良、端庄、内秀，有深厚的家学渊源。从小希玲记事之初，母亲就经常教她识字读书，吟诵唐诗宋词，学习加减乘除。1951年，七岁的王希玲上小学的时候，已完全具备了小学三年级的水平，被学校破格允许直接升入二年级学习。在学校，她是名列前茅的优等生，备受老师恩宠。作为家中的长女更是被父母视为掌上明珠。因父亲王宝斋做生意，家中生活也显得富足，童年的小希玲可谓无忧无虑，生活在天真烂漫的无比幸福之中。

但是，生活永远不只是清风徐徐，垂柳依依，鲜花盛开，蝶飞蜂舞。人生的不幸还是降临到了她的身上。1953年，父母的离异使她有生以来第一次尝到了生活的酸涩。父母分手之后，因生活所迫，文弱但倔强的崔毓英便带着小希玲等姐弟四个，离开上海，回到了民风朴素的故乡河南，回到了她和蔼、善良、宽厚、仁慈的母亲身边。姥姥家本来就不富足，一下子添了五口人，生活的尴尬可想而知。回到郑州以后，九岁的王希玲便进入南学街小学念书。在同学和众人的眼里，她是从大都市走出来的"洋妞"，见过世面，而且能讲一口流利的普通话。这些优势也使她很快跻身学校的歌咏队、舞蹈队，成了一名朗诵兼舞蹈

三岁的王希玲（中）和父母，
1947年于上海

演员,并很快成为骨干。

曾经在一本书中看到过这样一句话:"在这个世界上,唯一可以不劳而获的就是贫穷。而唯一能够无中生有的就是梦想。"也许是生活的磨砺使得她变得更加坚强,王希玲想,反正做梦也没有成本,为什么不做一个大一号的呢?万一实现了呢?初进剧团的王希玲自认为天生嗓子条件不好,但是为了自己心中的演员梦,从此她便开始了一种全新的生活方式,开始了自己漫长、艰辛、充

九岁的王希玲,1953年于郑州

满欢乐与泪水、让她魂牵梦萦的追梦人生。多年以后,当王希玲回忆往事,她曾这样描述那段难忘的人生经历:"现在想起来,那时我能如愿以偿,主要靠的是我良好的心理素质和我性格中天生的那份执着、倔强和自信,而这种倔强和自信,也是我日后事业取得成功的主要原因。"

首次采访王希玲老师,是2002年河南卫视《梨园春》特别节目——第九届香玉杯艺术奖颁奖晚会的现场。当时,作为记者的我奉领导之命到现场采访。因为对《风流才子》这出戏和剧中人物唐伯虎的特殊印象,使我一眼就认出了她。节目现场,只见她一身巾帼女英雄花木兰的装扮。当年已经五十八岁的王希玲老师虽然身材微微发福,但舞台上的她从容不迫、大气洒脱,还有对剧中人物花木兰这一角色的准确拿捏与挥洒,无不彰显着常派艺术的精髓与神韵,颇具大家风范。为了更加深入地了解这位豫剧美小生,我几乎购置了所有关于王希玲老师演出的VCD录像光盘。她文武生旦不挡,无论正反角色,她都能认真研习并出色地呈现在舞台上。半个世纪的舞台艺术实践,她曾扮演了七十余个不同类型且性格迥异的舞台及荧幕艺术形象。《风流才子》中风流倜傥的唐伯虎,《情断状元楼》中忘恩负义的王魁,《秦雪梅》中善意多情的商林,《胭脂》中深谋远虑的吴南岱,《白蛇后传》中命运多舛的许仙,《春秋出个江小白》中的乱世明君齐桓公,《陆逊拜帅》

《胭脂》剧照

中雄才伟略的陆逊,《巧配鸳鸯》中心善口巧的喜奶奶,《程咬金照镜子》中君临天下的李世民,这些角色的不同性格特色都给观众留下挥之不去的美好印象。

"求真、求深、求美、求新"是王希玲老师的艺术追求。众所周知,常、陈、崔、马、阎、桑豫剧名旦六大家,尽管艺术风格各有千秋,但从她们的艺术作品中可以看出,其对人物塑造的真、深、新却是共同的追求。王希玲老师从艺五十余载,以演出小生戏见长,尽管对豫剧六大旦角流派的艺术精髓难以在舞台上进行更好的实践与体悟,但她们共同的求真、求深、求美、求新的理念与艺术追求也为自己找到并打开了艺术之门的金钥匙。在艺术创作中,王希玲老师十分注重对这"四求"的运用与实践,她塑造了一系列以小生形象为主的精品剧目,如《胭脂》《陆逊拜帅》《金殿抗婚》《风流才子》等,无论是乡村高台还是城市剧院,所到之处均受到观众的高度评价,尽管有些剧目已经演出了数百场,但观众依然百看不厌,好评如潮。

"有真意,去粉饰,少做作,勿卖弄。"这句一代文豪鲁迅先生的名言,也是王希玲生活和戏曲艺术创作的座右铭。角色塑造中要想找准人物的灵魂,就必须下大功夫去刻意追求,以自己的真意、实情去大胆追求艺术的"真"。戏曲作品中的任何一个角色,都一定是真切的艺术形象,这一创作意念在王希玲老师众多作品中都有其深刻的展现。"深",即是要使剧中角色在舞台上活起来,也就是要赋予角色以灵魂,不能使其成为一个躯壳。而角色的灵魂便是塑造人物的重要依据,这种依据就要从人物的内心世界去探寻。

以豫剧《风流才子》为例,剧中主人公唐伯虎偶遇秋香,一见钟情,卖身华府,屈身追求。如果我们仅从表面上看,就很容易把唐伯虎演成一个有才无德、放荡不羁的色情狂。为了演好这个角色,王希玲老师仔细探究并研读了《唐寅传》后发现,唐寅不讲门第身份,对爱情执着追求的精神,其实是含有进步因素的。吃透了这些人物的主要特点后,其风流潇洒,厚重情笃,便成了她深层次表现唐伯虎性格的主要依据。因此,在舞台艺术实践中,如若不从心灵深处把握一个人物,可能失败和毁掉的不仅是一个人物的塑造,而很可能是一个整体剧目。

"美",可谓为戏曲艺术披上彩霞,美使戏剧艺术温馨流蕴,美将戏剧艺术化作永恒!王希玲老师始终将美作为舞台艺术实践与艺术创作的追求,并期冀表演形式与内容的美感与力度的巧妙融合。求真意,去矫饰,给观众以甘露、以春风、以画意、以诗情是她执守不渝的信条。

豫剧《风流才子》说的是家喻户晓的"唐伯虎点秋香"的故事,该故事已在影视、戏曲作品及民间传说等艺术形式中给人留下了深刻的印象。那么,如何让唐伯虎以崭新的光彩夺目的艺术形象立于戏曲舞台之上?显然,如果仅靠传统戏曲生角行当的程式化规范来塑造人物很难成功。戏剧不仅需要形式美,还需要有内容,有灵魂。唐伯虎性格狂放不羁,风流倜傥,可谓无行之人。要想把握这个人物以至把握全剧,就一定要发掘唐伯虎放浪形骸的躯壳里所包含着的一颗纯净的心,让美的烛光照亮舞台,感染观众。经过不断对人物内心世界的探索与深挖,终于找到了戏剧本体生命的内核。一个赫赫大才子,为追求一个小丫鬟,竟不惜卖身为奴,这不正是他不计名利、抛弃门阀观念的崭新的爱情观吗?唐伯虎对爱情的渴求是对生命绿洲的渴求,他的风流是展示人性高雅的风流,是更深沉的风流,是真风流!也许正是在这样的探索和表演中的深层思考,以及这种戏剧灵魂美的

《风流才子》剧照

郑州市豫剧团"三玲"王希玲、虎美玲、刘伯玲(后排左起)演出结束后,和剧团书记
田丰(前排中)等人合影,1980年代摄

力量的感染,该剧才赢得了观众的掌声。

"新",要以新的观念、新的手法,塑造新的艺术形象。也就是在继承艺术前辈们所积累、创造的丰富的表现手段——程式的基础上,发展创新的问题。程式应该既能化入,也能化出。表现生活要规范化,恰当地运用程式;程式运用也要生活化,活用程式,这是王希玲老师多年艺术探索的体悟。

向上攀登的艺术之路从不拥挤,一个卓越的艺术家往更高层级不断上升的过程,其实就是一个心灵自我成长的过程,只有自己的内心持续丰盈与富足,才能够站得更高,看得更远,才能获得真正的自由,才能拥有体悟"会当凌绝顶,一览众山小"的豁达心境。

王希玲自述

王希玲，于 2016 年

　　1955年金秋十月，十一岁的我迎来了人生道路上第一个重要的转折点，并由此确立了自己的人生坐标。郑州市豫剧团招收新学员的海报贴到了我们校门口，它像一颗石子投入平静的湖水，立即在我的心中荡起了层层涟漪。当演员，并不是我的理想追求，更不是母亲为我设定的人生目标。但是，美好的理想之花往往会被生活的风霜刀剑所摧残。在理想与现实的两难中，有时我们不得不有所放弃。一想起年迈的姥姥为我们姐弟几个日夜操劳，含辛茹苦，一想到生活的重负使母亲愁眉不展，郁郁寡欢，我的内心就一阵酸楚。毕竟，我是家中的老大，该替姥姥分忧，为妈妈解愁。正是这种意念支配我做出了毅然的选择，背着母亲、姥姥，我只身前往郑州市豫剧团应试。

　　我天生嗓子条件不好，没有高音，但由于在学校歌咏队待过两年多，故而也有几分自信。可真正进了考场，我才知道过高地估计了自己。嗓子条件的先天不足，使我刚张口就亮了底。评委两次向我亮了"红灯"，示意我停下。但求胜心切的我，情急生智，唱戏不成，遂改唱歌；唱歌不行，又改诗朗诵，表现出了"不到黄河心不死"的执着。不知是我声情并茂的诗朗诵打动了评委，还是我临场不乱的镇定和从容使然，我竟然化险为夷，闯过了这道难关。诗没有朗诵完，我就看到主考老师们的脸上不约而同露出了笑容。一位中年女考官亲切地对我说："回去等通知吧！"后来我才知道，这位女考官就是当时名噪一时的豫剧团领衔主演华翰磊。

1955年12月8日，我正式收到了郑州市豫剧团的录取通知书，成为几百名考生中仅被录取的五名幸运者之一。和我一起考入剧团的同学们，家庭条件都比我好。节假日，他们经常可以逛街买东西，我却常常把自己锁在屋子里练功。我深知，只有苦练功才能演好戏，才能多挣钱养活姥姥和弟弟。就是这么单纯的信念激励着我拼命地练功。

我的刻苦努力终于为自己赢得了机会。1960年，我团排演现代戏《红珊瑚》，我被分派饰演女主角珊妹。虽然珊妹分派了A、B、C、D四个角，但开排前领导有言在先：不分先后，谁演得好谁上。我暗暗憋足了一股劲，一定要演好这个戏，争当A角，这毕竟是我进团以来分派的第一个重要角色。我除了上班时间排练外，回到家里也加紧练功，当时剧场离我们家有一段路程，我甚至连路上的时间也舍不得浪费，比比画画，引得不少人驻足观看。我只有一个想法，要为自己的艺术道路开个好头。大家知道，豫剧是以唱见长的艺术，嗓子不好对我竞争珊妹无疑是最大的障碍。在有些人眼里，我可能有些自不量力，也可能有人认为领导这样安排纯粹是让我给别人当陪衬。后来发生的一件事证明我的这种猜测并不多余。一天，当我学会唱腔，赔着小心、赔着笑脸想请琴师给我吊吊唱时，他竟然冷笑一声，甩下硬邦邦的一句话："你的嗓子我不敢侍候。"而后扬长而去。他的眼神充满嘲笑，他的语气充满讥讽。还有什么比自尊受到伤害更让人伤心呢？我捂着脸发疯一

《白莲花》剧照，1980年代摄

般跑出排练场，跑到人民公园的湖边大哭了一场。但冷嘲热讽并没有使我气馁，我和自己较上了劲。自那天以后，从黎明到夜晚，我抓紧一切时间钻研角色，练习唱腔，拜访老师，请教导演，并向声乐专家求教，寻求科学的发声方法，终于喊出了小嗓，找到了高音。

《白奶奶醉酒》剧照，1981 年摄

我的汗水没有白流。后来，在四个珊妹中，从唱腔到表演，我都领先一步，成了珊妹实质上的A角。首场演出结束，剧场里响起雷鸣般的掌声。十五岁，我艺术生涯中的这第一次掌声，是观众对我的认可，是观众给我的奖章。

《红珊瑚》之后，我逐步被分派在一些剧目中担任角色。如《王老虎抢亲》《三拜花堂》《草人媒》《沉香扇》《宝莲灯》等，但都是一些配角。虽然《红珊瑚》演出取得了成功，但我清醒地知道自己只不过刚刚步入艺术殿堂的门槛，要想大有作为，必须下更大的功夫，流更多的汗水，必须做艺术上的有心人，向同行和老师学习。从小，我就牢记着"三人行，必有我师"这句话。要学人之长，补己之短。只要别人排戏，哪怕这人不如我，我都在一旁认真看，仔细琢磨，回到家里，按照导演的调度再走几遍。虽然导演没有给我排，但通过看戏，加上自己的体会，我学会了许多本不属于我的角色，并在关键时刻派了大用场。

比如，剧团上演《东风解冻》，离开演不到二十分钟，扮演赵玉霜的桑振君老师突然发病。领导焦灼万分，找到了我。说实话，当时心里真是没底。因为一没有经过导演排练，二没有和同台演员交流，三没有和乐队结合过。更重要的是，桑振君是个名角，名角有名角的观众，有不少人就是冲她来的。我一个名不见经传的黄毛丫头，不买账的现场起哄是常有的事。演砸了不但自己名声扫地，而且会直接影响到剧团的声誉。但是"救场如救火"的责任感还是逼着我冒了险。常言说

"要想台上走,先得心里有",由于平时我看得多,唱腔、调度烂熟于心,结果圆满完成了任务。我演《龙江颂》中的江水英、《胭脂》中的吴南岱、《红灯照》中的林黑娘等角色,也是靠这种"偷戏"的精神和"天意"的巧合而由B角、C角变成A角的。通过A、B角色的几次转换,也使我悟出一个道理:机会不能靠等待,而要靠自己去创造,功夫在戏外。我甚至给自己定了一条苛刻的要求:"只许我不演,不许我不会。"以此给自己加压力,找难为,激励自己不骄傲、不自满、进取、上进。

上世纪70年代中期到80年代初这段时间,我在艺术发展的道路上之所以能坐上快车,除了自己的刻苦努力外,还有一个重要因素:我有幸成了豫剧大师常香玉的弟子,她言传身教,给了我极大的启迪和教诲。

常老师是我从小仰慕的艺术大师。她是豫剧艺术执着的革新家,是豫剧发展史上敢于"吃螃蟹"的人。她把豫东、豫西调合流,把曲剧曲牌大胆糅进豫剧当中,极大丰富、拓展了豫剧唱腔的表现力,创立了大气磅礴的常派艺术。她兼容并包的胸怀,她锐意创新的精神,都让我由衷地敬佩、感动。跟她学习也一直是我多年的心愿。1975年,文化部选调各省地方戏移植的"革命样板戏"进京汇报演出,常香玉老师参加了我团的《红灯记》剧组,扮演李奶奶,我演铁梅,这是我第一次有机会和常老师同台演出。在和她同台演出时,我感受最深的是常老师在舞台上的激情。她全身心沉浸在戏里,情感饱满,表演真切,鞭辟入里。和她演对手戏,你会不自觉地被她感染、感动,从而也全身心进入角色。可以说,真实、丰满的情感是她表演艺术的灵魂。常老师告诉我,演戏要琢磨心里的劲,才能举重若轻,真实生动。这些经验让我受益终生。

1980年,我实现了多年的愿望,正式拜在了常老师的门下,成为她的入室弟子。从此在她的指点下,我的艺术水平又有了进一步的提

王希玲(右)和恩师常香玉,1980年代摄

1989 年省会文艺界春节团拜会,常香玉(左)和爱徒王希玲(右)、虎美玲(中)亲切交谈

高。1981年,常老师手把手亲自为我排练了常派名剧《花木兰》,更让我深切地体会了常派艺术的博大精深。1981年底,常老师担任我团艺术指导,又搭班我团排练现代戏《柳河湾》。在这个戏中,我有幸担任常老师的B角,从她身上学到了新的艺术创作技巧及精湛的艺术思想。

常老师经常告诫我,学艺术没捷径,勤学苦练是唯一的办法。排练《柳河湾》时,她患了重感冒,之后又转为急性咽炎,但她仍坚持排练。每天早上4点钟,大地还在沉睡,她已起来喊嗓背词了……她的这些艺术思想和艺术精神,至今对我都是宝贵的财富。

从艺之初,老师看我嗓子有些粗,建议我学习小生。豫剧行中素有"吃饺子吃馅,看戏看旦"的说法。我总认为演小生成不了大气候,充其量给别人当当绿叶,因而尽管老师"说者有心",我却"听者无意"。后来,我在河北邢台观看了石家庄丝弦剧团王永春主演的《空印盒》,剧中的何文秀是个小生,被王永春演绎得惟妙惟肖。《空印盒》使我第一次领略了小生艺术的魅力,也使我逐步改变了对生角的看法,并乐于接受一些小生角色,先后在《空印盒》《三滴血》《柳毅传书》中饰演小生。1976年,我团排演了根据蒲松龄小说改编的《胭脂》。这是一出以小生领衔的戏,我饰演一号男主角吴南岱。这个戏的排练,在当时的省会舞台引起了不小的轰动,也为我赢得了"美小生"的赞誉。

1982年1月,我的老师常香玉率郑州市豫剧团进京演出。我除了在现代戏《柳河湾》中担任常老师的B角郭大脚外,还演了《花木兰》中的"征途""思家"两折,《秦雪梅》中的商林和《假婿乘龙》中的薛玫庭,均为小生。虽然《花木兰》我只演了两场,其他两角也均是配角,但首都观众仍然给了我热情的赞扬和肯定。让人难忘的是,演出《秦雪梅》那天,著名评剧表演艺术家新凤霞和剧作家吴祖光夫妇前往剧场看戏。结束后,新凤霞老师让儿子背着她到后台看望剧组同志。她激动地拉着我的手说:"你演得真好,都把我迷住了,扮相那么俊美,身段那么潇洒!你演的小生,真能和范瑞娟、徐玉兰相媲美。"回去以后,新凤霞老师意犹未尽,欣然挥毫泼墨,以花中之王——两朵鲜艳怒放的牡丹赠我,吴祖光老师为该画题名《舞霓裳》。时任北京市文化局副局长的张国础看了我的几场戏后,也激动地说:"全国地方戏的小生,我就喜欢两个,一个是晋剧的郭彩萍,一个是豫剧的王希玲。"前辈

1980年代演出剧照:《秦雪梅》(左)、《花木兰》(右)

艺术家、领导对我的鼓励、鞭策，使我深切地认识到，角色无大小，行当无贵贱。只要通过努力，每个行当都能闪耀出灼人的光彩。

1984年，我团再次推出以小生领衔的历史剧《陆逊拜帅》。这是一部现实意义很强的作品，在剧中我饰演三军都督陆逊。这是一个翎子生，不同于以往我演的官生、文生、扇子生。他既有一般生行的潇洒倜傥，又有帅生特有的威严刚毅。这是一个新的角色。读完剧本，我重读《三国演义》原著，对照分析，为人物立传。

由于我是首次演翎子生，在外在体现上有一定难度。在表演中，我立足于翎子生的"帅"，又糅进了文生的柔、武生的刚、帅生的威。以帅为主，帅中含威；以刚为主，刚柔兼济。准确的内在体验和有分寸、有棱角的外在体现，使这个角色层次分明，"才华横溢而不浮躁，有勇有谋而不清高"。《陆逊拜帅》在上演之后的两年时间内，演出超百场，并在河南电视台多次播放，成为80年代河南舞台上较有影响的作品。陆逊也成为我小生艺术生涯中的又一个重要角色。

1985年，我团排演新戏《情断状元楼》，这是剧作家孟华根据宋元南戏《王魁负桂英》改编的。在保留原故事"戏核"的前提下，在情节安排、矛盾设置、唱词结构等方面都做了全新的处理。情节更加集中，注重人物内心的描写和情感的渲染。特别是唱词对仗精工，朗朗上口，文学性高，是真正的"剧诗"。根据故事情节和剧本风格，导演杨兰春为该戏定了基调：音乐上，要向细腻、抒情、深沉的风格发展；表演上，要为角色输入现代意识，化程式为人物服务，共同努力拿出一台令人耳目一新的好戏。

那时候，创作生产条件都很差。编剧孟华、音乐设计耿玉卿就住在戏研室的办公室内搞创作，生个煤炉连取暖带做饭。杨老师也不讲条件、不要报酬，连抽

《陆逊拜帅》剧照，1985 年摄

烟、喝茶都是自带。条件虽苦，但那种浓厚的艺术创作氛围至今仍历历在目。几位老师对台词、调度、唱腔认真研究推敲，集思广益，层层把关。特别是音乐唱腔，革新幅度较大，有时会出现改过来又改回去的现象，可导演、音乐设计、乐队、演员都不厌其烦，大家只有一个共同的心愿：把这个古老的题材以崭新的形式讲述给大家。

这里，我要特别提一提杨兰春老师。杨老师是德高望重的艺术大师。在生活中，他是一个随和、风趣、善良、睿智的老人，与大伙在一起不拘礼节，谈笑风生。大伙也常和他开玩笑，亲切地称他"杨老头儿"。可在排练场上，他六亲不认，制定了许多"苛刻"的条件。例如，不许穿高跟鞋，不准穿裙子，等等。记得有一次排戏期间，我出去接了一个电话，回来他当着全团同志的面大发脾气："王希玲，你是来排戏的，还是来干私事的？"当时搞得我很尴尬，但我从心底里由衷地敬佩他对艺术的严肃和认真。

杨老师是一位现实主义的性格大师，也是一位改革的闯将。他在排戏之前就声明：宁要有价值的失败，决不要平庸的成功。他力求要在老戏中闯出一条新路，从全方位进行突破。有时他发现自己设计的调度、动作不准确，立即推翻重来。对演员，他要求更严，一招一式、一动一静务必准确、到位。比如戏中第一场，王魁梦想蟾宫折桂，结果名落孙山，贫病交加。为表现王魁的穷酸、落魄，杨老师让我把"抱膀""耸肩""唱中带呻吟"等生活的真实糅进去。我演惯了正面人物，加上平时性格内向，不好意思做。杨老师一边说一边给我示范，不断做着"抓破脸皮"的手势。我憋得满脸通红，头上冒

导演杨兰春（左）给王希玲（右）说戏

汗,杨老师伸着右手小拇指道:"沾上点小边儿。"杨老师还告诫我:"舍不得丢掉旧王希玲,就创造不出新王希玲!"在杨老师的耐心指导帮助下,我逐渐走进了王魁的内心世界。虽然我饰演的王魁在戏中分量不重,但在1985年的首届河南省戏剧大赛中,我一举获得表演一等奖。该剧也成为我的代表作之一。《情断状元楼》一剧革新的成功,也使我深刻认识到:搞艺术必须敢于冒险,要有敢吃螃蟹的精神,否则,艺术将停滞不前,实现艺术的突破和革新将是一句空话。

《情断状元楼》剧照,1985年摄

如果说我的一切努力都是在不断地进行艺术的量的积累的话,那么这种积累得到质的飞跃和升华,则是在被观众视为我代表作的《风流才子》中。

多年以前,我就想排一个文人才子的小生戏,苦于没有剧本,这个愿望迟迟难以实现。1988年,我结识了三门峡著名剧作家张新秋,约请他为我写戏。我为他选择的题材是"唐伯虎点秋香"。当时,张老师有些踌躇,嫌题材老,况且香港电影《三笑》已风靡一时。可是我对唐伯虎这一题材情有独钟,信心百倍。我专门为张老师放了一场电影《三笑》。看完,张老师来了精神,他说:"无论思想意蕴还是艺术格调,这里面都大有文章可做。"不久,张老师拿出了全新的本子。

1989年,正是下海经商浪潮席卷全国的时候,圈内不少人弃艺从商,浮躁情绪充斥整个文艺界。但为了生产出一台清新素雅、能为广大观众喜爱的好戏,我们求贤若渴,在杨兰春老师的推荐下,从湖南请来了花鼓戏著名导演、素有当时"四大奇才导演"之称的张建军(其他三位是杨兰春、余笑予、马科),又特邀杨老师担任艺术顾问,王基笑老师担任音乐顾问。我和编剧张新秋、导演张建军、音乐设计耿玉卿订下了"君子协定",共同把握一种清新高雅的艺术风格,不媚俗,不取巧,在《情断状元楼》《假太子与真公主》等革新的基础上,力求从音乐、表演、服装、化装、舞美等方面进行新的尝试和突破,力争把唐伯虎这位活跃在南方舞台上的江南才子成功地搬演到豫剧的舞台上。

《风流才子》剧组虽然聚集了当时文、音、表、导、美各路精兵强将,给了我充分的信心,但对我来说,能否将唐伯虎这个角色演绎到位,是我最大的压力。为使自己塑造的唐伯虎更接近历史的真实,古文底子不太好的我啃完了古版的《唐寅传》。对照原著,我反复分析,终于从唐伯虎那狂放不羁的性格中,从他那被人传为佳话的"点秋香"传奇中,找到了剧本赋予唐伯虎的崭新的道德观、人生观、爱情观。他是个有血有肉、有真情实感、有独特个性的风流才子。他的风流是展示人性高雅的风流,是更深沉的风流。他"弃官出游""卖身为奴""挥毫书画""巧点秋香"等一系列行动,皆出自对真情的追求。我走进了唐伯虎的精神世界。

杨兰春老师虽是艺术顾问,但绝非名义上的顾问,他几乎天天到排练场,和剧作家、导演、演员商讨梳理剧情,直言不讳地提出自己的观点,戏中有不少神来之笔,都闪烁着他的才华,饱含着他的汗水。比如"花园"一场,秋香对唐伯虎始疑终信,两人漫步月下,互吐心曲。正在排练时,杨老师突然大喊一声"停",他对张导说:"这儿有戏!唐伯虎是个个性解放的文人,应有现代文人的气息。现代青年人谈朋友,在月下手拉手细语漫步,咱们为何不借用一下呢?"张导即刻采纳了他的意见。正式演出后,戏每演到此,都会引起青年观众的强烈共鸣。

戏就这样在集体的智慧下顺利排练,但在排练过程

王希玲(右二)和杨兰春(右三)、王基笑(右一)等剧组
人员研究剧本,1980 年代末摄

中,我却遇到了新的困难。戏中有唐伯虎当场题诗作画的一个情节。开始,导演让画板背对观众,等写完再正过来,其实字是事先写好的。后来,杨兰春老师说:"裴艳玲、白淑贤都能当场写,我看也让王希玲当场写,一来可更加生动地体现唐伯虎诗、书、画三绝的才气,二来也在豫剧舞台上开风气之先。"杨老师还有意问我:"你王希玲能高过裴、白二人吗?"颇有点逼我上阵的味道。我过去曾学过画,字也写得还算可以,但要当场在舞台上书画,我觉得有点悬。但别无选择,只有背水一战。紧张的排练之余,我拜师省市书画名家学艺,团里搞舞美的金刚也手把手地教我。那二十多天,我练书法简直着了魔。一次,在家中吃饭,我突然想起了"佛"字的布局结构,下意识地执筷挥舞,吓得女儿还以为我中了邪魔。在短短二十多天时间里,我练书画的纸摞起来有一尺多高,最终闯过了这一关。

1989年阳春三月,《风流才子》正式与广大观众见面了。从大幕拉开到全剧结束,剧场里充满了轻松愉快的笑声和热烈的掌声。演出结束后多次谢幕,观众才渐渐离去。郑州亚细亚的一位女经理跑上舞台,要购买那幅《枫叶图》。她说:"唐伯虎的画,又是第一张,有保留价值,有纪念意义。"《风流才子》自首演至今,演出千余场,可《枫叶图》一张也没能留住,每场演出前都被热心的观众"预订"。这也表达了广大观众对我的厚爱和肯定。

1991年10月,经河南省文化厅推荐,文化部艺术司向我团发出通知,正式邀请《风流才子》进京汇报演出。10月,是成熟的季节,收获的季节,令人振奋的季节。正当我和全团同志为进京演出兴奋不已、秣马厉兵之时,又有个喜讯传来:我当选为全国文化系统先进工作者,而且是郑州市唯一的一位。得知消息我既兴奋又不安:这么多年来,无论是我在艺术上孜孜以求、上下求索,还是多次带病演出,不管是拒高酬、抗走穴,在全团带头倡导并执行"团结、拼搏、奉献、创新、让台"五种精神,还是为公益、为社会义演,这些所谓的先进事迹,都只是一个受党培养教育多年的艺术工作者应有的良知和责任。可是党和人民却给了我这么高的荣誉。这沉甸甸的荣誉,让我惶恐,在去北京参加表彰大会的火车上,我竟彻夜难眠……

光阴荏苒,岁月倥偬,1995年是我从艺的第四十个年头。四十年,在人类历史

《风流才子》剧照，1980年代末摄

的长河中转瞬即逝，可在人生中却是一个漫长的历程。郑州市豫剧团、河南省剧协要为我举办"舞台生活四十年艺术研讨会"。研讨是剖析现象，总结规律；研讨也是发现不足，再图发展。我希望借此机会能对自己的艺术进行一次盘点、总结和思考。

金秋九月，丹桂飘香，经过精心准备的"王希玲折子戏专场"于9月5日晚在人民剧院举行。这台折子戏汇集了我不同时期的四个代表作，包括早期的《花木兰·思家》、中期的《情断状元楼·情探》《金殿抗婚·抗婚》及后期的《风流才子·点秋》。省内外专家及省会近千名观众观看了演出。9月6日上午，举办了艺术研讨会，来自北京及省内的领导、专家、学者、朋友百余人济济一堂，同来为我捧场。在这次研讨会上，专家学者对我的成长道路、人品艺德、革新精神、艺术风格、表演的美学精神进行了深入的探讨，把我对小生行当做出的贡献放在豫剧发展的历史长河中审视，给予了恰当、确切的定位。

郭汉城老师在发言中指出："王希玲同志四十年来不断追求奋进，形成了自己的表演风格。她把北方剧种比较粗犷、豪放的风格和南方比较柔美、委婉的风格糅合起来，丰富和发展了豫剧小生行当，这是一个了不起的贡献。"

刘厚生老师认为："豫剧多年来是旦角当家，这是豫剧一个比较明显的问题和困难。王希玲作为女小生，在演古装戏上显示出光彩，是又一发展，又一突破。这个贡献使得豫剧在剧目题材和艺术表现方面有新的发展，音乐上有新的突破，这个贡献应该进入豫剧历史的研究领域。"

杨兰春老师面对中央电视台的采访，表述了他的观点："王希玲是一个现象，值得研究。近些年戏曲处于低谷，而王希玲以小生领戏，走一处响一处，这说明他们的改革适应了当代观众审美的情趣。"

文艺理论家鲁枢元教授则撰文："王希玲在豫剧舞台上以'小生'行当出类拔萃，蔚为大观，使豫剧的艺术精神在'生角'行当里大放光芒，在豫剧'生角'行当上崛起一个高峰。"

人生总是有许多遗憾和无奈。当我们经历过风雨沧桑，拥有成熟的人生时，我们都已不再年轻。年龄、形体、精力、体力诸多自然条件无形之中制约了我们，使我们不得不调整自己的人生航向，改变自己的人生角色。2000年8月，我就经历了人生中新角色的转换，离开了工作四十五年的郑州市豫剧团，调入郑州市艺术创作研究院任院长。

近几年，尽管我的主要精力放在了艺术研究、艺术教育及行政工作上，但我

左：王希玲（右）和著名戏剧家郭汉城，1991年摄

右：王希玲（左）和台湾"豫剧皇太后"张岫云，1992年摄

2018 年，王希玲参加中央电视台 11 套《角来了》访谈

并没有离开舞台，我仍然渴望塑造适合自己年龄的新角色，以此回报多年来一如既往给我关心、支持和厚爱的广大观众。1999年底，在河南电影制片厂、郑州市文化局联合拍摄的戏曲故事片《我爱我爹》中，我如愿以偿，饰演了一个五十岁开外、质朴善良、内秀外刚的农村曲艺艺人周金妹的艺术形象。2000年，郑州电视台又将《风流才子》拍成电视戏曲片（上、下集），在苏州实景拍摄，该电视剧获得河南省"大河奖"三等奖和郑州市"五个一工程"奖。

观众是我的衣食父母。多年来，无论是我在舞台上如日中天之时，还是改做行政、教育、研究工作之后，他们都没有忘记我，时时关心着我，支持着我。六十多年来，虽然我为党的文艺事业做出了一点贡献，但我深知，所有成绩都离不开党和人民的培养，离不开前辈老师的提携、帮助，离不开同人朋友的合作支持，离不开观众的厚爱和拥戴。在这篇文章即将结束之时，我向所有给我关心、支持、帮助、爱护的领导、老师、朋友、观众表示最诚挚的感谢。我将一如既往，穷毕生之精力，为豫剧的改革、发展、创新再做新的贡献。

1995年

李红艳执笔

虎美玲·《新白蛇传》

请扫码收听虎美玲原声音频

虎美玲(右)和月阳,于 2018 年夏

常派美伶舞蹁跹
豫韵虎门醉梨园

　　两百多年来,黄河流域的梆子声如大河之水绵延千里,奔腾不息,作为中国梆子戏代表性剧种之一的河南豫剧,接受着母亲河的哺育与滋养,散发着其独特的艺术魅力。在姹紫嫣红的中国戏曲百花园中,豫剧犹如一朵傲霜的寒梅,经历着岁月的洗礼而愈发地历久弥坚。

　　在豫剧的旦行领域,继常香玉、陈素真、崔兰田、马金凤、阎立品、桑振君豫剧名旦六大家之后,以吴碧波、张宝英、虎美玲等为代表的一大批杰出的豫剧表演艺术家,殚精竭虑、呕心沥血、薪火相传,为新时期豫剧艺术的传承、革新与发展做出历史性的重大贡献。豫韵流芳,常苑馨香。在由人民艺术家常香玉先生所开创的豫剧常派艺术的璀璨星空中,国家级非物质文化遗产豫剧(常派)代表性传承人、著名豫剧表演艺术家虎美玲,就是一颗非常耀眼的星。

　　虎美玲,1946年出生,她十二岁学艺,启蒙老师张艳文,后又拜人民艺术家常香玉先生为师,是豫剧常派艺术的杰出传人。她曾任郑州市豫剧院第一任院长,第九届、第十届、第十一届全国人大代表。先后荣获中国戏剧"梅花奖"、全国"五一劳动奖章"、全国劳动模范,国务院授予"全国优秀文艺工作者"称号,并被国务

1980 年,虎美玲荣获第七届中国戏剧梅花奖

院命名"为发展我国表演艺术做出突出贡献专家",获得全国先进工作者、河南省劳动模范等荣誉。

虎美玲主攻青衣、闺门旦、刀马旦、帅旦、花旦,亦能反串小生,如在《奇妙姻缘》中饰演周会稽（小生）、《白蛇后传》中饰演青蛇(刀马旦)、《杨门女将》《破洪州》中饰演穆桂英(刀马帅旦)等角色,是一位生旦不挡、文武兼备、戏路宽广的演员。

她在豫剧现代戏《红灯记》《海霞》、古装戏《大祭桩》《新白蛇传》《粉黛冤家》《抬花轿》《花木兰》《义烈女》《宝莲灯》《破洪州》《白蛇后传》《杨门女将》等几十部大戏中,塑造了性格迥异却同样精彩的角色,诸多行当信手拈来,各种表演风格转换自如,为中国豫剧的人物画廊增添了一个又一个艺术形象。

虎美玲老师六十余年的舞台艺术实践,曾先后演出过七十余部传统戏及现代戏,而其中影响最大的莫过于豫剧《红灯记》《新版白蛇传》《粉黛冤家》《大祭桩》了。她虽宗于豫剧常派,但是艺术上她从不保守自封,而是融百家之长,兼收并蓄。六十载深厚的舞台艺术经验,她总能根据角色的需要,巧妙地将豫剧名旦六大家的表演艺术精髓融入自己的舞台实践之中。同时,她还极具革新精神,从唱腔到服装都进行了有益的探索尝试与改革。在豫剧经典剧目《大祭桩》中,当黄桂英得知自己的未婚夫李彦贵三日之内将被开刀问斩投赴法场,此时的黄桂英是五雷轰顶,心急如焚,悲愤交加。她充满了对爹爹黄璋的恼恨,但又无力回天。根据人物情感的变化,虎美玲适当添加了这段"恼恨爹爹心不正"的核心唱段的唱词,其唱腔犹如峰峦叠嶂,层层推进,以深沉、忧伤且百结惆怅的心绪,唱出了对李彦贵的挂肚牵肠。

"哭楼"这场戏是该剧的核心选场之一。当唱到"黄桂英我的主意定"时,唱腔如大河奔流,一泻千里,具有极其强烈的视听冲击力。舞台上的黄桂英水袖飞舞,虎美玲根据人物复杂的情绪变化,用滚、抓、甩、投等一系列高难度的水袖表演,以及"背后双抛"的水袖技巧,准确地表现了黄桂英誓死赴苏州城祭夫的坚定信念。这句唱腔虎美玲大胆地进行了高音拖腔的处理,更能将黄桂英满腔的悲情宣泄得淋漓尽致。这段唱腔如今也成为一个被后来者争相效仿的经典名段而广为流传。

"打路"一场,同样是全剧的高潮部分,这一桥段黄桂英的心理变化较为复杂,也是虎美玲对常派艺术声腔和表演的发展、创新之典范。她创造性地运用了"走雨"的展现形式。为了增加表演难度,更好地刻画人物的内心世界,当黄桂英行路途中运用踩泥拨雨的动作时,她使用了"跷肩步、倒圆场"的形体表演,入木三分地表现了黄桂英在风雨泥泞道路上举步维艰、跌跌撞撞、一步一摇的艰难前行。

豫剧《大祭桩》可谓是虎美玲艺术生涯中举足轻重的一部力作,更是她付出心血最多、演出场次最多、获得奖项最多的得意之作。几十年来,该剧不仅使虎美玲以及众弟子杨红霞、连德志、袁娜、孙蓓蓓等几乎包揽了所有国家、省市戏曲赛事的最高荣誉,而且还为她赢得了"当代中国豫剧第一闺门旦"的美誉。

滴水之恩,当涌泉相报。作为恩师常香玉先生当年手把手所传授给她的常派看家戏,将《大祭桩》搬上银幕一直是虎美玲的多年心愿。2012年,时年已经六十五岁的虎美玲终于将其搬上银幕,拍成了戏曲艺术片。至此,这个愿望终于得以实现。在影片的首映式上,她饱含深情地说:"《大祭桩》是大师亲自传授给我的。拍摄这部电影的初衷,就是为了更好地将常派艺术继承和发扬

虎美玲(左)和恩师常香玉在香港同台演出,1996年摄

戏曲电影《大祭桩》剧照

光大。谨以此片表达我对恩师常香玉先生的无限感激和怀念之情。"

历史上的武则天是个集功过是非于一身的政治风云人物，她不但才艺双全、美貌倾城，更极具君临天下的雄才大略。若想演好这个人物，绝非轻而易举之事。因为绝不能仅仅呈现她美的一面，更要在展现武则天的政治韬略和她是如何一步步由一个"才人"而登上大唐最高权力顶峰，并最终建立武周帝国的内心世界上下功夫。《粉黛冤家》就是围绕武则天展开的一场宫廷斗争，虎美玲运用了戏曲中帅旦的功架、青衣的体态，结合唱、念、做、舞，着力刻画武则天作为女人与女皇，温良与刚烈、理智与暴怒的双重性格特征。为了更加准确地刻画人物，深入挖掘人物的内心世界，从服装、头饰、唱腔、表演等诸多方面，虎美玲都进行了大胆尝试与革新。意之所在，能量随来。1989年，该剧也为虎美玲成功摘取了第七届中国戏剧"梅花奖"的殊荣。

1989年，继《大祭桩》《粉黛冤家》之后，虎美玲又紧张地投入到豫剧神话戏《宝莲灯》三圣母的艺术形象的创造中。豫剧神话戏《宝莲灯》是虎美玲艺术生涯又一部经典之作。

三圣母是个俊逸多情的女神，既不同于冰清玉洁、凄婉哀怨的黄桂英，又不同于冷峻刚毅、气度恢宏的则天女皇。剧中女主人公三圣母是从民间传说中，经过艺术创作而虚构的人物，是真善美的化身。如何让三圣母这个人物活起来，使其在舞台上多姿多彩、丰盈完美？

要塑造好亦仙亦人的三圣母，这给以专演闺门旦、青衣旦行当，以文戏见长的虎美玲提出了更高的要求。要想塑造好这个角色，首先要求演员具备唱念做打、能歌善舞的扎实的基本功和艺术特长。虎美玲深知，每一个全新角色的体验都是一次再创造。为了升华表现剧中三圣母对美好爱情的追求,必须通过角色本身所赋予人物的独特个性将其进行富有感染力的艺术夸张和走心的表演才能得以实现。那段时间,虎美玲时常夜不能寐,连平时走路,甚至做饭都在琢磨人物,着实经历了一番艰苦的训练。功夫不负有心人,通过苦练,她终于掌握了极富民族特色的长绸舞技巧,并且巧妙地将京剧《霸王别姬》中的双剑舞技法运用其中。同时,通过苦练基本功,她还吸收了芭蕾式的托举,几乎掌握了全部的戏曲武打身段。唱腔方面,她和音乐设计一起,根据人物的情感需要,对该剧的唱腔做了合理的调整和发展。唱腔风格以豫东调为主,并借鉴融入了豫剧祥符调的音乐元素,以众家之长,兼收并蓄。人物的处理上,虎美玲立足"真",着眼"情",突出"美"。从圣母向往人间的幸福生活,到不顾仙规天戒和刘彦昌终成眷属;从夫妻庆贺沉香百日吉辰,到护刘彦昌抱娇儿逃走,自己和二郎以死相拼;从被压华山一十五载无限思念刘郎,到重见天日全家团圆。虎美玲紧紧沿着圣母的感情线,着力把圣母追求自由幸福,冲破封建礼教和神权观念,对爱情忠贞不渝、不屈不挠的反抗精神和坚强意志,以及圣母对刘彦昌的爱慕、眷恋、思念等复杂内心世界表现得酣畅淋漓、情真意切。上世纪80年代,该剧曾轰动剧坛而常演不衰,创下了一个月连演四十余场的纪录。

可喜的是,时隔三十多年后的2021年仲夏,虎美玲又将这部得意之作传授给了自己的两位爱徒,享有"梨园姊妹花"美誉的青年豫剧名家、新郑市豫剧团团长和副团长的曹会敏、曹会芳。排练场上,虎美玲也如同当年常香玉大师手把手给她传授《大祭桩》那样,悉心地呵护、栽培着自己的弟子。

《宝莲灯》剧照

在《宝莲灯》排演现场，虎美玲(中)为爱徒曹会敏(右)、曹会芳(左)说戏，2020年摄

传承版豫剧神话戏《宝莲灯》历经五年的磨砺，于2021年4月18日在新郑市炎黄文化中心再度公演，并于4月28日参加在驻马店市民中心举行的"庆祝党的百年华诞第十五届河南省戏剧大赛"。炫目的舞台，唯美的扮相，优美的唱腔，精彩绝伦的表演，三圣母那多姿多彩、令人眼花缭乱的长绸舞以及双剑表演和着观众如同暴风雷鸣般的掌声和欢呼声，我和同事朱秀萍、许若男连同千余名观众置身于现场，我们看到了大赛评委专家及广大观众对这出戏的高度认可与肯定。冥冥之中，我仿佛也读懂了"戏比天大"的精神在常香玉、虎美玲、曹会敏及曹会芳三代人身上得以传承。

如今，已年近耄耋的虎美玲宝刀未老，精力旺盛，她对祖国文艺事业充满无比深厚的感情，永远保持着一颗传播、传承敬畏戏曲艺术的初心。风雨兼程人生路，岁月如歌六十春。祝愿舞台艺术生涯六十载的"不老女神"虎美玲，虎虎生威，为豫剧事业的发展再立奇功，再创辉煌。

虎美玲,于 2018 年

虎美玲自述

　　我是河南豫剧演员虎美玲,1946年出生在西安。当时河南郑州受灾,我们全家人都逃难到西安。在我两岁的时候,我姥姥和我母亲我们全家人才回到郑州。上小学之前,我跟着姥姥住在郑州市管城区市府前街,附近的广场上有一个土台子,姥姥经常带着我在那里看戏。受姥姥的影响,我耳濡目染也成了小戏迷。

　　我七岁时回到了农村,在燕庄小学上学,在上学路上,我们的村头有一棵大树,树杈上绑了一个大喇叭,每天早上和下午都会传出特别美好的声音,就是我们的戏曲。我常常望着树上、电线杆上安装的大喇叭,痴痴地发愣:喇叭里咋能传出恁好听的声音呢? 那时常香玉老师和其他前辈们的美妙声音,使我听得如痴如醉。

　　我从小就有一个梦,希望能像常香玉老师和其他前辈们一样在大喇叭里给大家唱戏。往往为了听戏,我上学总是迟到,我的班主任叫张民钦,他批评我:"你为什么总是迟到?"我就实话实说:"我为了听常香玉老师和其他前辈们唱完戏,所以迟到了。"张民钦老师不但没有批评我,还说:"你喜欢唱戏?"我说:"我太喜欢了。"张老师推荐说:"郑州市郊区戏校要招生,你愿不愿意去考试?"我当时听

虎美玲,1950 年代末摄

了非常惊喜,这是我的梦想。在一个星期六下午,张老师带着我们十几个同学出发到几十里之外的齐礼闫参加考试。

主考官是一个叫何盛禾的女老师,她指挥带队的张老师先安排孩子们吃饭,然后组织好自己的应考队伍,听候安排考试。

考试开始,何老师拉起手风琴,我唱了《谯楼上打四梆》《辕门外三声炮》《花木兰》。老师说:"你还会啥?"我说:"我会打马车轱辘儿。"当我表演结束时,我的脚趾钻心地疼痛,我的身子摇晃,站立不稳,忍不住皱起眉头,紧咬着嘴唇。老师看出我的不适,关心地询问缘由,我说我的脚受伤了,老师马上把我的鞋脱下来,发现磨破的脚趾和袜子粘连在一起了。张老师很心疼地拍了我一巴掌:"你这孩子为什么不早说?"我说:"我说出来就怕来不了了。"主考老师们说:"这丫头有个犟劲,学戏比这个还要苦你怕吗?"我说:"我不怕。"何老师问我:"虎美玲同学你为什么要唱戏?"我说:"我要像常香玉老师和其他前辈们一样在广播里给大家唱戏听。"

参加考试的有三十多个孩子,最终我以优异的成绩被郑州市郊区文化艺术学校录取了。在戏校学习期间,老师给我分的行当是青衣、闺门旦。刚开始练功的时候,不分行当,大家都得练基本功,我经常半夜偷偷起来去练功。不管这个角色是否分配给我,我都愿意学习,因为我太喜欢戏了。我的第一出大戏就是老师教的《香囊记》,我在《香囊记》里饰演王定云,演闺门旦行当。演了第一场之后,老师们都说:"美玲在舞台上的表演很大气,这个孩子身上有闺门旦的那种大家闺秀的感觉。"张艳文老师排戏的时候,他对我们闺门旦组说:"你演的是千金小姐,是大家闺秀,你在花园里给张志成递香囊的时候,一定要低头含羞,眼睛不能直视对方,用扇子遮着递香囊。"我们一边模仿老师的动作,一边听老师讲这些话的内容。通过老师的讲解,我知道,闺门旦与青衣的区别,闺门旦的手怎么指,青衣的手怎么指,小花旦的手应该怎么指。花旦的手指,就像那含苞待放的花朵;闺门旦的手指,就是兰花指;青衣的手指稍张开一点,像开放的花朵。

1963年,学校排演了现代戏《社长的女儿》,我演主角林继红,人物朴实生动、本真可信,很有个性,得到了观众认可。

我们戏校虽然是郊区戏校,但是老师们都是一流的,经常请省内外京昆的老师和河北梆子的老师来给我们上武工身段课。在戏校期间,几乎是每天晚上都要到市里各个剧院去看戏。那时候,郑州市剧院很多,有河南人民剧院、东方红剧院、明星剧院、大众剧院、郑州剧院、天生剧院等,郑州市的每一个区、每一片都有一个剧场。所以我们几乎天天看戏,不仅看常香玉老师的戏,还看其他流派的戏,也看京剧老前辈的戏。在戏校期间的学习和看戏,为以后走上艺术道路打好了扎实的基础。

后来,郑州市豫剧团、郑州市戏校和郑州市郊区戏校合到一起,成立了郑州市豫剧团。郑州市豫剧团有华翰磊、夏瑞珍、李岚芬、车宝玉等老前辈。不管是现

郑州市豫剧团"三玲":刘伯玲、虎美玲、王希玲(左起),1978年摄

虎美玲,1970 年摄

代戏还是古装戏,他们在舞台上都演得那么精彩,唱得那么动听。往往是老师在台上演出我们在底下观看,通过老师们的言传身教,我们受益很多。

1964年底,从郑州市豫剧团分出来一部分人员,成立了郑州市豫剧二团,我和李岚芬老师、车宝玉老师分到了郑州市豫剧二团。当时我们排了《红石钟声》《朝阳沟》《两条战线》《海防线上》等好多现代戏,那时候我们年龄也正在十七八岁,正是能唱戏的时候,也基本上在舞台上能站住了。

从郑州市豫剧团到郑州市豫剧二团,经过三次分分合合,一直到后来的郑州市豫剧院。我演过了很多角色,包括《红灯记》中的李铁梅,《朝阳沟》中的银环,《海霞》中的海霞,《沙家浜》中的阿庆嫂等不同角色。但是我感觉在现代戏里,我最喜欢的一个角色是《红灯记》中的李铁梅,观众通过这个角色认识了我。那个年代,河南电视台、中央人民广播电台天天都播放京剧八个样板戏,都是反映红色题材的现代戏。当时很多地方戏都在移植京剧《红灯记》,各个剧团、各个流派都唱《红灯记》。我认为,豫剧《红灯记》版本能够保留下来,应当归功于当时的集体创作。特别是我们剧团的音乐设计周律老师,还从省团请来音乐设计张北方老师,音乐配器是胡波立老师,导演是我们的好导演梁士英先生。

那个时候,他们搞创作,没有补助费。在露天剧场排练,天气炎热,没有电扇,只能用芭蕉扇扇一扇,冒着酷暑,还被蚊子叮咬。周律老师在他腿上抹满肥皂,把脚泡在凉水盆里,每天坚持创作十几个小时。他说:"腿上抹了肥皂,蚊子就不咬我了。"老师们流下了多少汗水和心血,正是由于他们所做的奉献和牺牲,一个个优秀的作品、唱段才都流传了下来。这也是值得我们借鉴的。

当时我们成立的有李铁梅组、李奶奶组、李玉和组,各个组中每个人都得哼唱腔。比如，"听罢奶奶说红灯"这段，虎美玲你哼唱，音乐老师听听，再让我哼，把这些腔收集后他再谱曲。他按着你的嗓音给你写曲，写了以后再让你听，再拉弦跟着唱，不合适再改，就是这样。所以说音乐设计是贴在演员身上的创作者。

我认为，《红灯记》的成功不只是我们唱得好，更是这些幕后英雄的默默付出，才能让《红灯记》一直被传唱。通过《红灯记》的传唱，人们认识了我虎美玲，说起李铁梅就想起虎美玲，说起虎美玲就想起李铁梅。至今我仍然感恩这些幕后的创作者，是他们创造了红色经典、红色记忆，他们的创作精神和创作经验是艺术的宝贵财富，值得我们借鉴收藏。虽然他们现在都离世了，但是他们的经典作品一直留了下来。

我能有今天，应该感谢这些老前辈，感谢新闻媒体。那时候，中央人民广播电台、中央电视台、河南人民广播电台、河南电视台、郑州市人民广播电台、郑州电视台，只要是播出豫剧，每天都能听到《红灯记》。在上世纪70年代，豫剧《红灯记》可以说是非常火爆的一部戏。

1974年，我们进京演《红灯记》的时候，入驻北京西苑饭店。分配常香玉老师一个人住一个单间，后来常老师提出："让虎美玲跟我住到一个房间里。"当时我又惊又喜又紧张，喜的是，常老师在我们心目中是艺术大师，常老师叫我跟她住

《红灯记》剧照，常香玉饰演李奶奶，虎美玲饰演李铁梅，1975 年摄

一个屋,说明常老师喜欢我,跟她同吃同住同演一台戏,是我近距离接触常大师向她学习的好机会;紧张的是,自己还年轻,做得不周到会影响老师休息。

当时我跟常老师住到一个房间,那个房间里只有一张大床。常老师说:"美玲你睡床上,我睡地上。"我说:"我怎么能睡在床上,让您睡地上呢?"常老师说:"美玲,你不知道我的腰受过伤,那床太软,我睡这软床不习惯,睡着不得劲。这木地板铺上被子、毯子睡着挺好的。"我悄悄找到宾馆服务员让他们找来硬板床。谁知,常老师把我批评一顿。"美玲,我让你和我住一个屋,主要是咱们说戏方便,你去让人家给我找这个床弄啥?给人家找麻烦。"我说:"老师,你睡地上,我心里过意不去。"

在跟常老师合作的这段时间里,我学习到常老师的三种精神:艺术精益求精的精神,戏比天大的精神,为人民服务的精神。

我们住的房间就是我们的排练厅,常老师经常带着一个消音器,消音器是为了在没有乐队的情况下起到一个定音的作用。扮演李玉和的任安华、扮演李奶奶的常香玉老师、扮演李铁梅的我,反复排练《红灯记》,一个动作、一个眼神、一句唱腔都反复地琢磨,做到了精益求精;常老师和我天天都坚持练戏、排戏。常老师说:"美玲,你把'听罢奶奶说红灯'那段戏再给我唱唱。"听完后,常老师说:"美玲,你这里'奶奶'这两个字发出来的音很甜,要保持住,你这个音的位置找得非常好。"常老师还说:"'听罢奶奶说红灯'这段戏,铁梅是在思考着唱的,是在收着唱的,不能满宫满调地唱出来,那样就没有那种感觉,没有那种神韵了。"通过常老师的讲解,我懂得了要以情带声,通过声来传神,才能塑造好人物。

我和常老师同吃同住同演一台戏的十几天里,常老师对我的谆谆教诲,使我受益匪浅,终生难忘。她对艺术精益求精、戏比天大的精神一直激励着我。

1988年11月,著名诗人王怀让在《河南日报》写了我的三种颜色:红衣裳、白衣裳、金衣裳。"红衣裳"是指《红灯记》中那个十七岁的李铁梅,一身红衣裳,像一片霞,像一团火,像一朵花,至今仍在人们的眼前燃烧;"白衣裳"是指《大祭桩》中身穿一身白衣裳的黄桂英,像一朵雪花,像一团雾,像一片云,至今仍在人们的手掌上飘动,飘得很远很远;"金衣裳"是指《武则天》里穿上一套帝王镶金缀玉的辉煌的衣裳。

　　说起"白衣裳"《大祭桩》，我首先感谢我的恩师常香玉，这个戏是常派的代表作，是常老师亲传给我的一部戏。时值夏季，天气炎热，我们在常老师家里排戏，为了不影响左邻右舍，我们把门窗关住，她家没有空调，陈宪章老师热得拿着芭蕉扇扇着，常老师教我《大祭桩》唱腔，一句一句地教，包括水袖、跪步，一遍一遍地口传身教。常老师不顾年事已高，竟然跪在粗糙不平的水泥地上为我做示范，手把手教授技艺，常老师"戏比天大"的敬业精神，感动着我，激励着我。常老师经常对我们说，像我者死，学我者生。我个人理解为，常老师是在教诲我们，每个人都有每个人的声音条件，时代在发展，要与时俱进，要把老师的艺术继承好，不要光学其形，更要学其神，要把老师的"以情带声，传情传神"的艺术传承下去。

　　塑造《大祭桩》中的黄桂英，我主要把握了三个方面。第一，把握好人物的身份、情感与动作。黄桂英是大家闺秀、宦门秀女，既有闺门旦的典雅秀丽，又有青衣的端庄沉稳。表演要端庄大方、文雅含蓄，舞台动作不能不到位，也不能过火。第二，"绣楼"一折中"恼恨爹爹心不正"这段戏，从戏词到唱腔，是常派的经典，不但要唱出常派的韵味，更要演其神。第三，把握好水袖的运用。黄桂英下场时舒展长袖，与"下场花"水袖的滚袖、抓袖、甩袖、投袖等一系列组合动作，特别是"背后双抛袖"搭肩的绝活，把黄桂英排除障碍阻力、冲出封建桎梏，到法场祭夫的决心，准确、有力地表现出来。

　　在表演方面，我也改变了豫剧"重唱轻表"的传统，充分调动各种艺术手段，创造出了一整套戏曲化的舞蹈形体动作，来外化人物的内心情感，强化人物的舞台形象。

　　为了有更好、更美的表演效果，我对服装也进行了多次改动。原来黄桂英身上打的是腰包，我去掉了腰包改为百

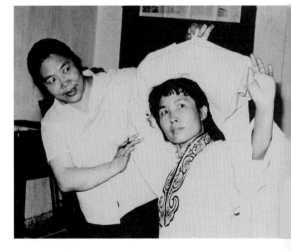

1979 年，常香玉（左）为虎美玲亲授《大祭桩》

1981年，常香玉（左）为虎美玲亲授《花木兰》

折斗篷，后来我又重新设计，改用双层的蝙蝠衫裙，这样舞起来更好看，表现人物形象更充分。由于蝙蝠衫裙是我的创新，拿到很多地方裁缝师傅都没见过，不会做，根本做不成。但我不死心，后来还是在"德义坊"师傅的反复琢磨、改动下，总算制作成功。

"绣楼""打路""祭桩"这三场戏，我下了很大功夫，反复修改，"技不离戏，戏不离艺"，不为表演而表演，而是演人物，以心唱情，一举一动，一扭一转，脚怎么站，水袖怎么舞，都要中规中矩，大气有范儿，每一个转身、每一个甩袖，都要惊艳地亮相。

在常老师把《大祭桩》传授给我之后，通过认真琢磨、继承、发展，我在上世纪80年代有录像录音，到90年代有录音，到2000年也有录音，一直到退休后又拍了戏曲电影《新大祭桩》。每十年算一个小结、一个段落。我感觉，不同年代的录音，80年代的声音是最好的。我在六十六岁拍戏曲电影的时候，虽然声音和扮相都不是最佳状态，但是为了纪念常老师把这个戏传承给我，我要留下来一份资料。我认为，我们戏曲演员在舞台上演出，所呈现的就是通过四功五法，演其形、传其神来刻画不同人物。

豫剧《大祭桩》为我赢得了很多荣誉。《大祭桩》"绣楼"一折也成为常派的看家戏和教材戏。获奖之后，常老师对我说："美玲啊，我是一般不夸学生的，这一折戏你演得好，好就好在你掌握人物好，水袖用得恰到好处，我要求你练习'背袖'，这个难度很大，水袖往肩上一搭，这是绝招！你练得挺好，做得非常干净、利落。"

著名诗人王怀让写的"白衣裳"，就是指《大祭桩》。我认为我的代表作新版《白蛇传》也可称为"白衣裳"。我演新版《白蛇传》中的白素贞，白娘子不是凡人，她先修炼成仙,后修炼成人,她放着神仙不当,下凡到人间,人间的美丽,人间的爱情,一对一对的夫妻,男耕女织,是她向往的生活。她单纯、简单,她感到一切都是美好的。提到新版《白蛇传》,感谢导演李六一、编剧孟华、音乐唱腔设计耿玉卿为它呈现舞台的美、唱词的美、唱腔的美。我作为白娘子的首演者,是我创造的一个新白娘子,也是我的代表作。虽然这部大戏很少演,这部戏的艺术呈现和唱段被大家认可并广为流传,我心足矣。

拿到剧本后,我首先对白素贞这个人物做了分析。我认为不能再用老套路去刻画人物,白娘子虽然是闺门旦当行,但与我之前演过的闺门旦有很大的区别。像《大祭桩》中的黄桂英,是个官宦人家出身,大家闺秀;《义烈女》中的童玉珊,是个小家碧玉。尽管都是忠贞爱情,反抗封建礼教,白素贞更多的是仙气、妖气,没有那么多人间世俗的拘束,没有复杂的心理,性格上更多的是直率、大胆、多情、奔放,羡慕人间生活的美好,大胆地追求爱情和幸福生活。

我在"游湖""惊变""诀别"三场戏中重点对白素贞的形象进行了重塑,在唱腔、表演上进行新的创造。这三场戏也都流传下来,唱段也为广大戏迷传唱开来。

"游湖"一场,我着重表现白素贞作为一个蛇仙,初到人间,看到啥都好奇,人世间这么美好,男耕女织,充满了对美好生活的向往。在遇见许仙时,第一眼看到许仙,她没有像黄桂英、童玉珊那样害羞地低下头,而是直愣愣地盯着他,原来人间还有这么英俊的美男子,一见钟情含情脉脉,一直把许仙看得不好意思低下头来。伴随着与许仙的交谈,凭借一把雨伞的推让、开合,白素贞大胆直白地向许仙表达了爱慕之情:"叫先生你莫要忧前虑后,奴跟你权当是跟个丫头。不图金不图银图你个人就够,穷

戏曲电影《新大祭桩》剧照

日子粗茶饭不讲稀稠……面对着眼前的单身女子独丫头，天上掉下的花彩头，你愿留不愿留呀？"在这里，已经变为"人间一员"的白素贞，唱出了自己的大胆心声。白娘子对许仙表现的回归天然、回归本真的人间情爱，这个唱段被广为流传，我还应邀在中央电视台戏曲频道《跟我学》栏目中教唱新版《白蛇传》中"游湖"这一折。

"惊变"一场，传统《白蛇传》表现的都是白娘子在喝了雄黄酒之后，许仙看到白娘子化身为蛇受惊吓而死，切光结束，都是作为过场戏。然而，我觉得这是一场刻画白素贞善良而又勇敢的重场戏，所以我非常用心，改动也非常大。白娘子明知道喝了雄黄酒会发生什么，还是勇敢地喝了下去。喝酒后，毒性发作，白娘子现出原形，天旋地转。我认为"无技不成戏""有戏则长，无戏则短"，在唱过大段戏后，应该用戏曲的"四功五法"来塑造白娘子此时此刻的心情。水袖的舞动正好用在此处，于是我耍起了两米多长的水袖，水袖挥舞，左右轮番上抛、团花袖、烟花袖、扇花袖、波浪袖，忽轻忽重，忽缓忽急，既表达了白娘子为爱情敢于牺牲、甘于奉献，也表达了她对许仙不舍不离的感情。

新版《白蛇传》剧照

"诀别"一场，传统《白蛇传》是法海用合钵把白蛇压到雷峰塔下，在新版《白蛇传》中，白娘子对许仙恨，恨他耳朵根子软，背叛了爱情，但又爱他，爱他善良勤劳，爱他用医药救人，普度众生。特别是在听到许仙的唱"听了娘子几句话，我愿我命换白娘"后，又受到了感动，虽然许仙害了她，法海害了她，但她"自认人形已获，人情已尝，人爱已领，心愿足矣"，于是唱道："几句话说得我热泪涌起，白素贞嫁许仙此生足矣。"按常理应该用哭声，哭着唱，但我没用哭声，也没有掉眼泪。虽然这场婚姻时间不长，两人马上就要分离，但是白素贞感到许仙能够认错，还算是没有看错人。对此她满足了，她体验了人生，感受了人间的苦难，享受了人间的甜美，无怨无悔,毅然走向雷峰塔,做出"从此魔塔是绣居"的人生选择。

这三场戏,我用三种体验、三种感觉表现出白娘子性格的多样性。"游湖"表现的是甜、美,对生活对爱情追求的大胆向往、无拘无束;"惊变"表现的是善良、纯真,表现了她人性本真的一面,不愿意离开人世,不愿意离弃许仙和孩子;"诀别"则表现了她的献身精神,无怨无悔地自愿离去。这也正是新版《白蛇传》与旧戏的不同与出新之处。

我为什么这么喜欢白素贞这个人物呢? 我喜欢白娘子的心地善良,她用善良的心看待一切。通过新版《白蛇传》,体现一个人或仙虽然离开了,但人仙情未了,这就是白娘子。

另外,我演《义烈女》中的童玉珊,她是个小家碧玉,是教学先生的女儿。《义烈女》是"现代豫剧之父"樊粹庭先生在1935年写的戏,原名叫《义烈风》,陈素真先生首演,各个流派的大师们都演过这个戏,但是后来这个戏就好像失传了,很少有人演。1989年,导演石磊先生拿着这个剧本找到我,我们重新把它搬上了舞台。

首先,我根据剧情的需要,根据自身的条件特长,对人物形象进行了许多精彩的艺术处理。在第一稿第一场"闹学"中"挂椅子"技巧的运用;第五场"坠儿"中,对水袖、圆场和"小蹦子"的运用;特别是在第三场"自媒"中,我运用了陈素真老师亲授的右手耍扇子、左手玩辫子、脚下踩"花梆子"的一整套技巧,运用到这里恰到好处,取得了强烈的艺术效果。

在表演上,我根据人物性格的发展和剧情的规定情境,首先采用了京剧荀(慧生)派大花旦的表演方法,借以表现中原少女活泼热情、端庄大方的性格。剧情发展至其弟被杀害,自己又误嫁王贼并为其生下一子时,采用了梅(兰芳)派大青衣、闺门旦

新版《白蛇传》剧照

的表演方法,以表现主人公的沉稳和忧伤。待到真相大白,她携子夜奔县衙翻案
一节,又大胆地吸收了尚(小云)派青衣的刚健和险峻的表演技巧。

在唱腔上,我考虑常派唱腔的特点,在继承常派音乐的基础上,大胆地参与
了音乐设计,也考虑到此剧原为陈戏的地域特点,就大量吸收了豫剧祥符调中的
陈(素真)、桑(振君)等诸家门派的音乐旋律,设计了多段脍炙人口的优美唱腔。
当时就是我先哼唱,让石磊把关,然后徐保勋记谱,这样就设计出《义烈女》的唱
腔。同时在服装设计上也有所改进。

我演的这三个闺门旦,一个是《大祭桩》的黄桂英,一个是新版《白蛇传》的白
娘子,一个是《义烈女》中的童玉珊,她们的共性都是少女,但是她们都有个人不
同的生活环境、不同的遭遇、不同的故事,所以说你不能生搬硬套,沿用一套演下
来。你要通过刻画人物,通过传神的声腔,捕捉到她的动作、眼神、表情,来为人物
服务。黄桂英是大家闺秀,端庄大方,雍容华贵;《义烈女》中的童玉珊是小家碧
玉,饱读诗书,机智勇敢;新版《白蛇传》的白娘子仙气十足,典雅大方,俊美灵动。
同是闺门旦,要刻画出不同人物的形象。继承是核心,创新发展是方向。我们要坚

《义烈女》剧照

守核心,掌握方向,使我们民族戏曲艺术薪火相传,发扬光大。

人生如戏,戏如人生。如今我已经七十多岁了,我这一生就干了一件事——唱戏。戏剧舞台就是我这一生忙忙碌碌、艰苦奋斗的平台。从小就与戏结下了不解之缘,一路走来,是戏剧成就了我,观众、粉丝成就了我,舞台成就了我。可以说,我就是一部戏。

我认为,自己既然有幸来这大千尘世上走一遭,就要紧紧地攥住手中的生命,紧紧地攥住手中的事业,演戏就要演得热热烈烈,唱戏就要唱得满宫满调,活就活出个红红火火的人生,活出个满满当当的人生。我觉得有些故事已经圆满了,而有些故事好像才刚开始。虽然我已经退休了,但是国家级非物质文化遗产传承人的职责还在肩上,我要把自己这一身的本领传下去,让豫剧艺术发扬光大,让豫剧绿树常青,后继有人。

2020年

月阳录音整理

第六章

黑红忠勇　声震三江

吴心平·《包公》

请扫码收听吴心平、段青原声音频

吴心平(右)和月阳,于2018年春

　　著名豫剧黑头表演艺术家吴心平老师和爱人段青的艺术人生,总让我感到一份温馨和感慨。他们携手几十载,夫妻伉俪,一辈子都奉献给了豫剧事业。这份执着如一的初心坚守,以及始终淡泊认真的艺术品格,常给年轻的我以别样的感动和鼓励。

　　吴心平老师少年从艺,刻苦钻研,凭借优异的成绩成为商丘市豫剧团一颗冉冉升起的戏曲新星,很快得到省剧团的垂青。在河南省豫剧院三团,他广征博取,谦虚学习,掌握了现代戏表演中的角色定位和人物塑造的精髓,为他以后的艺术道路打下了深厚的根基。

　　吴心平自幼学的是传统戏,尤其钟爱老生表演艺术。但阴差阳错,因为一次特别的机缘,他参加了豫剧电影《包青天》的拍摄,饰演包拯,随着电影热映,他进入了千家万户的视野,也让千千万万的老百姓记住了铁面无私的"黑面包公"这一艺术形象。正如这次临时救场的慷慨一样,作为团里的主演,吴心平和爱人段青也常常默默充当着公仆的角色,踏踏实实演戏,认认真真做人。吴心平为了演出忘我付出,无私无悔,为了满足观众需求,冒着高烧坚持演出,脸部水肿不能化

吴心平(右)和常香玉大师,1980年代于商丘

装,便用紫药水代替颜料,其中痛楚,冷暖自知。而作为妻子的段青,为了爱人和家庭,果断牺牲自我,奉养公婆,任劳任怨。或许,正是这种"舍小家为大家"的精神,才成就了二人艺术境界的一番天地。

吴心平先后担任商丘地区豫剧团副团长、团长、商丘市豫剧团名誉团长,还是中国戏剧家协会会员、中国戏曲表演学会会员、河南省戏剧家协会理事、商丘市戏剧家协会副主席、商丘市第一届人大代表。2000年被评为商丘市首批优秀文艺家,受到市委、市政府表彰。从艺五十六年来,他先后在《社长的女儿》《屈原》《包青天》《桃园喜》《睢阳忠烈》《岳飞》等一百多部戏曲、电影、电视剧中扮演主要角色。

1963年,经过在三团学习的历练,吴心平出演《社长的女儿》中社长一角,一炮而红,迅速在全国引起轰动,该剧后来赴北京汇报演出,受到周恩来、李先念、陶铸、习仲勋等党和国家领导人的接见。1979年,他在河南影业公司与香港金马影业公司联合摄制的彩色电影戏曲片《包青天》中成功地扮演了包拯,赢得了豫剧"活包公"的赞誉。

攻老生功夫深厚,演黑脸独具特色,工于传统戏,擅演现代戏。在艺术上,吴心平付出了全部心血,也成就了自己在河南戏曲百花苑中的一席独特之位。

先大家,后小家,终成艺术名家;舍小我,为大义,成就艺坛佳话。

吴心平、段青夫妇,1964 年于北京

吴心平、段青自述

吴心平:大家好!我叫吴心平,今年八十四岁。我姊妹九个,排行第八。我小时候家庭情况不太好,记忆里,父亲一天到晚都在外辛勤劳动,做弹花、轧花的生意;大哥也在外面开了个小小的杂货铺,挣钱贴补家用。印象中,家里的粮食总是不够吃,每年到春季的时候,我们家就得借粮食吃了,等到夏天新麦下来再还给人家。尽管条件如此艰难,父母还是让我读了私塾,后来又送我去读"洋学"。

在学校,我是班里年龄最小的,成绩却是最好的。也因为如此,调皮捣蛋的我很受老师们的偏爱,一直都担任班长。读完五年级,我到临县考初中,一考就中。也正是这时候,商丘文工团对外招生,得知这个消息,我非常想参加,但当时因脚上长了疮,走路都困难。怎么办呢?我就让同学刘书平揳着我,冒着大雪去参加了考试。很幸运,我顺利地通过了考试,从此踏入了文艺的行列。

进团之后,文工团就在当时的省会开封女子中学集训,学习文化,还有斯坦尼体系等,当时的老师就有著名导演杨兰春先生。

段青:我叫段青,我参加文艺工作有些曲折。我十几岁进纺织厂干活,听说剧团招生,就跟着厂里的一个老同志去参加考试,并被录取了。可我父母很封建,认

段青，1957年摄

为唱戏是丢人的，不让我学。可是我喜欢啊，一意孤行地就跟着剧团走了。团长和老师们对我很疼爱，进团没多少天，就开始让我演出了，从此我再也没离开过剧团。

我在剧团是以演武戏为主的，团领导要求严格，我也很努力，工作以后一直在忙演出，每天两三场武打戏轮番演，这种状态一直延续到我四十多岁进戏校当老师。

从戏校建校开始，我就转向教学工作，直至退休。欣慰的是，我培养出了一批好学生，他们都成了河南戏曲界的栋梁之材，取得了不菲的成绩。现在，我虽然退休了，但只要学生愿意学，我始终愿意把自己学到的东西再传承下去，再累也是开心的。

我和老吴结婚说起来很有意思，当时吴心平已经调入三团了，结婚时他请了七天假，可是我的演出任务很重，一直腾不出时间办婚礼，到了第六天，还是没有时间结婚，怎么办？多亏团里领导想出了办法——那天在开封人民剧场演夜场戏，大戏开始前，领导上台一吹哨，把毛主席像抬到台中间，给我和心平穿上红绸子，行了礼，这样就算结婚了。第二天天一亮，老吴就走了。但这几十年来，我们过得很和睦，很幸福。

人往高处走

吴心平：我是1959年调入省三团的。当时我们商丘文工团排了《向秀丽》，我演戏中的党支部书记，获了"优秀青年演员奖"，获奖后不久就被调到省三团了。

调入省三团对我来说是一个很大的转折，使我的艺术有很大的提高。因为我加入剧团以后就直接跟着演戏了。原来只注意肢体、形体、基本功的训练，具体怎样刻画人物，确实没受过系统训练，也缺乏戏曲理论课。到了三团以后，高洁、马琳、魏云、柳兰芳、王善朴、马明昆、陈新理等对我都非常好，对我都有很大帮助。记得刚到三团时排演《李红英》，我在里面演了一个党支部书记，这是一个转业军人，该我上场了，我一甩袖子就上去了，马明昆导演看到后，立刻摆摆手叫我下去了，一连七次，我都没通过，事后我痛哭了一场，觉得抬不起头。团里这几

吴心平，1954年于周口

位老同志帮我分析了一下，为什么没有通过？就是因为我心里空，没有人物感情，只有一个架子。这件事深深地刺痛了我，让我觉得自己在戏曲理论方面太欠缺了，所以自那以后我就下功夫学习理论。在三团排戏是有案头工作的，要先做剧本分析，然后再进行具体的角色分析，写角色自传。我开始做不了，后来在老同志的帮助下才逐渐学会了。

后来又排《耕云播雨》，我演肖淑英的爹肖宽，魏云演的肖淑英。当时杨兰春老师给我说的几句话，我到现在都忘不了。他说："心平，你就记住从哪儿来，到哪儿去，要干啥。"他这几句话就把演员塑造人物的事情给解释清楚了。后来排《红珊瑚》，我演老德顺，我埋头做案头工作，从剧本到人物分析非常认真，下了苦功，当时三团同事纷纷称赞我："心平，你真行，你真有一股劲儿。"我就是这种性格，不做就罢，要做，我就尽最大努力做好。所以，在三团的两年我在艺术上有很大的提高。

心中的遗憾

吴心平：后来，段青怀孕了，她在商丘，我在郑州，总是两地分隔在当时很有压力。另外，我还有一个想法，我从小练了很多功，在三团光演现代戏，基本功用不上，所以就想回到原来的单位，既能演现代戏，也能演传统戏，后来我又回到了商丘。说起来也是命，我回去时正赶上创排《社长的女儿》，直接参加演出了，这一下，我在省三团学的十八般武艺都用上了，塑造的人物很受欢迎，一下子就成功了。我那时还不到三十岁。

这个戏当时非常轰动，1963 年我们到郑州北下街演出，一连演了一个多月，当时的《郑州晚报》《河南日报》等报纸接连发表评论点评这个戏，后来又去外省巡演，很快这个戏在全国都出名了，观众也慢慢知道了我。1964 年，三团到北京演《朝阳沟》，我们的团到北京演《社长的女儿》，我们跟三团住在一块儿，我们这个戏几乎在北京所有的剧场都演遍了，当时国务院副总理李先念还有中央其他领

《社长的女儿》剧照，吴心平饰演老社长，段青饰演女儿，1963 年摄

导同志都看了这个戏。更值得庆幸的是,1964 年过除夕时,我们是和毛主席一起在人民大会堂度过的。另外,我们还参加了国宴,记得当时把我安排到嘉宾第三席,心情真是无比激动和自豪。周总理在钓鱼台国宾馆看了《社长的女儿》,看完戏后,周总理还跟夏衍部长,还有当时的河南省文化局局长以及剧团的作者和导演开了座谈会,我们就在外面等。过了一会儿,总理说要接见我们,我们激动得很,赶紧排队过去。

其实,当时这个戏已经决定要拍电影,都试过镜头了,如果总理再缓看三天就开机了。但是,当时总理对剧本提出了修改意见,因为这个,电影暂时也没拍成,这个戏就搁这儿了。总理逝世的时候我们重新整理了这个戏,结果还是没弄成,非常遗憾。

"活包公"吴心平

段青:吴心平演戏确实不错,所以机会到来时也能够抓住。《包青天》里包拯

左:《锦袍记》剧照,吴心平饰演陈平,1979 年摄
右:《跑汴京》剧照,吴心平饰演包拯,1979 年摄

左：戏曲电影《包青天》剧照，吴心平（左）饰演包拯，阮静饰演陈世美

右：电影拍摄间隙，吴心平（中）、阮静（右）和导演李铁（左）合影，1979年摄

原来不是他演，是我们团里的一个女演员演，后来她嗓子出了问题，不能唱，但提前一个月已经把票卖出来了，没办法，只好找人救场，就让吴心平上了。那一天也不知道消息咋传恁快，商丘剧院各个角落里都是人，观众都等着看吴心平咋演老包的，那阵仗我吓得不敢看，就在舞台最后面偷偷扒开幕缝看。他一出场，唱了第一句，观众就来个满堂好，再唱一句，又来了一个满堂好，很轰动。从那之后，剧团领导又排了《狸猫换太子》，让吴心平演包拯。

吴心平：演戏曲电影《包青天》这个事确确实实出乎我所料，因为我从小练基本功，是唱"红脸"老生的，吃了很多苦头，可以说我"红脸"的基本功非常扎实，对老生这个行当很有感情。拍电影《包青天》之前我还演过两个老生，当时在郑州打得都比较响。一个是《金銮禧》，我演的魏徵；一个是《锦袍记》，我演的陈平。后来看到省一团的《跑汴京》，我感觉这个戏行当齐全，有"黑脸"、"红脸"、老生、丑，生旦净末丑都齐了，我就找到赵义庭老师，说想把这个戏排排，他说可以。赵老师人非常好。我当时在省人民会堂演出《锦袍记》，赵老师就拿着剧本在化装案子上修改，我们晚上演《锦袍记》，白天排《跑汴京》，回到商丘后就在人民剧院彩排了，反响非常好，从此《跑汴京》成了我们团的保留剧目。

当时我不知道，电影《包青天》正在酝酿之中。杨兰春、王基笑两位老师领着香港的导演李铁去我们团看戏，先定了我演王延龄，又让我试镜。试过镜头，香港那边来的人就开始给我们录音了,录到第三天的时候,又有消息了,说是要更换角色,让我演包公,又让我去录包公的音。

　　一进录音棚,头一句就是"奉旨陈州把粮放,不分昼夜回汴梁",一开口,我发现自己没嗓子了,可能也是因为太紧张了吧,只好停录。我回到招待所,到卫生室拿了治嗓子的药。第二天起来吃过饭,王基笑问我咋样,我说那试试呗。这两句再一唱,他们都很满意,就开始正式录音了。

　　录完《包青天》唱腔之后,我有了很多思索,在后期录音之前,我就琢磨能不能把说白改成多用胸腔共鸣,和唱分开。这个路是我自己慢慢摸索的,所以在后来拍电影录念白的时候,我就完全按照这个想法去录了,再加上鼻腔共鸣,从声腔上就使"老包"这个人物更立体了。

　　可以说,从艺几十年来,我对"老包"这个人物的思索没有中断过。再一个就是唱腔的更新。我总觉得原来黑脸的唱腔后头音太重,杂音太多,所以后来我就不是横着唱,而是立起来唱,这样嗓子好听了,吐字也清楚了。

　　段青:吴心平在练嗓子、练台步这些方面都吃了不少苦,到现在他还是坚持每天走台步、喊嗓子,没有间断。心平舌头大,为了练吐字,他嘴里含上石子练。确

戏曲电影《包青天》剧照,吴心平饰演包拯,张宝英演秦香莲,1979 年摄

实,想搞好艺术,不吃苦就达不到效果。观众说吴心平的唱腔不用看字幕,每一个字都能听明白,这与他自己严要求、苦练习有很大关系。

有一回,剧团在山东临沂演出《包青天》,吴心平发烧,医生打针打错了,结果满身起的全是泡,这怎么办呢? 晚上演出没办法化装,他就用紫水涂在脸上,坚持演完,我看了很是心酸。他演戏是入迷的,公家叫干啥就干啥,从不喊冤叫苦。

忠孝不能两全

吴心平:有几件事我是忘不了的。一个是1967年到郑州学习样板戏,那时候我父亲已经病重了,家里给我发了电报让回去,谁知道工宣队把这个电报给压下了,一直到学习结束才给我说,我赶紧回去。那时候孔集有个车站,下车没走到家,家人就迎出来说你可回来了,恁爸一直留口气,专等着你呢。我一进门,看到邻居正在院里给我父亲做棺材呢,我回去不到十分钟,父亲就不在了。当时团里还要演出,下葬完父亲,当天我就归队了。

《四进士》剧照,吴心平饰演宋士杰,1956年摄

段青:扒煤车回来的。

吴心平:对,当时没有车,扒煤车回来的。上午埋完父亲,下午就登台唱戏,演员就是这样。再一件事是剧团在山东宁阳县演出的时候,我娘不在了,当时跟团的党支部书记张震武问我,老吴你看咋弄啊? 演出的戏票已经卖出去了,我若回去的话,跟人家签的演出合同就要退。剧团六七十个人,若是因为我回来,剧团搁那个地方不能演出了怎么办? 我考虑再三,

决定不回去了。当天晚上还是演《包
青天》，一结束，来不及卸装，我就穿
着演出服往家乡的方向磕了几个头，
算是给我娘送终了。

吴心平、段青夫妇和女儿吴燕，1964 年于北京

段青：婆婆对吴心平非常好，疼
他疼得很，每次演出走的时候都给他
下面条吃，下罢夜戏也要给他做吃
的。后来婆婆有病，他演出忙，我没
让他照顾一下，我一个人在家照顾了
十年。为了剧团演出，他感觉到这是
应该的，虽然有时候也很委屈，但他从没有抱怨情绪，心态非常好，所以他是个干
事业的命。

吴心平：实际上我老伴儿到戏校工作，就是为了照顾家，让我安心搞艺术。其
实她在团里也是挂头牌的，在咱们商丘，她在刀马旦行里可以说也是很好的，但
是为了成全我，她就牺牲了自己。家里的事，包括两个孩子，我都没管过，都是她
操持的，我父亲母亲有病去世，也都是她操持的，所以她确确实实是我们家的有
功之臣。

段青：都是为了团，为了家，两人都不做出点牺牲的话，家里怎么办？孩子没
人管就废了。在团里，心平确确实实任务太重，没有时间和精力管孩子，我的演出
也是非常非常重。没办法，我只好离开剧团，转到了戏校。

吴心平：虽然离开了舞台，但她在戏曲教学上还是很成功的，她教的学生有
读研究生的，有好几个还考上了中国戏曲学院。她今年已经八十多了，但仍然在
教，还一直在为戏曲培养人才，将来戏曲总要有人继承啊，她一直在做这方面的
努力，在这方面我自愧不如。

段青：俺的家庭是一个非常和睦的家庭。闺女孝顺，是有名的孝女，在单位里
也是党员模范；儿子在单位，年年也是优秀党员。孩子们干得都非常好，所以说，
我觉得人亏天不亏。

卧薪尝胆

吴心平:我对戏曲的传承也有很多想法,特别是过去,唱黑脸的确确实实比较吃力一些,可以说,现在到我这个年龄能够在舞台上唱黑脸的估计不太多了。另外,我现在也培养了很多弟子,他们都很努力。但艺术这个东西不是一朝一夕就能练好的,它要有一个长期的磨合过程。想学我们这个行当,怕吃苦怕受罪是不行的,凡是有成就有影响的演员,没有一个是轻易成功、睡大觉睡出来的。所以,作为一个艺术工作者,要想有所成就,必须有自找苦吃的精神,不论是在文化理论学习方面也好,技能学习方面也好,做人的品德也好,都要严格要求自己,否则是成不了角儿的。

现在很多人都会说,先做人再谈艺,这句话说着容易做着难。人哪,必须学会约束自己,严于律己,不能放松对自己的要求。我作为一名老党员,啥时候都没有忘记党员本色,时时刻刻都用党员的标准要求自己,在生活、作风上,我对自己要求很严格,绝不放纵自己。我经常跟老伴儿开玩笑说,我是有毒的不吃,犯法的不干,国家的政策也好,团里的规章制度也好,只要定有规矩,我保证照章执行。

《秦香莲》剧照,吴心平饰演王延龄

我从小就很喜欢红脸戏,想着将来能凭借唱红脸出名,没想到半路改行了。我从学戏到现在,没有磕过头拜过师,但是那些有成就的老艺人都是我的老师,我从他们身上学到了很多东西,像咱们豫东的唐玉成老先生,我从上世纪50年代就跟唐玉成老先生接触,听他的戏,看他的表演,他塑造的人物真是太棒了,出来一亮相就跟油画一样,真好看。

一个演员要想有所成就,就要博采

众长,融会贯通,把它化成自己的东西,那就是扎扎实实的东西。所以,不管是唱红脸也好,黑脸也好,不管是现代戏也好,新编历史戏也好,传统戏也好,人家好的我就学习。一个演员的最高任务,就是要塑造人物。我就是根据人物的情感,怎样符合人物怎么来,当然,唱腔方面一定要做到字正腔圆、吐字清楚,注意韵味。演出时一定不要心有杂念,要非常投入,这样才能把观众的情绪调动起来。假如你自己就没有感情,当然也感动不了观众。一个好演员,一上场就会把观众抓住,这就是演员有定力、有功夫、有吸引力的地方。

段青:过去老艺人没文化,但都很有耐心,负责任得很,真正是口传心授。

晚年生活

吴心平:我的幸福晚年生活得益于我良好的身体素质,我平常就很少感冒。但年轻的时候却病过几次,都是因为演出任务太重了。有一次剧团在临沂演出,该化装了,大家却找不到我。我儿子就去住的地方找我,一掀开被子,发现我昏睡着,发烧了,一量三十九度七,家里人就想跟剧院商量,能不能换节目。临沂那边确实有个不成文的规矩,就是不能换节目,如果你换了,观众很可能撕你的幕条子或者是往舞台上砸砖。

了解到这个情况,我就让医生赶紧给我打了一针葡萄糖,坚持登台演出了,上场、下场同事们都忙着照顾我。不知道咋回事,我那天嗓子竟然出奇地好,等到戏演完了,一松劲儿就晕倒了,剧院里的人赶快把我抬到医院。医生一直埋怨说,你

吴心平(前排右二)在焦作工人俱乐部和戏迷一起,1980年代摄

吴心平、段青夫妇，1990 年摄

们咋到这会儿才送过来啊，烧成这样，整个脸上都是泡，鼻子、眼角、口腔里都是泡。住院才一天，当地武装部的车就过来接我，非要让我去演出。我说，你看我这个样子能演出吗？连说话的力气都没有了。他们说，你跟我们那边的观众见见面也行。盛情难却，我只好带病过去了。但是一去就不当家了，又要求我演出，没办法，就用紫药水化装，凡是黑的地方，都用紫药水化。演出结束后，卸装比化装还难呢，你想，脸上都是水泡结的痂，不能洗，只好用药棉一点一点地擦。中间隔两三天，剧团就又到新蔡演出了。另外，在洛阳演出时，也是相当轰动，连续二十二天演出《包青天》，一天都不停歇，演到最后一天的时候，我的头痛病犯了，打针、电疗，怎么都止不住疼，就这样也坚持演出，硬撑过去了。既然从事这个事业了，你就得尽心尽力。无论艺术还是身体，我都是拼尽全力熬出来的。

段青：头痛病也熬好了。

吴心平：所以现在，我们确确实实感到很幸福，总想着怎样把自己的生活安排好，怎样安度晚年。我现在最大的心愿就是把自己的生活过好，把黑脸艺术传承下去。说句老实话，我是笨演员，学的东西不多，如何把自己积累的东西传给后人，是我现在以及今后要努力做的事情。

2018 年

月阳录音整理

刘忠河·《打金枝》

请扫码收听刘忠河原声音频

竭志尽忠
红脸之王

刘忠河(左)和月阳,于 2019 年 9 月

　　"三天不吃馍,也要看看刘忠河。"这是儿时萦绕在我耳边最深刻的记忆。上世纪 80 年代初,虽然改革开放的春风席卷了整个中国,但处于中国最底层的普通老百姓,还没有完全从消息闭塞、物资匮乏、文化单一的困境中走出来,听戏、看戏依然是当时人们茶余饭后文化娱乐的主要方式。每当乡里乡亲结婚办喜事,从村头树上高高挂起的大喇叭里传出来的经常是铿锵的戏曲锣鼓声和粗犷豪放的梆声豫韵。而其中由戏曲名角刘忠河主演的豫剧《打金枝》,更是播放率最高的一出戏。而今,三十多年过去了,每当想起儿时故乡的模样,我也时常在想,一出戏究竟有何样的魔力,能够连续播放近四十年而不衰呢?

　　古老的豫东大地是中原文明的重要发祥地之一,商丘更是一片戏曲的热土,这里是豫剧四大声腔派系之一豫东调的发源地,素有"曲艺之乡"的美誉。自古以来,流入和产生在商丘的曲种名目繁多,有据可查的就有二十余种,如豫剧、豫东调、四平调、祥符调、豫东琴书、豫东大鼓、虞城花鼓、永城清音等。商丘曲艺有史可查的载录,最早可追溯到上古时代的"葛天氏之舞",此后,有商代的"桑林之舞",周代宋国的"杵歌",汉代的"睢阳曲",唐代的鼓子词、诸宫调等,使古老的商

青年刘忠河，1962年于商丘

丘戏曲曲艺一脉传承，不断衍变。

我的出生地木兰故里虞城，更是有名的戏窝子。记得儿时印象最深的当数围在村口的戏台上看大戏了，正是这一时期，我与戏曲结下了不解之缘。而真正走进我内心的艺术家，就是被广大观众誉为豫东"红脸王"的著名豫剧表演艺术家刘忠河老师了。在我的童年记忆中，刘忠河老师就是我的偶像，因为从小看刘老师的戏，我还曾一度梦想长大了成为戏曲演员。后来虽然经过了一番努力，最终还是没有如愿，而这份对戏曲的热爱却从那时就深深埋藏在了我的心里。2001年，这颗沉睡了三十年的戏曲种子终于发芽了。也就是这一年，我正式进入郑州电台工作，成为一名名副其实的戏曲栏目主持人。时至今日，二十年过去了，我依然坚守着传播传统戏曲文化的使命，而我走上这条道路，可谓和家乡戏曲的滋养以及刘忠河老师对我的影响密不可分。

刘忠河1943年11月28日出生在河南朱集(今商丘市)，当时的旧中国正处于抗战时期，老百姓生活在水深火热之中。刘忠河也和当时的大多数孩子一样，过着饥寒交迫、颠沛流离的生活。1955年，刘忠河考入商丘市红星戏校(商丘市豫剧团前身)。1957年底，十四岁的刘忠河考入河南省戏曲学校，主攻"净"行。在校学习期间，他得到了河南豫剧界名老艺人高连荣、张子林、马双枝、田来印、汤兰香等人的言传身教。经过三年的系统训练与学习，1961年刘忠河提前毕业，回到商丘地区豫剧团。

上世纪60年代，"文革"开始了，全国戏曲界提出"八亿人民八台戏"的口号。由于当时大唱"革命样板戏"，无奈，刘忠河的角色行当也由"黑脸"改唱"红脸"。"文革"结束后，刘忠河在继承豫东老一代"红脸王"唐玉成先生唱腔的基础上，结合自己的嗓音条件进行融会贯通，演出了豫剧传统剧目《十五贯》，一炮走红。

《打金枝》剧照，刘忠河饰演唐代宗李豫，1980 年代摄

　　1980 年是刘忠河艺术生涯重要的转折点，这一年他代表豫东调参加河南省首届豫剧流派会演，演出了豫剧《打金枝》。该剧在河南人民广播电台播出后，迅速唱响了豫鲁苏皖四省。1986 年，中央电视台专门录制了刘忠河演出的《打金枝》《三打金枝》《血溅乌纱》《三哭殿》等剧目，使得刘忠河在全国拥有了大批戏迷观众。经过半个多世纪的沉淀，刘忠河逐渐形成了唱腔激昂高亢、强劲沧桑、自然流畅的演唱艺术风格，尤其擅长在传统戏中饰演帝王形象，并因此被戏曲评论家誉为"一腔清音，半壁河山"，形成了风格独具、刚健古朴的豫东"红脸王"刘派艺术。

　　作为豫剧"红脸王"刘忠河老师的同乡，我时常为家乡有这么一位杰出的艺术家而感到骄傲与自豪。感谢在传统戏曲文化传播的道路上给予我帮助的戏曲艺术家和陪伴我一路前行的伙伴，不忘初心，砥砺前行。中华传统文化的振兴还需要你我的共同努力，让我们携手同行。

刘忠河,于 1963 年

刘忠河自述

　　我是 1943 年 11 月 28 日出生的,五岁的时候基本上就懂事了,开始有了记忆。我家住在商丘的刘口镇,在刘口的正南有个叫南会馆的地方,我的小学就在那里上的,记得当时刚刚解放,一切事物都是新的。

　　1949 年,河南、山东一带基本上解放了,我父亲当时正在刘口与朱集之间做生意,所以我们家的生活要稍微好一点。新中国成立后,我父亲又到朱集找活儿,从此在那里安了家。那时候我在家就跟着我表哥生活,我们刘口镇距离我家大刘庄有六里地,我白天在家帮着我表哥干点活儿,晚上就跟着我的哑巴爷睡觉。1955 年我十二岁时,开始跟着父亲在行里面生活了,当时我父亲他们住的那个房子很小,最多有八平方米的样子,我当时就在里面的一个小软床上睡觉,那是一张天然的小木头床,地上铺着麻包。

艺术启蒙

　　上世纪 50 年代,新中国百废待兴,人们的娱乐形式较少,戏曲几乎是人们茶余饭后娱乐的唯一方式。除了唱戏的、说书的，偶尔看一次电影还得挤着。直到1955年上半年，我才正式接触戏曲。当时看得最多的就是马金凤老师的戏，看她最多的就是《老征东》，后改为《穆桂英挂帅》。那时我刚从农村来到商丘市区，还不知道什么叫广播，也就没见过。记得警察街(今人民路)有个电线杆子，上面的大喇叭成天播放戏曲，当时我感到奇怪，就站到电线杆子底下听，心想，这商丘咋恁些人唱戏，而且看不见一个人呢？于是我就围着电线杆子转了两天，最后才知道这叫广播。

从此，对戏曲的向往在心中悄悄滋长。1955年10月，在家人完全不知晓的情况下，我考上了商丘红星戏校。1956年，红星戏校正式命名为商丘市豫剧团。当时戏校里有很多河北的老艺人，有唱京剧的，也有唱河北梆子的，都流落到商丘了。到商丘后，这些老艺人又招收了一班学生，我进去之后就跟着这些老艺人学戏，学的第一出戏是《南阳关》。还有个严老师是唱花脸的，我跟他学了不少老戏。那时候我练功就跟着老大哥们，人家咋练我咋练，还不太规范，没有人正经给你训练。我在剧团的时候没有分行当，老师教啥我们就学啥。当时我的想法就是有人管我饭了，具体学多好唱多出名，从来没想过，只是想赶紧挣脱寄人篱下的生活。

1957年是我人生的转折点。这一年，经过努力我考上了河南省戏校，当时我才十三岁，成了河南省戏校的第一届毕业生。当时河南省戏校有很多名老艺人，我印象最为深刻的是马双枝老师，还有汤兰香、张子林、管玉田、王金玉、高连荣等，都是豫剧中比较有名的老艺人。这些老师有教文化的，有教戏的，有教唱腔的。当时我们的副校长是杨继梅、龚正祥，正校长是河南省文化局的陈建平局长。

有一天，田运来老师找到我，说我的嗓子好，建议我把行当定为"花脸"(豫剧称

刘忠河，1958年在省戏校

刘忠河(后排左)和省戏校同学相聚,1988 年于周口

"黑头")。我当时想反正进戏校了,你叫我唱啥我就唱啥,改"黑脸"就改"黑脸"。那时候提的口号是"一专多能",起初老师并没有给我们固定行当,也是啥行当都要学。当时排了《打焦赞》《打孟良》《林冲夜奔》《石秀探庄》《狮子楼》等剧目。因为这些戏都是以武生行当应功,所以就专门给武行演员排,但是在老师排戏的时候,其他行当也得学。我当时是兼工唱"黑脸",《石秀探庄》《蜈蚣岭》等这些戏也都学,我以唱"黑脸"为主,武工教师主要教我们毯子功、身段功、把子功等。当时学校抓得也很紧,基本功练得都很扎实,学得比较全面。这为我后来艺术上的发展与进步打下了坚实的基础。

河南省戏校是 1956 年成立的,1958 年才正式招生,我们是河南戏曲界的第一班,大家俗称的"三班",就是五八班、五九班、六〇班。随着教育主管部门和学校教育体制的变化,后来就进入了一年一招生。起初学校都是瓦房,只有一个练功室,条件相对还是艰苦的。

1958 年,我来到郑州,进入河南省戏校学习,经过三年的系统学习,1961 年 7 月 15 日从河南省戏校正式毕业。因为赶上三年困难时期,生活也比较苦,所以我们这一届学生就提前毕业了。

艺术成长

1961 年 7 月毕业之后,我又回到了老家,进入商丘市豫剧团,从那个时候起我就不唱"黑脸",开始唱"红脸"了。进团之后演出的第一个"红脸"戏是《花打朝》,当时在剧中我扮演皇帝。大约在"文化大革命"前期,全国就开始大演现代戏了。我曾在《南海长城》中扮演书记,《朝阳沟》中扮演拴保,《南方来信》中扮演文安,《红灯记》中扮演李玉和,《平原作战》中扮演赵永刚,等等,已经开始陆续担任很多剧目中的主要角色了,而且很多都是英雄人物、正面人物,基本上都是一号、二号角色。

我经常说我是艺术上的"小偷",因为老艺人们常说"拾到篮里都是菜",必须自己留心多学习。在大演现代戏的那几年,我很好地锻炼了自己。我对艺术比较认真,觉得只要搞就一定要搞好,不鸣则已、一鸣惊人,即使不成名,最起码也得兢兢业业、规规矩矩的。这是我几十年来从艺做人的标准和追求。"文革"十年,我演了很多现代戏,费的力也不少,更重要的是得到了锻炼。对自己演出的这些现代戏,我只能给自己打五六十分,虽然不一定及格,但还可以。那段岁月我没辜负自己,认真学习,这也为今后的艺术道路奠定了坚实的基础。

"文革"结束,传统戏渐渐复苏,使我又焕发了艺术的青春。1977 年,出于观望的想法,剧团先排了《逼上梁山》,因为这出戏是当年毛主席看过的,当时北京的许多院团都演了。后来剧团又决定把当年周恩来总理看过的《十五贯》复排,搬上豫剧舞台。当时决定排这个戏,其实领导非常作难,算上我,团里有三个"况钟"的人选,有的同志因为个头的问题不是十分理想,于是领导就决定这个人物分 A、

《十五贯》剧照,刘忠河饰演况钟,1980 年代摄

B、C角,我们三个人都演,通过实践和演出效果最终遴选出一个,按现在的说法就是竞争上岗。当时我也没有想太多,就是服从领导的安排,认认真真地演好每一场,把人物塑造好。

一个演员或者一个歌唱家的成名,固然离不开自身的天赋和后天的勤奋付出,但是仅凭借这些是远远不够的,尤其是作为戏曲演员,我们要时刻提醒自己,当我们站在舞台中央的那一刻,我们身后还有一个庞大的班底,乐队、舞美等各个部门都在合力为演员服务。我们通过一部部大戏的演出出名了,但是我们千万不要忘记那些默默付出的幕后英雄。说到演员和团队的关系,我时常用一把雨伞作比,演员和团队就好比是伞把儿和伞布,伞把儿是核心,如果没有伞把儿作为支撑,就无法把整个伞布撑起来。所以,演员和团队以及观众就如同鱼和水的关系。我刘忠河有今天,永远也忘不了那些在幕后默默支持的同事、观众,我永远感谢在艺术上曾经帮过我的老师和同事以及新闻媒体的朋友们。

说到媒体的宣传推广,我必须感谢一个人,他就是原河南人民广播电台的录音师王明堂老师。当年,如果没有王老师亲自背着设备去现场录制《十五贯》,并连续在河南电台播放,就没有今天的刘忠河。一个人的成功需要自己努力,更需要贵人相助。我的贵人是谁?就是我的团队,就是我的合作伙伴,就是长期支持、喜欢我的父老乡亲们。没有他们的关爱支持,我能成名吗?没有咱们河南电视台、电台的传播,我就是唱五年、十年、二十年能出多大的名?电台和电视台一播出,可以说分分钟拥有了千千万万的听众和观众,使我一夜成名。

我认为豫东调就是以商丘为中心所形成的一种地域流派的唱法。豫东调以"大本嗓"和"二本嗓"相结合的唱法

《血溅乌纱》剧照,刘忠河饰演严天民

为主,在豫东称为"大红脸"和"二红脸"。比如,豫东老一代"红脸王"唐玉成先生就称为"大红脸",他认为他是"大本嗓"混合声的唱法。豫东"红脸"的唱法大部分都是通过声带变了之后所喊出来的"二嗓子"的唱法。这个唱法和咱们平时听到较多的"二本嗓"的唱法有所不同。豫东调是说唱结合,"大本嗓子"去说,很多字都是去"说"的,拖腔时候用"二本嗓"去唱所形成的一种唱法。

同时,豫东调经过长期的发展演变,还吸收了豫东说书的一些唱法,就目前所传承下来的很多唱法,都是来源于豫东琴书和坠子书的唱法,有好多词也是来源于琴书艺人之口,听起来朗朗上口、押韵合辙。为什么这么多人都喜欢唱豫东流派的经典剧目《刘公案》呢?因为戏词朗朗上口,唱了上句你马上就知道下句是什么。虽然我个人也取得了一些小小的成绩,演了几部老百姓喜爱的作品,也收了一些徒弟,但是我始终认为刘忠河代表不了豫东流派,豫东调是几代老艺人、文艺工作者集体智慧的结晶。

正确的说法应该是,你是豫东调的某某的唱法,比如说我,我是豫东流派刘忠河的唱法。不能说哪个人就代表豫东调,不能这样固定。常香玉、陈素真、崔兰田、马金凤、阎立品、桑振君,都是在过去地域流派的基础上,通过自己的艺术实践摸索出来了自己的唱法,所以各有千秋。这就是百花齐放。

艺术绽放

我主要是用了豫东调唐玉成先生的唱法、旋律,还吸取了一些老艺人的经验。比如贾六娃,他也是跟唐玉成先生一代的,还有李文枝、孙兆增、张子和等,现在的人都不太知道了。我进刘口之后,经常听他们唱戏,到最后我用的唐玉成这

《清风亭》剧照,刘忠河饰演张元秀

种"大本嗓"混合声的唱法,当时我演了第一场之后,底下都轰动了。虽是老唱腔,但味道不一样,每个人的文化底蕴、个人理解不一样,发声不一样,唱腔就有了自己的特点。

当时演出《十五贯》这个戏,很受老百姓欢迎。记得第四场有段二三十句的唱腔,毫不夸张地说,每次演最少有十个叫好,也就是每唱一两句观众都会鼓掌,观众席就像炸锅了一样,这就充分说明了一点,广大观众是认可的。《十五贯》这个戏我连着演了九十多场,观众几乎是场场爆满。

当时河南电台以王明堂老师为首的剧目录音团队专程来商丘,录制商丘地区豫剧团演出的《小刀会》,待《小刀会》录完以后,王明堂老师听说我们商丘市豫剧团正在距离商丘大舞台仅二百米的豫东剧院演出《十五贯》,十分火爆,他们就决定去看看,结果一看演出,很喜欢。首先他们认为这出戏题材很好,歌颂实事求是,批判官僚作风,充满着向善、向上的正能量精神,最重要的是剧场效果异常火爆。看完戏后,王明堂老师马上就跟当时的河南电台领导汇报了此事。当时河南电台的领导就指示说,可以根据实际需要进行录音。就这样,由我演出的《十五贯》得到了全场录音的机会。我还清楚地记得,当时王明堂对我们说:"同志们,我们很想将《十五贯》这出戏录制下来,但是电池最多只能用三小时,如果咱们在整场演出的过程中不出问题,一气呵成,这三小时还能录完;如果你们中间停顿或者需要补录,恐怕电池就不够了,无法保证录音的完整性。"结果录制中间没出现任何问题,从头到尾一遍过了。王明堂感叹地说,我从事录音工作这么多年,从没有这么顺利地录制一部完整的大戏。

戏录完了,结果到春节才播放,那

《辕门斩子》剧照,1980年代摄

时候电台要播出什么戏,都会提前邮寄播出通知单。通知单发过来后,我一看是正月初三要播出《十五贯》,提醒大家到时候注意收听。每逢过年,也是剧团演出任务最重的时候,记得大年初三那天我正演着戏,头一场戏还没演完,就有很多同事和戏迷朋友告诉我:"刘忠河,你听听,河南电台现在正在放你的《十五贯》呢,好得很。"电台一播出不打紧,刘忠河也就真正意义地出名了,播出后短短几天,我就收到了上百封来自全国各地的信件。

艺术传承

关于传承发展的问题,我主张先要继承好传统,多学习他人的长处,同时还要结合自己情况进行发展,不发展不行,那等于原地踏步。我的徒弟很多,专业的非专业的都很多,他们在宣传豫东调和刘忠河唱腔方面也是费尽了自己的心血。其中有几个还是很不错的,如刘小河、小小河等。小小河这都是三代传人了。现在,刘全河、刘星河、小忠河都跟着我,他们都在为传承豫东调而努力。

作为一门备受广大群众喜闻乐见的古老艺术形式,豫剧传承到今天,凝聚了几代人的心血、汗水,我们一定要力所能及、千方百计地传承下去。现在我们赶上了一个好时代,国家这么重视戏曲文化的传承与发展,提出戏曲进校园,培养年轻观众,从娃娃抓起,这真是功在当代、利在千秋的事情。

我时常教育我的弟子和学生,戏曲是一个特殊的行业,需要你曲不离口、弦不离手,一天不练自己知道,两天不练同行知道,三天不练观众就知道了。你要想当一名称职的、受群众喜爱和尊重的好演员,就必须持之以恒,知行合一,严格要求自己,不能怕吃苦。要多学其他流派的优长,汲取众家之长,为己所用,来弥补自己的不足。演戏的标准是什么?要一个戏一个味儿,一个人物一个味儿。从人物、表演到唱腔、说白,都要有所改变和创造。

我现在年纪也不大,才七十几岁,还经常演着戏。我觉得,作为一名党培养多年的老演员,在身体条件等各方面还允许的时候,就要尽其所能,多为群众服务。我写的一句格言就是:为人民而唱。能唱到什么时候,就唱到什么时候,既然上了

刘忠河(中)演出后,和鼓师杨艺臣(左)、琴师汤太喜(右)合影,1991年摄

舞台,就绝对不能马马虎虎来欺骗群众。

在日常工作方面,我始终遵循四个字:认真、敬业。你在下面怎么学都行,一旦到了舞台上,你就必须认真,一定要对得起观众。无论舞台多大或者多小,无论是城市剧院还是乡村高台,都要兢兢业业、认认真真,这也是我对自己的要求,也要求我的徒弟和我一样,因为广大人民群众是我们的衣食父母,他们掏钱买票看戏,我们理所当然应该让他们满意。虽然我唱了几十年的戏,但是我对自己还有更高的要求,艺术上我并没有达到炉火纯青,我还一直在努力,一直在往艺术的自由王国的路上行进。

2019 年

月阳录音整理

第七章

东风豫韵　行醉中原

牛淑贤·《拾玉镯》

请扫码收听牛淑贤原声音频

牛淑贤(右)和月阳,于 2019 年夏

淑气梅香
燕赵贤才

上世纪 50 年代初的古城邯郸,露天戏院内人头攒动,戏迷观众正热切地期待着舞台上一个小演员的登场。这个小演员年仅五岁,个子刚刚高出舞台栏杆,可唱得有板有眼,表演得有模有样。随着演出结束响起的雷鸣般掌声,观众送她一个响亮的名字"五岁红",她就是今天红遍燕赵大地、黄河两岸的著名豫剧表演艺术家,亚洲"最杰出艺人奖"得主——牛淑贤。

牛淑贤生于河南商丘,父亲是个文化人,母亲是豫剧名伶,舅父刘荣鑫是豫剧祥符调创始人之一。这种家庭氛围让她自幼便熏染了梨园的聪慧与灵透,小小年纪便勤奋地跟随母亲学戏。

唱戏就不能像其他孩子一样入学,父亲便亲自教她学文化,给她读剧本、讲解人物,并要求她每天写一篇日记。小淑贤很喜欢这种生活,因为那里面还能承载她的心情、梦想和憧憬……

如果说出身于梨园家庭为牛淑贤奠定了良好的基础,那么在东风剧团的岁月则是她艺术梦想的幸运起点。邯郸市东风剧团自建团开始,在中央领导人的直接关照下,豫剧表演艺术家陈素真、宋淑云、桑振君,京剧大师梅兰芳、尚小云、荀

六岁的牛淑贤

慧生、袁世海、杜近芳等亲自指导教学。这种备受关怀、诸家训导的氛围使剧团如同学校，给牛淑贤打下了深厚的戏曲基础。

她自小跟着宋淑云老师学习《红娘》，一招一式认认真真，那一丝不苟的态度常常让老师为之动容。很快，她演出的"小红娘"唱响首都舞台，轰动北京，多次进中南海怀仁堂、国务院小礼堂、人民大会堂、全国政协礼堂、钓鱼台国宾馆，为党和国家领导人演出。

"文革"后，当邓颖超再次接见东风剧团时，一眼就认出了"小红娘"牛淑贤，亲切地把她拉到身边："你的小红娘演得很生动，很活泼，给我的印象非常深刻，你把红娘演活了！"很快，中央新闻电影制片厂为她拍摄了专题片《多才多艺的小演员》，该片参加世界青年节展演，获得了金奖。

1988 年，在跟随陈素真学习祥符调二十余年之后，牛淑贤正式拜师，成为陈素真先生陈派关门弟子，系统接收陈素真的艺术精要，在追求艺术化境的道路上再度步入新的领域。

恩师的教导为牛淑贤的"心悟"再度提升了新的视野。在继承《宇宙锋》的过程中，她以这份灵动的"悟"捕捉着艺术的"精"。1990 年，牛淑贤以《红娘·报信》《梵王官·梳妆》《宇宙锋·装疯》三折戏荣膺第七届中国戏剧梅花奖榜首。

如今，当我们走近这位荣誉加身、硕果累累的艺术家，从她孜孜不倦、探索不息的艺术能量中，仍然能感受到她超越时间的艺术洞察力和永不止息的追索精神。

2017 年 8 月，酷暑炎炎，河南豫剧院青年团排练厅内，年逾七十二岁的牛淑贤又在为爱徒吴素真复排陈派名剧《梵王官》中"梳妆"一折。每隔几天，她都要回到邯郸，为那里的学生授课。不几日便往返数百里，几乎没有一日是空闲的。提起奔波之苦，她却摇摇头，笑着说："现在高铁很方便，几小时就到啦！"

　　她忘不了恩师的嘱托，也深感年事渐高的急迫，用争分夺秒来形容她的传承进程，一点也不过分。学生们上她的课都很紧张，因为一不留神出了差错，老师就要瞪眼睛了。排练场上极端严苛细致地"抠"戏，是牛淑贤授课的常态，也成了她对陈派传承的基本要求。她教戏从来不大段大段地教，可能一堂课下来，她只讲一句唱腔，甚至几个字的腔弯。虽然经她教授过的学生已经有不少取得了优秀的成绩，成为年轻一代演员中的翘楚，但在牛淑贤面前，这些成绩还远远不够。她说，艺术没有止境，会了不一定精了，精了还要精益求精。

　　2009 年 10 月，中国戏曲学院豫剧表演专业本科班正式开班，牛淑贤作为被邀名师亲往授课，相继向学生传授了《梵王宫》《宇宙锋》等剧目，这是牛淑贤有意识地传承陈派代表名剧的一次实践性教学。

　　她清醒地秉承着对陈派负责的责任感，以审视的目光重新衡量传承的核心，摸索、探寻着能使陈派艺术葆有无限生命力的传承法则。对于戏曲传承，道理也同样如此，大的成就之后必然是无数细枝末节的积累。2016 年底，她在指导河南豫剧院青年团复排《梵王宫》过程中，又发现了新的问题。恩师的《梵王宫》重做工，场次繁复，时间也长，如果原封不动地复排，已经不适应如今的演出体制和观众的观看习惯了。怎么办？只能小心翼翼地在保持陈派艺术精髓不变的基础上，做到切合时下观众的审美趣味。其实，作为豫剧十大名旦中的佼佼者，荣膺诸多荣誉的牛淑贤也有自己的拿手戏——《红娘》《拾玉镯》《大祭桩》。但对她来说，这是一种尊师的态度，也是一个传承者应当秉承的良心与准则。

　　2017 年 1 月 6 日，在河南省人

1988 年，陈素真(右)寻根演出后，牛淑贤给师傅献上鲜花

牛淑贤(左)给爱徒吴素真说戏,2023年9月4日摄

民会堂，经过精雕细琢的新版豫剧祥符调《梵王宫》正式公演,现场不时爆发出阵阵掌声,恩师的戏得到继承,牛淑贤欣慰地笑了。2017年9月,《梵王宫》被选为中国第四届豫剧节展演剧目再度与观众见面。漫漫路途，没有一个标准的模板可以复制。她唯有直面苦难、挑战与质疑,擎起恩师陈素真创造的美的精魂,当作灯塔,以通达勇敢的心,竭尽全力地为陈派培育新苗,延续生命。

牛淑贤，于 1977 年

牛淑贤自述

　　我的父亲牛会生是个文化人，母亲刘荣花、舅舅刘荣鑫都是祥符调的名老艺人。我出身于梨园世家，我师傅陈素真就曾跟随我的舅舅学戏，据陈素真先生回忆，当年她学《阴阳河》的时候，我舅舅没有传给她这出戏，传给她一个《三上轿》。据我母亲讲，她的闺门旦唱得特别好，曾演出《蝴蝶杯》《抬花轿》等，但是因为我不记事，所以这些戏我没有看过。

　　母亲在开封一带名气也很响，我从小就跟她学戏。小时候，我母亲和老前辈们在台前唱，我就坐在场门口看，好多戏都是看会的。有一次，演《桃花庵》里苏宝玉的小孩病了，我母亲她们都问我："你会不会？"我当时小，也总想唱，我说我会，这样就让我上了。记得那一年我刚刚五岁。

　　1950 年，我跟着父母到了邯郸专区曲周县剧团。那时候，曲周县剧团还是私人剧团，我在那里演的第一个戏就是《桃花庵》中的苏宝玉。当时穿的还是露裆裤，里面有一句台词"大婶子，我给你磕一个带尾巴头吧"，这跪下一撅，屁股露出来了，观众哄堂大笑。从那以后，我就跟母亲说，再也不穿露裆裤了，母亲就给我重新做一条新裤子。之后，我又学了《小花园》《断桥》等戏。记得《断桥》中白素贞

人称"五岁红"的牛淑贤

唱完"小青儿搀姑娘慢慢行走"后,肚子一疼,叫了声"哎呀",当时我刚五岁,所以观众一听哄地就笑了。当时我个子小,坐不到椅子上,就由监场的叔叔伯伯把我抱上去,这一抱观众又哄堂大笑。我小时候还挺要强,我说别抱我了,我自己上,就踩住椅子往上攀。那个时候观众看着挺稀罕,就给我起个名字叫"五岁红"。

后来我七八岁的时候,来了个武工老师教我,就此打下了坚实的基础。我在武戏《白水滩》中演过十一郎,《花蝴蝶》中演过武丑姜平。1959年,那时的曲周县剧团已经是国营豫剧团了。为了搞好戏,就调了好多好演员,当时我是重点学生,排了一个《荀灌娘》,准备参加国庆十周年献礼演出。6月,周总理来邯郸视察的时候,邯郸地区领导就把各个县的优秀学生挑到一起成立一个训练班,那时候陈素真先生就在那里教学。后来总理来看了戏,说小孩演得不错,然后让我们8月到北戴河去给中央的老前辈演出,当时郭沫若先生也在,郭老就题写了一个"东风剧团"的团名。

回来以后,邯郸地区庞君老书记非常重视,想把我调过来。我记得曲周县的领导就问我,你愿意去吗?我说当然愿意去,因为当时我们团里有几个学生已经到那里去了,也是想提高水平见见世面。但我父母就训导,曲周县领导这么重视你,你就这么说吗?我当时也不敢说了。后来可能是地区领导追得急了,没办法了,就把我送去了。

见到了毛主席、周总理

1959年9月23日,我正式调进了东风剧团。我怎么都想不到,就那一天毛主席来到邯郸视察工作，当晚领导就说看看小孩的戏吧。那时候保密工作做得非常好，领导说，淑贤，你跟着一块儿去。我是特别内向的一个人，因为年龄小，又没见过世面，还不愿意去。后来，我们就一起到了邯郸地委的一个小礼堂，开演前还有一两分钟，领导安排我们排队在舞台上欢迎主席入场，因为我的个子小，我就在前排中间站着。直到那时领导才说，今天是毛主席来看戏，当时我真的不敢相信自己的耳朵。帷幕徐徐拉开，我的眼睛都不敢转，盯着毛主席，我们就在前面欢迎。主席坐下以后才拉住大幕，准备开演。演完以后又欢送主席退场，等主席退场以后，我们都抢着去坐毛主席的那个座位，太幸福了。我第一天来就能见到毛主席，真是太幸运了。因为我爸爸是个文化人，我小时候没有上过学，他就让我每天写日记，于是我就记下了我最幸福的这一天。

为主席演出后，我们就到北京参加国庆十周年庆典演出了。演出前我们先到总理家做客，领导让大家都换上了新衣裳。大家开始不知道上哪儿去，最后一下车，才知道今天要到中南海西花厅的总理家。到那儿以后，是邓妈妈先接见我们，我们几个就坐到屋里头，牢记领导叮嘱，不要乱动，要有礼貌。邓妈妈准备的有葡萄干、糖果、茶水，然后就坐下来跟我们说话。一会儿总理回来了，我们就赶紧迎过去。本来一开始挺紧张的，没有想到总理特别和蔼可亲，说着说着都放松了，他一个一个地问，我们局长就一个一个地介绍。后来还问了我们的豫剧老师宋淑云、京剧老师杜云仙。总理说："你们太幸福了，生在新社会，一定要好好地跟老师学，长大了以后为工农兵、为人民群众服务。"

之后我们又到国务院演出，第一次进的是国务院的正门——新华门，以后我们都是进的西门。当时我们还戴着

十三岁的牛淑贤

"邯郸专区戏曲学校"的牌子。因为我个子小，就排到前边。一进门碰见了陈毅元帅，他当时正在影壁墙后面散步，上去就问："你们是哪儿的呀？"我们当时都不认识他，也不敢吭，我们领导赶紧回答，是邯郸戏校的。"来干什么的？""领导说来演出的。""你们都会演出？"说完看看我们的牌子。我们领导就说，那您晚上去看戏吧。"好好好，我一定去，一定去。"说完就走了。进到后台以后，我们领导才说，你们知道那是谁吗？那就是陈毅元帅。那个时候就觉得太幸福了。

然后，我们又到了郭沫若先生家做客。"你们要好好学习，不要骄傲。人怕出名猪怕壮，你们现在已经小有名气了。"郭老特别风趣，非常亲切。再一次就是郭老请我们吃西餐，都是农村来的小孩，啥都不懂，他就教我们哪个手拿叉子，哪个手拿刀子。中央领导对我们这么关心，就感觉太幸福了。

1962 年，总理到邯郸去过五一劳动节，邓妈妈就提前先到我们东风剧场走了一圈，当时我们睡的都是地铺。邓妈妈一看，这不行，太潮了，这小孩们受得了吗？说要换一换。

1963 年，我们到北京去演出时，邓妈妈说，听说你们邯郸发大水了，我和总理

左：1959 年，东风剧团在北京中南海小礼堂演出前，邓颖超（前左）到后台看望小演员，坐在她身边的是十三岁的"小红娘"牛淑贤

右：1959 年 12 月，东风剧团小演员牛淑贤、胡小凤、张素玉（前排右起）等人应邀到京剧大师梅兰芳（后排右三）家做客

都非常着急,现在情况怎么样。还说你们谁家有困难,我和总理都可以帮助你们。当时我们都感动得掉下眼泪。还有一次在后台,邓妈妈对我们管服装的老先生说,你们都是幕后英雄,非常热切地跟他握了手。邓妈妈最后一次接见我们,就是总理逝世后了,我们在公安部礼堂演出,当时见到她我们都哭了,她反过来安慰我们。最使我感动的是,当时邓妈妈又问我们的老师,这时候我们的两个老师都不在了。使我更想不到的就是,邓妈妈又问,哪个是演小红娘的?其实我当时就在现场,只是不在邓妈妈身边,我没想到这样一个小小的演员,这么多年了邓妈妈还能记住。她就把我拉到身边,夸了我几句,说你把红娘演活了,演得很活泼。我特别受感动。

关于"红娘"的思考

《红娘》是我调到东风剧团后,领导给我恢复排演的,演的"报信"一折。因为那个时候演的全是折子戏,是宋淑云老师给我加工的。我跟我的同学赵贞玉搭档

《红娘》剧照,1960 年代摄

著名京剧大师荀慧生（左）指导牛淑贤表演《红娘》，
1960 年代于邯郸

演出，她是演闺门旦的，这一折戏就加工了好几年。后来，宋淑云老师又给我排了全剧的《红娘》，跟常香玉先生的路子是一样的。宋淑云老师是唱豫西调的，她原来跟常香玉的父亲学过，但是有些地方不一样。可是我没有看过常老师的《红娘》，也没有看过荀慧生先生的《红娘》。这个戏排成以后到中国科学院演过一次，袁世海、李万春先生和刘长瑜大姐都去看了。演出结束，袁先生就到后台，说你这个红娘，既不像常，也不像荀，有你自己的风格。我那个时候就二十来岁，袁先生说了以后倒提醒我了，我就有意识地按自己的条件，经导演的启发和自己对人物的理解，去努力提高我的表演水平。另外，在唱腔上，大部分还是常香玉先生的旋律，但是我的嗓子声带比较细，就根据自己的嗓子条件去唱。比如"在绣楼我奉了小姐言命"，我就用花腔女高音的那种弹法去唱，觉得这样比较俏丽，也适合我的嗓子，然后所有腔弯都尽量让它委婉一点。《红娘》这出戏我从十三岁一直演到三十多岁，也是受专家的启发逐步成长的。

后来，袁先生带领京剧院一团去邯郸演出，就跟我们领导谈，说能不能让牛淑贤演场《红娘》，就是让我们的同志们看看，不要照搬，如何继承和发展，如何根据你自己的条件，形成一种风格。

艺不惊人誓不休

从 1959 年一直到"文化大革命"，传统戏停演了，我也演过《智取威虎山》(饰演常宝)等样板戏，但只要有时间，就找个没人的地方，自己偷偷练唱、练功，一直没有间断。一直到1984年，我才正式领团，担起来挑子。原来我都是唱配角，"红娘"算个最主要的，还有《虎符》中的"信陵君"（原来是周兰凤老师演的，后来老师岁数大了，就让我演），《朝阳沟》里的"巧珍"，等等，但是不管什么角色，我都很认真，想通过每个机会提高自己。像《虎符》中的"信陵君"，是战国四君子之一，手下三千门客，很有身份的，这个人物很不好演，我又不是专门唱小生的，而且我的条件也有限。当时我就穿了三寸半的高底，在导演的帮助下，从唱腔到表演，尤其是大段的念白和台步，通过这个戏提升了一大步。

　　所以，一个演员条件如何，并不是成败的关键，关键还是在于你要多学、多琢磨，要多练。从小我父亲就让我看《演员的修养》，虽然看不懂，但是知道一个道理，舞台上只有小演员，没有小角色。还看梅兰芳先生的《舞台生活四十年》，等等。俞振飞大师看到一些演员对唱配角很不重视，不好好演，还闹情绪，就讲了一句话："配角也很重要。"我深有体会，我就是从唱配角开始的。所以我经常对学生讲，你不要觉得自己是个主演，就不上龙套了，那是不对的。

左:《红娘》剧照，牛淑贤饰演红娘，1989年摄

右:《大祭桩》剧照，牛淑贤（右）饰演黄桂英，1983年摄

　　1983 年，我才有机会排了一个大戏《西出阳关》，里边有一个波斯女，她的父亲是一个波斯学者，到唐朝来交流，不幸被强盗给杀了。后来，唐朝的一个外交大使从波斯归来，看到这个孩子，就收养了她，养了十八年。这个戏唱、念、做、打都有，而且换场换装还特别多，对我是很大的锻炼。之后排演《大祭桩》全剧，我的先生池海连就跟我提出来，让我前边"卖水"演丫鬟，后边演闺门旦黄桂英。当时我真是担心，怕自己担不起来，他说我相信你。所以，最后就这样演，前边"卖水"是京剧移植过来的，丫鬟为主要人物，半个小时连唱带表演，表演很多，也很吃功；"绣楼"就以唱为主了；"路遇"一场，唱做并重，黄桂英在大雨倾盆中赶赴刑场，因为路滑难行，小脚走不动了，我就借鉴了平调落子的一个沙滩步，也就是泥泞步，用了两下，效果挺好。在我领团的时候，演出的分量比较重的戏就是《西出阳关》《大祭桩》了，然后是《红娘》《梵王宫》《宇宙锋》《打金枝》等歇工戏。

成功"摘梅"

　　我领团的时候，办公经费非常少，一年就两万七，我从来没休息过，都是一边

《宇宙锋》"装疯"一折剧照，1990 年摄

演出一边干事，反正你得拼搏奋斗。后来，李现法导演就提出来，说，牛淑贤你应该夺下梅花奖。我说，我没想过。因为当时我演出多，没有精力。在一次戏曲节期间，李现法导演就把李紫贵老师请来了，随后看我们的演出——一个大戏，一台折子戏。那时候我跟师傅学了《宇宙锋》"装疯"一折、《梵王宫》"梳妆"一折，再就是《红娘》"报信"一折。我们那个时候"夺梅"就是一

1990年，牛淑贤荣获第七届中国戏剧梅花奖

台折子戏一台大戏，大戏是我们团创排的《夜叉女》。李紫贵先生看后说："你们的演出很成熟，可以去。"但是当时就给我提出："你花旦演得很好，《宇宙锋》是不是去掉？因为这个大师们都演过，不太好演，要不然再加工一下。"那时候，这一折我刚跟老师学会，才演过两三回，可能还比较生疏。于是，我一边演出一边学习，还特意抽出时间到天津找我师傅，又把《宇宙锋》加工了下。然后又找了李紫贵先生，请他给我说说戏，他看完以后说："牛淑贤，我真没想到，你这个《宇宙锋》进步这么大！"

进京演出后又召开座谈会，刘厚生、郭汉城、张庚、赵寻等几位戏剧大家都参加了。我师傅也去助阵了，她发言说："我这一生教了很多学生，我最喜欢的，第一个是开封的张雪波，再一个就是牛淑贤。"我没想到老师能这样说，真是受宠若惊。

进京演出的时候，因为经济压力，我们住在演出公司的地下室，师傅去了以后，我就专门让一个同事陪着师傅住到河北驻京办事处。可能是师傅想给我说戏，也可能是为了照顾我，就叫我到她那儿住，我就过去了，也确实是说戏。我头天演完，师傅第二天就跟我说你这一点应该怎么着，那一点应该怎么着。我也没想到，最后我能得第一名。

牛淑贤（右）和恩师陈素真，1980年代摄

结果出来后，《人民日报》《文汇报》《光明日报》等报纸都纷纷报道。后来赵寻先生给我打电话，说牛淑贤呀，你是第一名啊。我都蒙了。这让我想起了我大哥的话，他说："不要随大流。当一切向钱看的时候，你要扎下头来干事情，你就出来了。"这话我一直记到现在，我也真是这样做的。

夺得了梅花奖我很高兴，但我最重视的还是在此过程中艺术上的提高。跟师傅学了《宇宙锋》以后，我就感觉自己在艺术修养、人物塑造、运用传统上有了一个质的飞跃。我师傅也说，你的《宇宙锋》比《梵王宫》演得好。

贵人相助

我一生遇见了好多贵人，第一个当然就是我的师傅陈素真先生，我从十三岁就开始跟着她学戏了。第一个戏就是《拾玉镯》，学得比较细。我记得当时老师说："哎呀，这小妮真是灵，三天就学会了。"第二个是1960年和1961年在天津举办全国青少年会演时，我学的《梵王宫》。

1988年，我带团到杞县演出，一听说老师在杞县剧团排戏、教学生，我就赶紧去把她请来看戏。第二天上午她就跟我讲，你哪一点还不够，哪一点还不好，唱旦角就得松弛，松弛以后才能显示出美与魅。这是我印象最深的。中午吃饭的时候，老师当场就对我说，我有几个学生，你要收了。我当时感到很奇怪："老师，你教的学生，我怎么敢收啊？"老师说："这几个学生年龄比较小，你跟吴碧波、灵凤都是老师了，她们年龄也都大了，所以还是你收了，而且还要举行仪式。"我当时说，老师呀,我演出太忙,没时间教啊。老师说:"不要紧,你没时间教我教,等你什么时候有空了再教,我这些戏你得传下去。"这下我无话可说了,最后还举行了仪式。后来我先生池海连说,那你也得拜师了。老师说,淑贤就是我的学生。他说,还没磕头,不一样。老师这才答应。但是因为当时是政府组织主持的,不叫磕头,最后就来了个八十五度的大鞠躬。我记得那是七八月份,天特别热,我正式拜的我师傅。

拜师以后,我就把师傅接到邯郸,开始排《宇宙锋》,又把《梵王宫》捋了一遍。后来,要在郑州举办全国首届豫剧电视大赛,我就跟师傅说,我想参赛。师傅就问,你想演什么戏?我说,我想演《梵王宫》"梳妆"这一场。但是当时没有唱。她说,那你别管了,我给你写。第二天,师傅连词带唱腔都写出来了,"花妈妈昨日来对我言讲"这段戏应运而生了。这次大赛,我从师傅那里得到了好多好多,原来我从没唱过青衣,《宇宙锋》是第一个。我也确实通过学这个戏,有了很大提高。

我认为,一个演员拜师不拜师都是小事,关键是学东西。无论是"豫剧皇后"陈素真先生,还是台湾的"豫剧皇太后"张岫云先生,我都是先学戏后拜的师,所以我要求我的学生也如此。我觉得一个演员的成功,首先是自己努力,再就是专

左:1986 年,牛淑贤(中)陪同师傅陈素真(右)探望评剧表演艺术家新凤霞(左)
右:1986 年,牛淑贤(后右)陪同师傅陈素真(前左)探望剧作家曹禺夫妇

家、老师对你关键性的指导。后来,在赵明普教授介绍下,我们去台湾台北大剧院演出了两场《大祭桩》,场场爆满,当时奖励了剧团五十万元。在台湾演出期间,接触了好多大家、书法家。这些老师对我一生来说,都是关键时刻的重要人物。

艺术体悟

回想起我的艺术生涯,1984 年之前就是打基础,原则是多学、多演。领团以后,虽然累点,但还是没有耽误时间。经过多年的艺术实践,我的作品先后被中国唱片社、河南台、北京台、河北台等录音、录像。同时,1985 年至 1987 年,还先后将《棒打薄情郎》及《丫鬟传奇》搬上了银幕。

作为一个演员,我也真正体会到了"忠孝不能两全"这句话的含义。我母亲三次住院病危,由于演出任务繁重,我都没能回去。我的先生池海连,是一个很优秀的花脸演员,他的老师是荣春社的,一开始唱的平调,后来因为拍电影,就把他借过来了,他演王伦,我演杨文广。《宇宙锋》中他演赵高,《虎符》中他演魏王,《穆桂

《梵王宫》剧照

英挂帅》里他演王强。后来，为了支持我，他几乎牺牲了自己的职业艺术生涯，所以我非常感谢我的先生。我师傅都说，海连是你最好的助手和膀臂。

2000 年，邯郸地市合并以后，我就退到了艺术研究所。虽然退居二线，但也是一边演出一边搞研究，搞豫剧北派艺术的研究，就是以东风剧团为载体，以河北为地域，以我和胡小凤作为典型代表对豫剧表演艺术的风格、特点等进行深入的研究。我们之所以能够在艺术上取得一些成绩，其实还是归功于我的师傅陈素真和桑振君、宋淑云等老一辈艺术

《拾玉镯》剧照

家的栽培。我老师陈素真 1958 年就在邯郸任教，她本身就学了好多京剧规范化的表演，后来跟樊先生合作以后，更加强了与京剧的融合，对我们来说受益匪浅。

结缘"国戏"

2009 年，中国戏曲学院招收首批豫剧本科班，我代表陈派去教学，认识了一批年轻学生，有吴素真、梅喜雪、杜永真、赵君等。我去那里教了两折戏，一个是《宇宙锋》"装疯"一折，一个是《梵王宫》"梳妆"一折。从那以后，好像他们就喜欢上陈派了。因为要教学生，就必须把人物分析透，把人物一举一动的来由给讲清楚，为什么这样甩水袖，我要讲出个道理。在此过程中，我也对戏有了更深入的理解，这就是教学相长吧。比如《宇宙锋》，"赵艳蓉抓花容"的时候，是被逼无奈，因为她父亲要把她许给秦二世。后来丫鬟给她出主意，让她上来就"抓花容"。你想想一个女子"抓花容"多么不容易，第一次下不去手，第二次还下不去手，然后哑奴就逼她，最后一狠心抓了额头。这些表演很细腻，眼神里要有戏，三次"抓花容"

的感情变化都是不一样的。

豫剧祥符调音韵纯正，装饰音较多，我在老师的基础上，根据人物感情，有时候会把装饰音再延伸一些。关于祥符调的装饰音，我就跟学生讲，为什么要这样唱，要讲出依据来。比如，"脱绣履"有点柔音，无奈的，第二个是"吁"，小装饰音，就是感觉难受得泪往肚里流。脱鞋时的那几晃荡，动作非常美。看了京剧以后，我觉得老师的东西我不敢轻易改，因为它足够好了，删都没法删，简直是美得严丝合缝。曾经邯郸一个老师告诉我，她说，你看一下童芷苓的《宇宙锋》，她有几变脸，特别明显，就是表现她"装疯"，突出一个"装"字。我觉得有可取之处，后来，为了把人物在"装疯"当中的复杂感情表现得更充分一点，我就做了一点微调，加进一些细节化的表演，还有水袖的运用。我告诉学生，赵艳蓉虽然是装疯，但是表演上不要太过用劲儿，单纯地为了观众叫好去耍水袖是不可取的，一定要从人物出发，由慢到中速，最后耍两下就好了。再如人物要上天入地地表演，是师傅创造的，原来是手指，后来她就改成水袖了。虽然这个戏是从汉剧移植过来的，但是师傅已经融化成自己的东西了，改了好多，比如把乳娘改成丫鬟，再就是水袖以及表情的运用。

记得学生们毕业汇报时演出的就是《宇宙锋》"装疯"一折，观众们反响很强烈。因为我离开舞台很多年了，这个戏据说后来一直没人演，所以多年后再演这个戏，大家就感觉很新鲜，专家看了以后也给予很高的评价，都称赞我的恩师陈素真先生是一位了不起的大家，说是"名师出高徒"。有专家说，汉剧的陈伯华、京剧的梅兰芳、豫剧的陈素

牛淑贤(右二)和师姐关灵凤(右一),1984年于开封

真，称得上是真正的大师，三个《宇宙
锋》，三足鼎立。好的东西一定不能让
它失传，作为老师的传人，我有责任把
这个戏传下去。

陈派《梵王宫》"梳妆"中的叶含嫣
是花旦，里边好多东西都是老师自己
设计的。这个戏是上世纪 40 年代根据
司凤英的演出版本移植过来的。当时
剧本里有些糟粕的东西，樊粹庭先生
说移植过来当个歇工戏演吧，老师觉
得这个戏很有意思，也很有兴趣，就和
樊先生各自分工，分别对剧本和女主
人公叶含嫣的表演进行了改造。表演

牛淑贤(右)和台湾"豫剧皇太后"张岫云,1997 年摄

方面，我师傅增加了穿衣裳、耍扇子、耍辫子等，现在基本上唱花旦的都学这个
戏。像穿衣服、甩辫子的表演，就是一扭脸转得快，辫子就甩起来，衣服就穿上了。
当时叶盛兰先生看后十分欣赏。我师傅讲，她当时也没多想，就是觉得人物感情
来了，才出现了那些灵动的东西。现在演的"梳妆"一折基本上都是按照师傅的表
演路子和唱腔，已经算是一个保留名段了。我师傅曾说，你要演全剧，这一折就
不要这段唱了，因为前边有交代。我演的是折子戏，是师傅给加的。现在即使演全
剧，有些人也唱这段戏，因为观众接受，也爱听。

通过教学这些折子戏，吴素真、梅喜雪、杜永真、赵君、董爱春、岳静静等在表
演上都前进了一大步，尤其是吴素真，比她们年龄大一点，学习也刻苦，继承得非
常好。

后来中国戏曲学院多剧种班又搞了一个专场，中间要演一出《断桥》，学院就
又让我去了，我主要搞唱腔。一开始，我说先用祥符调设计一版，先从"我那狠心
的官人"那大板戏开始，结果不尽如人意。后来经过研讨，专家和老师们就提出，
如何才能够充分表现祥符调的特点？我想了想，决定使用祥符调的"三起腔"，《三

上轿》中"崔氏女一阵阵泪簌簌"不是有个"三起腔"吗？但是你又不能完全照搬，完全照搬也不适合白蛇当时的情况。于是就在"三起腔"的基础上，加点闲字，尤其是"你呀你呀你呀"，我觉得这个很适合，就哼了一个开头："我那狠心的官人啊，官人你呀，莫害怕，快快请起吧，你呀你呀你呀，你听为妻把屈情事细说根源……"只要音型掌握住了，祥符调的感觉就出来了，青年作曲张广涛后来就按照这个特点进行了设计。常香玉老师的《断桥》家喻户晓，如果祥符调这个唱腔站不住脚，这个《断桥》就立不住，所以我在唱腔下了很大功夫。当时《断桥》汇报演出后，张火千老师一看，说很好，就这样定了，效果确实还是不错的，后来又回河南汇报演出，反映也还可以，基本上这个唱腔以崭新的面貌出现，大家还是喜欢的。后来，吴素真又排了全本的《白蛇传》，虽然历经磨难，最终也凭借这个戏获得了中国戏剧梅花奖。值得欣慰的是，祥符调版本的豫剧《白蛇传》里的一些唱腔已经开始流传。

一脉相承

　　"艺不惊人誓不休"，是我师傅陈素真先生的座右铭，她老人家原来对我们要

左：牛淑贤(后左)和东风剧团小演员一起排练，1970年代摄

右：牛淑贤(中)为东风剧团小演员传艺，1991年摄

求非常严格,我对我的学生也是要求很严。通过这几年教学,我有一个最大的体会,就是要求严,每个动作、每个眼神要有来头,要有讲究;再一个就是如何根据人物去运用传统,不能乱用,一切要从人物出发。我常给学生讲,我用心教你们,你们要用心去学,只有这样才能出人才。

我收的徒弟不多,但教得很认真,就是不厌其烦地教,她们必须得一点一点地学,得下大功夫,必须得弄好了才能演出。后来给梅喜雪排《义烈风》“过河”一折,实际上我没有演过这个戏,就跑到西安跟狮吼剧团的邢老师学回来一个路子,再教给她。反正不管怎么样,我觉得学生们这几年都在不同程度上有了很大提高,我很欣慰。我经常告诫她们,你要想在舞台上站住脚,你就得有真本事,要真下苦功。

我师傅比较全面,唱、念、做、打的功底都很扎实,而且在以前没嗓子的时候,她除了花脸没演,其他什么都演过。所以,一个演员必须打下坚实的基础,艺术呈现才会不一样。谭元寿先生在高级评论班上曾讲过,一个唱青衣的不能光捂着肚子傻唱,一定要有扎实的基本功。吴素真上研究生的时候,就带着这个目标,学习排演《三拂袖》,舞剑、走鞭、扎大靠、拿枪、穿高底靴等,那真是下了大功夫,也是我逼出来的。原来我师傅说过我,她说我什么戏都能唱,就是《三拂袖》这个戏不能唱,因为我的个儿低。我觉得吴素真应该能演,她一开始答应了,后来一看挺难,半路想退却,我跟她的导师就一起鼓励她,不管怎么样,这个戏最终拿下来了,我觉得还很像个样儿的。比如,小生这一块,她是在学校跟昆曲老师正儿八经学的,最起码小生出来像那么回事,扎靠出来像那么回事,走鞭、舞剑也都是之前没有尝试过的。演员有时候就得逼一把,也确实为难她了,但是她也有坚定的信念。我觉得,要全面继承陈派艺术总得有一个人吧,我

牛淑贤下乡演出,1990 年摄

全家福，1974 年摄

没有达到师傅的要求，就从学生中培养，我觉得吴素真有这个潜力。在传承这方面，近年来也算培养出来几个好学生，我也很高兴。我的学生现在也在教学生，像赵君在河南艺术职业学院，已经把《梵王宫》教给学生了，我很是欣慰。

家和万事兴

我的家庭很美满。我女儿曾在中国戏曲学院学过导演，现在在邯郸群艺馆当副馆长，发挥她的特长。我的外孙，现在也在中国戏曲学院上研究生，学的影视导演。都挺好。我女儿就说我，你心里什么也没有，都是惦学生。由于教学生，我经常不在家，我觉得在我有生之年，要把我所学的东西都传给他们，我不会的东西也要想办法帮助、成全他们。另外，把老师的好东西都尽量挖掘出来。我觉得教学生就是我最大的幸福，我现在最高兴的就是我的学生都很努力。能再出来几个好苗子，就更好了。

我今年已经七十四岁了，到这个岁数传承就是我的任务，只要他们有时间，只要他们知道学，我就很高兴了。我一直鼓励他们多学，不光是跟我学，只要是艺术上有成就的老师都可以学，不要拘泥于一派。然后融会贯通。经过不懈努力，将来才可能成为像我师傅陈素真那样的大艺术家。

2018 年

月阳录音整理

胡小凤·《穆桂英挂帅》

请扫码收听胡小凤原声音频

胡小凤(右)和月阳,于 2019 年 6 月

凤凰于飞
翱翔蹁跹

2019 年 6 月 10 日晚上 10 点左右,正准备哄孩子睡觉的我,下意识地打开手机微信翻看,从好友唐琳的朋友圈得知著名豫剧表演艺术家胡小凤老师来河南录制节目了,我欣喜不已。虽然临近午夜时分,但我顿时睡意全无。因为自从"河南戏剧老艺术家口述实录"工作启动以来,我就一直想采访几位豫剧北派的代表性艺术家,胡小凤就是其中的一位。能否趁此机会采访到胡小凤老师,完成我的心愿呢?通过唐琳我了解到,胡老师此行是和豫剧新秀韩鹏飞一同前来参加《梨园春》节目的录制,而节目也已于当天录制完成,她已买好车票,计划次日上午返程了。时间紧迫,怎么办?要想第二天上午完成采访,就只有让胡老师一行的火车票改签至下午或晚上。

了解胡小凤老师的人都知道,胡老师生性耿直,讷于言辞,不善交际,更不喜应酬,她把自己的激情、智慧、才华与灵气全都投入到了自己所钟爱的戏曲事业上。想到此,我为自己突然的打扰忐忑不已,当我拨通鹏飞的电话歉意地说明采访事宜时,鹏飞没有丝毫的犹豫,立马满口答应说:"哥,给老艺术家留存资料,这是一件功德无量的大事。我一定想办法把胡老师留下来,保证明天上午的录制,

1963年，东风剧团在北京吉祥剧院演出《审子辨奸》，胡小凤(左)饰演二夫人

我陪着老师一起去。"就这样，我悬着的心才落了地。第二天早上不到7点，就接到了鹏飞的微信留言："哥，已经给胡老师说好，高铁票改签到下午3点，我和胡老师8点半准时出发去广播大厦！"

6月的郑州，街道上绿影婆娑。夏风摇曳着层叠碧绿，草叶沙沙奏鸣着歌的旋律。上午8点30分，河南广播大厦门前的经五路上已是车水马龙。而广播大厦20楼的月阳工作室的工作间，早已扫尘以待，恭迎贵宾，我和同事们忙碌而井然地准备着——为即将到来的这位少年得志、叱咤梨园、德艺双馨、历经沧桑、享誉全国的著名豫剧表演艺术家胡小凤。

豫剧北派杰出代表性人物之一的胡小凤，1946年11月18日出生在河北省邢台市，因天资聪慧，自幼酷爱艺术，刚满七岁的胡小凤就登台演戏了。1958年，十二岁的胡小凤以优异的成绩被保送到当时的邯郸戏曲学校学习深造。1959年，刚满十三岁的她就因为周总理等党和国家领导人演出豫剧《穆桂英挂帅》而名扬剧坛。周恩来总理曾赞誉她："演得好！演得好！年纪很小，艺术很惊人。"当时便指示邯郸东风剧团到北戴河为在此休养避暑的国家领导人汇报演出。同年8月17日，胡小凤等在北戴河国务院休养所小礼堂，为郭沫若、徐特立等老一辈无产阶级革命家演出了《穆桂英挂帅》。演出结束，郭沫若等上台接见了胡小凤，并热情地赞扬她说："学戏未久，前途大有希望！"

1959年8月19日，这一天是注定载入邯郸东风剧团发展史册的日子。因为就在这一日，郭沫若先生在北戴河他的住处接见胡小凤等演员之后，亲笔为东风剧团题写团名。同年9月23日，胡小凤又为毛泽东主席汇报演出了《穆桂英挂帅》。"毛主席看我演《穆桂英挂帅》的时候,我刚满十三周岁。可能是因为我们这群孩子当时年龄都小,小孩子演大人,老人们都喜欢,觉得很好玩儿。记得我们团有个很调皮的小男生,数着主席笑几次,说是毛主席一共笑了六次。当我唱到'谁料想我五十三岁又管三军'这句唱词的时候,主席就问旁边的庞君书记,这个小娃多大了?庞书记说十三岁了。主席说,十三岁演五十三岁的穆桂英,演得好。"回忆起当年为毛主席演出的场景,胡小凤回忆说。

看完演出后,毛主席当即指示邯郸东风剧团赴京演出,向新中国成立十周年大庆献礼。首都之行,使得胡小凤满载而归,这期间,胡小凤等小演员曾多次进中南海怀仁堂、人民大会堂、国务院礼堂、钓鱼台国宾馆等处演出,受到了老一辈党和国家领导人的亲切接见。同时,还数次受邀到中南海西花厅周总理、郭沫若、林伯渠家做客。在老一代中央领导人和革命家的亲切关怀下,1959 年 10 月,由胡小凤领衔主演的豫剧《穆桂英挂帅》被中央新闻纪录电影制片厂拍摄成黑白戏曲电影。随着该片在全国的放映,胡小凤的名字也随之传遍全国,从此,大家都知道了

左:戏曲电影《穆桂英挂帅》海报

右:1959 年,胡小凤在戏曲电影《穆桂英挂帅》中饰演穆桂英

河北邯郸东风剧团的"小名角儿"——胡小凤。

特别值得一提的是，郭沫若先生对胡小凤的艺术才华和小小年纪所取得的惊人成就颇感欣慰，曾经多次邀请她到他北京家里做客，对其思想、艺术与生活等多个方面关怀备至。为了表达对胡小凤的喜爱和对戏曲事业发展传承寄予的厚望，郭老特意为胡小凤亲笔题词："小朋友胡小凤，希望真像凤凰一样，在万里长空中飞舞。"

胡小凤长达六十余年的戏曲事业，正是在以毛主席、周总理、郭沫若等老一辈党和国家领导人及革命家的亲切关怀和鼓励下，才在艺术上取得了一个又一个值得骄傲的辉煌成就。因此，她也被众多专家学者与广大戏迷观众誉为中国戏曲界一位不可多得的艺术奇才，这位当年被郭老亲切赞美的胡小凤，真的如同万里长空中飞舞的一只金凤凰，在艺术的天空中舞动着双翅，不知疲倦地翱翔。

很多观众不知道，在艺术上叱咤风云、享誉剧坛的豫剧表演艺术家胡小凤，在生活中却是一位沉默寡言、朴实无华的人。第一次看到她的人，甚至都想不到她是一名演员。但是，凡是看过她演出的专家、同行与观众，无不交口称赞她是一

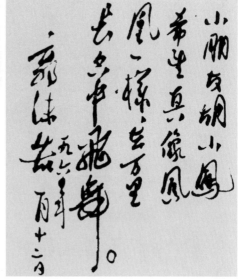

左：1960年在中国戏曲学校，胡小凤（左）认真聆听郭沫若先生讲话

右：郭沫若为胡小凤题词："小朋友胡小凤，希望真像凤凰一样，在万里长空中飞舞。"

位杰出的优秀表演艺术家。戏剧界一位颇具权威的导演看了她的演出后说："我被她的表演迷住了。"京剧四大名旦之一的荀慧生先生看了她的表演后十分动情地说："后生可畏。"京剧名家胡芝凤仅仅看了她所演出的一个折子戏就赞不绝口，而且发表了题为《德艺双馨话小凤》的长篇评论文章，对她的艺术成就进行了高度评价："1988年，我作为河北省青年戏曲演员电视大赛的评委，观看了河北省邯郸地区东风剧团演员胡小凤主演的豫剧《穆桂英挂帅》'接印'一折，我惊喜地发现，胡小凤在这短短不足半小时的戏中，却塑造了一个令人难忘的穆桂英形象，我预计她的表演将会给这次评选带来高潮。果然不出所料，评选揭晓，胡小凤以最高得分名列这次大赛的榜首。为此，我写了《戏曲演员的舞台气度》一文，对她的表演艺术做进一步探索。文章发表后，我觉得言犹未尽。这次她到北京来汇报演出，我再次看了她的《穆桂英挂帅》片段，同时听到不少戏曲界老前辈对她的高度评价，认为她的表演已经达到艺术境界的高层次。"

胡小凤长期受梅兰芳、尚小云、荀慧生等众多京剧界艺术家的言传身教，加之自己对艺术的独特见解与不懈追求，逐步形成了其独树一帜的表演艺术风格。她极其善于运用自身优势，大胆超越日常生活中的自然形态，在展现其特定场景的前提下，追求韵律妙、节奏美、造型美和画面美的和谐统一。她的表演规范大气、舒展奔放、干净洒脱，颇具大家风范。她始终坚持戏曲本体的艺术特性，即豫剧必须姓"豫"，所以在其演唱技巧层面，她取众家之长，潜心研究并融会贯通，积极虚心地向豫剧名旦六大家常香玉、陈素真、崔兰田、马金凤、阎立品、桑振君求教，融豫剧六大流派演唱特色于一体，形成了深沉含蓄、大度恢宏、淳厚朴实、清新

京剧名家杜近芳（右）指导胡小凤身段表演，1963年摄

1960年夏,崔兰田(右二)应邀来到邯郸东风剧团,指导胡小凤(右一)等小演员练习发声

流畅、起伏跌宕的独特唱腔风格,在戏曲界和广大观众中产生了极其强烈的影响。

粉墨春秋六十载,胡小凤老师在她所挚爱的戏曲舞台上塑造了众多鲜活的人物形象,如大义凛然、舍身报国的巾帼英雄穆桂英,生性善良、忠于爱情的黄桂英,以及赵艳蓉、武则天、秦香莲、如姬、红嫂、江姐、柯湘、阿庆嫂等,受到戏曲界专家、学者与戏迷观众的广泛好评。在胡小凤的多部代表剧目中,豫剧《穆桂英挂帅》《芙蓉女》《虎符》《大祭桩》等十多个作品先后被灌制成唱片发行全国,其中《穆桂英挂帅》《芙蓉女》等还被搬上银幕。胡小凤的意义已经远远超越了她作为一个戏曲演员的存在,她对于豫剧在冀南乃至燕赵大地和全国的流行都有着深远的影响。

古往今来,任何人的成功都绝非偶然,都是内在不断丰富与饱满后自内向外延伸的结果。胡小凤作为邯郸东风剧团极具代表性的参与者、见证人和戏曲艺术传承与发展的推动者,其在东风剧团乃至全国豫剧界都有着举足轻重的地位和影响。她六十余年的舞台艺术实践更为推动我国优秀传统戏曲文化的繁荣与发展做出了贡献。

胡小凤,于 1980 年代

胡小凤自述

初入戏校

我的家乡邢台市虽然不大,但是在上世纪 50 年代,在文艺方面还是蓬勃发展的。我家就住在邢台市最繁华的地方,那时我们家周围就有好几个剧场。从我记事起就经常看戏,为了看戏可以不吃饭,一整天都在剧场里。当时我看得最多的是豫剧,还有京剧、评剧、曲剧、越调等。我记得那时候看过尚小云先生的戏,因为年纪小,当时也不知道演的什么,只记得是一个旦角担着担子到井边去挑水。还看过荀慧生先生的《红娘》,他演得跟别人不一样,荀先生的台步很有意思,尤其他梳那个古装头,后边有一个大蝴蝶结,到现在还印象深刻。儿时的耳濡目染,使我对戏曲情有独钟,也奠定了我后来戏曲事业发展的基石。

我虽然爱看戏,爱学戏,但是我不愿意去参加剧团。因为我从小就特别恋家。1957 年的春天,命运的垂青还是使我进了剧团。那时邢台戏校去我们那儿招生,听说我会唱戏,戏校的领导就到我家里,这正应了我父亲的意愿。父亲给我做思想工作,说只要你愿意去学戏,我给你零花钱,天天给你做好吃的,就这样我考入了邢台戏校。

刚进戏校没有几天,邢台豫剧团的老艺人就给我排了《见皇姑》。那时因为我年龄小衣服也穿不起来,是剧团的大姐给我化装帮我穿的服装。这是我艺术生涯演出的第一个戏。

1958 年,邢台划给了邯郸,我就被送到邯郸专区戏曲学校了。我去报到的时候,陈素真老师也到了戏校。当时的邯郸戏校其实并不是所谓的长期戏校,生源由邯郸各县自己保送的学生组成。因为当时邯郸十几个县都有豫剧团保送学生,费用是各团自己拿,用现在的话说就是委培班,将来学成了还各回各地。

陈素真老师带着我们去山东一带进行实践演出,当时陈老师演了《叶含嫣》《宇宙锋》《三拂袖》《黄金蝉》这几个戏。其中有几个戏是我的师姐们演,我那时候小,并没有演出什么主要角色。从山东巡演回来以后,我演出了陈素真老师亲授的《叶含嫣》。

1959 年,宋淑云、苏自民等老师到戏校后,给我排了豫剧《穆桂英挂帅》。1959 年 6 月 2 日,周总理视察邯郸,当天晚上在邯郸地委礼堂看了我演出的《穆桂英

左:1963 年,胡小凤(中)演出陈素真亲授的《宇宙锋》,饰演赵艳蓉

右:胡小凤演出《宇宙锋》后,陈素真(左)上台祝贺演出成功

挂帅》后非常兴奋,上台接见我们,拉
着我们的手嘘寒问暖,十分亲切。

良师益友

1960 年,陈素真老师给我排了
《宇宙锋》"装疯"一折,我带着这个戏
参加了河北省青少年会演,得了一等
奖。这一年,郭老(郭沫若)还给我们
团写了《武则天》,也是在北戴河排
的,找在剧中演武则天。1961 年,邯郸
东风剧团又排了郭老的剧本《虎符》,
这个戏是在郭老话剧版本的基础上

十三岁的胡小凤

改写的。1963 年我们又一次进京,携《虎符》和《审子辨奸》在长安剧院演出,当时
郭老看完戏,还给我们进行了指导。

1962 年 9 月,我到北京跟随京剧大师尚小云先生学习《乾坤福寿镜》,因为当
年 10 月份尚先生就要演这个戏,其中"昭君出塞"是最重要的一场,就是在演出
前十几天的时候,我住他家学习。尚先生就在他家的大院里排练这一场戏,我就
在旁边看,尚先生的全部表演我都学会了。后来我又学习了尚先生的水袖功。这
所有的学习和积累对我后来的艺术实践都有极大的帮助,真的受益匪浅。

六十年磨一戏

随着时代的前进,戏曲艺术也要与时俱进,要紧跟时代的步伐。再加上自己
阅历的增长,对事情的看法都有了一些提高,有了自己的认识,这也是一个必然
的规律。我小的时候演"挂帅",主要是因为年龄小,大人看了以后都挺喜欢认可
的,从严格意义上说,是不够用艺术的水准去评判与衡量的。

左：1960 年，胡小凤进京演出《穆桂英挂帅》

右：1988 年，胡小凤再度进京演出《穆桂英挂帅》

　　后来，随着年龄和阅历的增加，再排《穆桂英挂帅》这个戏，我觉得尚存在一些不足的地方，于是就把剧中"接印"一场戏改了，其中打仗的情节也改动了。"接印"这一场是这样的：原来我们排的是叫"交印"，我觉得这个不对，因为这一场戏关键的问题是穆桂英接不接印，整个戏围绕接不接印进展，不能从杨文广交印着眼，这样是不合乎情理的。所以，我首先把这场戏的名字给改了，改成了"接印"。

　　第一场戏开始，就是杨文广去打探情况，但迟迟不见转回。我觉得这样也不合适，为什么不合适？我觉得，应该把穆桂英上场的心情再加强一下，她的两个孩子没有去过京城，在孩子的再三央求下，老太君才准许他们进京。作为母亲，穆桂英是非常非常担心的，因为孩子年纪小，京城有奸臣，怕惹出事端，放心不下。我的设计是，穆桂英一出场，加了四句慢板，这样就把穆桂英思念儿女的感情展示出来了，也把观众带到了剧情之中。

　　另外一个是杨文广交印，人物的感情也有一个比较明显的变化。"儿女们进京城前去探视，到此时未归门叫人担心"，别看就这两句戏，就带出来了人物的感情,也把观众带进了剧情。穆桂英看到杨文广、杨金花特别高兴,当孩子突然交给她一个帅印,她感到非常突然,这是感情的一个变化。接着问帅印的来由,得知实情后,穆桂英非常生气,非常着急地要带孩子进京。为了加强戏剧冲突和突出人物的思想变化,就加了几句慢板。

另外,"挂帅"中"未开言"这一段唱也是一个核心唱段,在唱词上也有一些新的处理,就是对原来唱词中不大合理的地方进行了改动。原来唱词最后的结尾是"文广孩儿年纪小,上阵去打仗,我不能放心",我觉得担心是有的,但对于穆桂英来说,这个感情表达还是不太够,也不太准确。因为杨家为了保大宋,战死了那么多前辈,可宋王非常昏庸,一旦没有战事,就听信奸臣谗言,所以穆桂英在这一方面对朝廷十分不满,另一方面担心孩子这次会有什么不测。所以,本段唱词原来的收尾部分,我觉得还不够,于是我就把唱词改成"文广孩儿年纪小,他可是咱杨门的一条独根,那昏君太平年他把奸臣宠信,有外患又将印交于忠良臣",另外我用了一个双下韵,这就可以结束了。这样唱词就比较准确,在感情发挥上也比较好一些。

左:1959 年 8 月 17 日,郭沫若先生(中)在北戴河第一次观看东风剧团演出《穆桂英挂帅》,和饰演穆桂英的两个小演员胡小凤(左)、张素玉(右)亲切合影

右:1960 年,《穆桂英挂帅》进京演出,著名戏剧家田汉(左)上台祝贺,和胡小凤亲切握手

　　另外，就是当穆桂英勉强服从了老太君的命令答应挂帅，太君下场以后，她有一段二八板唱腔，这一段戏非常重要。我怎么处理的呢？首先从表演上很好地把握了感情节奏。原来我们唱的是中东韵，我觉得在这个地方唱中东韵发挥不出来，因为穆桂英这个人物是一个帅旦，这个时候她的心情由平静、矛盾到充满激情，此时用中东韵在唱腔上发挥不出来，所以我改成了壬辰韵，这样就比较好一些，比较宽、比较厚，也能高上去。

　　戏曲的特点就是程式化很强，包括水袖、马鞭都可以用程式来表演。那么，怎么才可以更好地发挥程式的作用呢？首先唱词得准确，要有动感，要有感染力，比如"急忙忙披铁甲"等，都用上这个动作了。接印以后，穆桂英是感慨万千，然后托着印往前走，我这个地方用了一些男性角色的台步，有点武生的台步，这样比较大气、比较威武，因为穆桂英不仅是一个青衣，也是一个久经沙场的巾帼女英雄，这个时候用这种台步，就显得比较威风，也更能凸显武将的气质。最后唱到"不拿他问罪，我不回家门"这个地方，我又用了一个水袖小组合，把水袖打下去收上来，然后向左一个转脸。要是按照一般的规律，水袖是不往左转脸的，也就是我们

左：1962 年，京剧大师尚小云（左）在家中为胡小凤亲授《乾坤福寿镜》

右：1960 年，京剧大师荀慧生（右一）在北京为东风剧团小演员胡小凤（左一）等人示范指导

且角唱戏,一般这个地方不会左转,但是我就改变了这个程式性的表演,就是要给观众一个突然的变化,引起观众的高度注意。左转以后把印交到右手,然后转一个圆场。我为什么要用这个动作?就是表现我到了战场以后要横扫一切敌人,最后胜利是属于我的那种信心。一个小圆场加水袖,然后往后退,慢慢看着印,快速地下场。后来"接印"这一场在北京演出,专家都给予了高度的评价,观众也非常满意。

　　我在"挂帅"里所运用的水袖的表演基础,就是之前跟京剧名家学习的,尤其是受尚小云先生的影响较大。但学习归学习,实际运用到不同剧目和人物塑造上,还需要动脑子,根据具体情况变通运用,不能一味模仿套用。尚先生的水袖比较洒脱、干净,相对也非常适用穆桂英这个人物,但是还是要有变化的。尚先生的水袖有直着往外抛的一个水袖、转水袖,但是我没有用这个水袖,我用了一个从下直抓往上提的,因为这样特别适合穆桂英洒脱、干练的个性。后来,我还把尚先生《乾坤福寿镜》中的表演动作运用到《大祭桩》中"黄桂英"这个人物的表演上。几十年的艺术实践证明,演员就是要善于取众家之长,为我所用。俗话说"艺多不

1963 年,东风剧团在北京演出《虎符》,胡小凤饰演如姬

压身"，就是这个道理。

谈谈《虎符》

　　《虎符》这个戏是 1961 年排的，在河南演出一圈，也挺受观众欢迎的。"文革"以后，也恢复了这个戏，这个戏唱腔是我设计的，有的说不错，但是我自己并不太满意。另外，"盗符"这一场是表演的重点戏，也是剧情发展的重点情节。如姬想把魏王灌醉，这个地方她有一段思想斗争，这么大一个事情托付给她了，如果不做会怎样，百姓会遭什么难，盗了这个符有什么后果。但是，为了百姓安稳的生活，更为两个国家的社稷着想，她最终决定盗这个虎符。原来演这个戏的时候，虎符在后台放着。唱完这一段戏，她要下场到后台拿着虎符上场，一个转脸的动作就表示盗符了。我觉得这个太简单了，当时就觉得这个地方完全可以充分发挥戏曲的特长。我就想着把虎符调到前台，不要再去后台拿。到前台以后放在箱子里面，这样就可以发挥出戏曲特长了，展示人物盗符的过程。在这个地方，我设计了一套水袖身段，又加上一个"望门"，然后这边又关门，水袖背脸，这个背脸我是靠到门上的。

　　为了塑造好这个人物，我还真是花费了一番心思。记得有一次，别人跟我开玩笑说，你偷过东西没有？我就说虽然没有偷东西的经历，但是如果偷东西我应该会这样的。于是我就在舞台上进行了大胆的呈现，结果观众反响强烈。

1963 年《虎符》进京演出，梅兰芳的化装师为胡小凤所做的造型

戏曲电影《芙蓉女》剧照

在继承中改革

　　1962 年,周总理又去邯郸视察,在工人剧院看了我演的《宇宙锋》。"文革"以后我就考虑这个戏不能这样演。我没有见过陈素真老师演全剧,有一次我到天津看病,要了一个《宇宙锋》的京剧本子。京剧没有什么大唱段,除了程砚秋先生的版本,其他艺术家的版本唱段非常少,似乎都不适合豫剧来演。另外,我感觉剧情也不是很理想,拿到剧本好几年我也没有动。后来我带团以后,就找到邯郸本地的一个编剧,前后改了三次才开始排演。1986 年由北京电影制片厂拍摄成戏曲片《芙蓉女》。

　　我演出的版本在陈素真大师演出本的基础上进行了大胆的探索和尝试,又保留了陈大师的一些身段表演。为了便于观众了解故事的来龙去脉,我们就在戏的开头加了一个序幕作为引子——丫鬟发现一个箱子,打开箱子后看到里面是遗诏,内容是让扶苏当皇帝——有这么一个铺垫,然后到金殿就把这个情节连上去了。我加了一个害扶苏的情节,借人物装疯跑到金殿上,假装扶苏附到身上了,利用装疯和扶苏的口气来揭露赵高,这样表演起来就自然了,这一场戏也就达到

2019 年 6 月，胡小凤在月阳工作室接受采访

了全剧的最高潮。然后我们又加了一场戏，就是芙蓉女从金殿下来以后跑到祠堂，说我死也要死到匡家祠堂去。初稿写的是跑到花园去自杀，没有意思。到了匡家祠堂，芙蓉女悲愤交加，触景生情的她有一大段唱，这也成了这场戏的一个重点唱段。

心系传承

我退休之后的生活非常简单，就有一个爱喝茶的习惯。因为我们老家是山东临清，临清人爱喝茶，受我父亲的影响，我从小就爱喝茶。其他我没有什么爱好，但是只要一说起戏来，就挡不住了。我喜欢戏曲，这一辈子为之付出的心血太多了，对孩子们陪伴得少，所以我的孩子不愿意学戏，可以说对我从事的事业还有些反感。另外，我对父母也没有尽孝，这是我今生今世最遗憾的事情。团里都知道我是非常孝顺的，但是因为平时任务多，除了带团，还要演戏，有心却没能有实际行动，我总感觉自己上对老人没有尽孝、下对孩子没有尽责。

几十年来，我受党的培养，受前辈和专家的指导，加上自己的努力、创新，积累了一些经验，有了一些自己的戏，观众还是比较认可的。随着年纪增长，退出舞台的我，主要任务就是做好传承，这就是我现在和将来的责任。我希望能够在我有生之年，把自己所积累的这些舞台经验和从前辈那儿学来的东西传给后人，只要年轻人愿意学，我就会毫无保留地交给他们，传承下去。

2019 年

月阳录音整理

请扫码收听全书原声音频